陈寅恪和他的世界

刘克敌 著

河北出版传媒集团
河北教育出版社

图书在版编目（CIP）数据

陈寅恪和他的世界 / 刘克敌著 . -- 石家庄 : 河北教育出版社 , 2021.8

ISBN 978-7-5545-6358-8

Ⅰ . ①陈… Ⅱ . ①刘… Ⅲ . ①陈寅恪（1890-1969）- 人物研究 Ⅳ . ① K825.81

中国版本图书馆 CIP 数据核字 (2021) 第 047138 号

书　　名　陈寅恪和他的世界
作　　者　刘克敌
策　　划　董素山　符向阳
特约策划　韩　松
责任编辑　王　丽　石　姮　程亚星
装帧设计　郝　旭

出　　版　河北出版传媒集团
　　　　　河北教育出版社　http://www.hbep.com
　　　　　（石家庄市联盟路705号，050061）
印　　制　石家庄联创博美印刷有限公司
开　　本　880mm × 1250mm　1/32
印　　张　14.125
字　　数　285 千字
版　　次　2021年8月第1版
印　　次　2021年8月第1次印刷
书　　号　ISBN 978-7-5545-6358-8
定　　价　58.00元

“与天壤而同久，共三光而永光”

——纪念陈寅恪先生诞辰一百三十周年

2020年，是陈寅恪先生，这位20世纪中国优秀知识分子的标志性人物、20世纪中国文化大师诞辰一百三十周年。

一百余年在人类历史上不过一瞬，期间中国社会发生的事情，不少已被世人遗忘，至于陈寅恪的生平及其对中国文化的贡献，更是被很多人忘却甚至一点也不了解。然而，如果说到20世纪中国历史上不应被忘却的人物，当然应该有陈寅恪。

人的一生虽然短暂，却有几个影响其命运的关键点。通常而言，无论伟人还是平民，其出生之日大都平淡无奇，只是去世之时因身份、经历和命运不同才有所区别——平民之去世仍然悄无声息，伟人之去世则多为一大事件。不过还有一类人的去世，虽然也是几近悄无声息，却在事后激起时代的浪花，更引发后人无尽的缅怀——陈寅恪之去世就是如此。陈寅恪逝世于1969年，且看他一生中几个重要的逢“九”之年：

1919年，五四新文化运动如火如荼之时，陈寅恪正留学美国，试图为中国文化的复兴，从西方文化发展历史中寻求有别于陈独秀、胡适等人的新途径。时至今日，人们发现他和吴宓、梅光迪等人的思想不仅没有过时，而且对当下中国社会发展，仍有深刻的现实指导意义。

1929年，陈寅恪在所作《清华大学王观堂先生纪念碑铭》中首先提出著名的“独立之精神，自由之思想”的“十字箴言”，从此，这成为20世纪中国知识分子毕生追求和遵循的学术精神与价值取向。窃以为陈寅恪仅仅凭借这十个字，就值得后人永久怀念。

1939年，英国牛津大学聘请陈寅恪为汉学教授，并授予其英国皇家学会研究员称号，这是该校历史上第一次聘请中国学者为汉学教授，在当时是很高的荣誉。在国内，以《申报》为首的媒体也多次对此事进行报道，因为这意味着中国学术界终于有代表进入了世界一流学术圈子。但因第二次世界大战爆发，陈寅恪被迫滞留香港，后任教于香港大学中文系。日寇占领香港后，他拒绝日本人的威逼利诱，历经坎坷设法返回内地，在极度艰苦状况下继续教书治学。

1949年，神州大地正处于天翻地覆之易代时节，陈寅恪虽然在1948年底同胡适乘机离开北平，却没有远走海外，而是选择留在广州岭南大学、中山大学，直至去世。

1959年年初，陈寅恪的《论再生缘》由香港友联出版社出版，一时在海外引起轩然大波，随后引起郭沫若的注意，一年内连写多篇文章与陈寅恪商榷《再生缘》，其观点与陈寅恪基本一致。其实该书早在数年前就已完成并由陈寅恪自费以油印方式出版，因印数很少仅供陈寅恪赠予友人，并未在国内产生影响，直到香港出版该书，其影响和价值才为国内文化界所知。此书的问世，标志陈寅恪的“红妆研究”开启了一个新阶段，而数年后《柳如是别传》的完成，才为此画上一个圆满的句号。

1969年，步入晚年的陈寅恪已是“盲目膑足”，一生经历太多事变的他不忍再看华夏之乱象，于该年10月7日一瞑不视。

“花落春仍在”是清代学术大师俞曲园的诗句，当年他参加科举复试，其中诗歌试题为“淡烟疏雨落花天”。中国古诗中以“落花”为主题者极多，但大都不出“伤春悲秋”范围。而俞曲园此诗开头就是“花落春仍在，天时尚艳阳”，于萧瑟中窥见希望，可谓乐观旷达之思，暗喻中国文化虽有衰落之日，但定有再次繁荣复兴之时。复试主考官曾国藩对俞曲园此诗极为欣赏，遂力排众议，把俞樾列为复试第一名。俞樾为此终生感激老师，并把自己书房命名为“春在堂”，著作名为《春在堂全书》，也是一段佳话。

倘若中国文化是一株参天大树，则千年以来常有花落，也必有春意盎然。而1969年秋天陈寅恪的去世，也不过是此株大树的又一朵落花，悄无声息地回归大地，而已。

但我们作为后来者，不能也不该忘记这朵曾经绚丽而璀璨的落花——只因陈寅恪不仅是中国文化的卓越代表之一，更是中国文化的守护神。

那么，要理解陈寅恪，自然就该知道陈寅恪究竟为我们、为现代中国文化建设，留下了什么？

窃以为至少有如下几点：

首先，是他对中国历史与文化的清醒认知与把握，对近代以来中西文化交流大趋势、途径及其所发生问题的阐释，都达到极深刻的层次。更难能可贵的是，他的一些意见和观点，虽然有别于彼时主流的思想倾向，但经过历史的检验，已经证明他的正确。此外，就是他对中国文化未来发展的信心——虽然悲观，但不绝望。总之，在对中国文化和民族性理解的深度和广度上，窃以为陈寅恪不下于鲁迅。其实他们虽一主学术、一主创作，但殊途同归，所作所为都是基于中国知识分子的神圣使命，都是试图为19世纪以来走向衰落的中国文化，找到切实可行的复兴之路。

顾炎武曾有言："有亡国，有亡天下。亡国与亡天下奚辨？曰：易姓改号，谓之亡国。仁义充塞，而至于率兽食人，人将相食，谓之亡天下。……知保天下然后知保国。保国者，其君其臣，肉食者谋之；保天下，匹夫之贱与有责焉耳矣。"明末清初的"易代"之变，对顾炎武等一代文人不啻为最沉重的打击。顾炎武之后，对中国文化步入危机有清醒认识者还有很多，龚自珍就是其中一位。这位鸦片战争前就已去世的天才预言家，虽然生活在乾嘉盛世，却以特有的天才的敏感，意识到彼时中国社会的危机已经出现，而他因种种原因，无法实现自己的抱负。龚自珍不无悲哀地发现，社会产生危机并不可怕，可怕的是士大夫阶层整体性的堕落。龚自珍以为，可以容忍社会其他阶层的平庸和堕落，却不能容忍文人阶层如此，因为只有他们才是拯救一个时代的最后希望。然而他对此竟然无能为力、无事可做，悲夫！无奈之余的龚自珍，唯有在诗文中抒发满腔的悲凉情怀："少年击剑更吹箫，剑气箫心一例消。谁分苍凉归棹后，万千哀乐集今朝。"

同为先知先觉者，对龚自珍的感受和上述观点，陈寅恪非常理解且有切身体会，而且辛亥革命以来的社会动荡和中国知识分子的坎坷命运、特别是他自己家族的命运及王国维的自杀等事件，早已给陈寅恪留下沉痛的记忆。至于龚自珍对陈寅恪的直接影响，除却在陈氏诗歌中可以发现龚自珍的影子外，更有陈寅恪自己的诗作为证：

> 定庵当日感蹉跎，青史青山入梦多。
> 犹是北都全盛世，傥逢今日定如何。

而龚自珍给陈寅恪最深切之影响，大概就是龚自珍对他所处时代开始衰落之天才的预感及由此生发的无奈与悲凉。

虽然鲁迅没有在公开发表论著中提及陈寅恪，虽然陈寅恪也没有提及鲁迅（尽管陈寅恪与长兄陈衡恪当年曾和鲁迅同船赴日本留学，陈衡恪和鲁迅又是交往多年的同事兼好友，只是限于年龄差异，陈寅恪和鲁迅的直接交往很少），不过他们的精神世界乃至学术研究等有很多方面相通，甚至会有"惺惺相惜"之感。所以鲁迅曾经对吴宓给予辛辣的嘲讽，甚至对同乡王国维也有批评，却对陈寅恪之思想学术一直保持沉默——或许这不置一词本身就是一种态度。

其次，是陈寅恪和王国维等一代大师一样，既坚持学术研究的独立性和纯洁性，更坚持知识分子的独立精神和自由思想。20世纪中国文化发展的文脉和中国知识分子的精神谱系，因他们这些大师得以延续。

1904年初，清政府颁布由张之洞主持起草的《奏定学堂章程》，又称"癸卯学制"。对此王国维于1906年作《奏定经学科大学文学科大学章程书后》，批评《奏定学堂章程》所制定大学制度的根本错误在于缺少哲学一科。王国维高度评价哲学的学科价值："天下有最神圣最尊贵而无与于当世之用者，哲学与美术是已。……夫哲学与美术之所志者，真理也。""以功用论哲学，则哲学之价值失。哲学之所以有价值者，正以其超出乎利用之范围故也。"如果从间接角度看则"世所号为最有用之学，如教育学等，非有哲学之预备，殆不能解其真意"。王国维以"庸讵知无用之用，有胜于有用之用者乎？"的质问，总结出哲学及文艺学科的"无用之用"价值及发展规律，其背后彰显出的就是要谋求学术研究的独立性和自主自觉性。

这一“无用之用”思想和学术独立精神，在陈寅恪那里得到进一步拓展。相比王国维，陈寅恪由于留学时间更长和外语能力突出，在接触和把握西方文化特征和现代学术理念方面有着更深层次的理解。同时自幼受到的传统文化教育，也有助于他更加清醒地认识中国历代文人治学的特色和缺陷。20世纪20年代中国社会急剧动荡对他和王国维等人产生的强烈冲击，使他对尽快建构中国现代学术体系和谋求中国知识分子独立地位有了整体性的构想，并在王国维自尽后破茧而出，提出了那著名的“独立之精神，自由之思想”十字方针。且让我们再次温习这一经典论述：“士之读书治学，盖将以脱心志于俗谛之桎梏，真理因得以发扬。思想而不自由，毋宁死耳；斯古今仁圣所同殉之精义，夫岂庸鄙之敢望。先生以一死见其独立自由之意志，非所论于一人之恩怨，一姓之兴亡。呜呼！树兹石于讲舍，系哀思而不忘。表哲人之奇节，诉真宰之茫茫。来世不可知者也，先生之著述，或有时而不章。先生之学说，或有时而可商。惟此独立之精神，自由之思想，历千万祀，与天壤而同久，共三光而永光。”

学术独立和自由思想，二者相辅相成、缺一不可。前者为学人追求之目的，后者为实现前者之保证。纵观陈寅恪一生，始终坚持他所提出的这一“十字方针”，其所作所为没有辜负王国维的“文化托命”。

再次，是他在多个学术领域做出的开拓性贡献很多迄今仍然具有典范性和启示性。欲观照20世纪中国学术体系的建立和发展，必须注意到19世纪以来西方文化进入和传统文化日趋衰落的大背景，注意到历史赋予中国知识分子之民族救亡和文化启蒙的双重使命。仅就现代学术体系的建构而言，如果说严复、林纾、王国维等主要从事绍介西方文化并试图运用西方学术理念解释中国问题的话，如果说他们对现代中国学术体系的贡献主要体现为从无到有的话，则陈寅恪由于受到更为严格的学术训练以及对西方文化更加深刻的理解与认识，他的贡献就是在此基础上的深化和拓展。这里不妨套用一句彼时人们常说的：严复、王国维等人要做的是“发现”——新材料的发现、新方法的发现以及新学科的发现；而陈寅恪等要做的更多是“发明”——材料可能还是旧有或常见，但由于视角转换或综合运用新的研究理念，却能得出新的观点和意见。也正是在这个意义上，黄侃认为“发明”比“发现”更难也更可贵。

诚然，“发现”和“发明”之异同绝非如此简单，而现代中国学术体系的建构与发展也非一日之功。直到20世纪30年代，陈寅恪还在纪念清华大学成立20周年的文章中批评彼时的中国学术几乎一无是处，语言虽然尖锐，却是事实。敢于对彼时几乎全部学术领域发表如此苛评者，大概唯陈寅恪一人，其他学者要么不能，要么不愿，当然也有不敢。而陈寅恪敢于如此，不仅表明他有担当有底气，而且可证明彼时他在中国学术界的地位和影响。

至于陈寅恪对20世纪中国学术的贡献，自然不是本文所能概括，这里只需指出他在敦煌学、语言学、历史研究、宗教研究和文学研究等领域，均做出了第一流的成果和贡献，而且很多观点在今天仍然未被超越。此外，尚需注意陈寅恪继承和发扬了王国维等一代学者的研究方法和研究理念，在此基础上实行了一系列行之有效的现代学术研究方法，提出了一些新的研究理念和模式，诸如“诗史互证”“了解之同情”、古典文学研究中的“今典”和“古典”问题，等等，都极大影响了后来者的研究。特别是他提出并在晚年倾其全力进行的“红妆研究”，更是把知识分子问题研究和女性命运研究结合起来，进而达到对中国传统文化进行综合性梳理和总结的高度，其思考成果最终体现在《论〈再生缘〉》《柳如是别传》等杰出著作中。而对于这些著作的深入解读，至今尚未完成。

最后，就是他有感人的人格魅力抑或深邃的精神世界，以及那种寓乐观于悲观之中的处世态度。20世纪90年代以来，“陈寅恪”一词已经成为一个文化符号，一个中国现代知识分子的象征和代表。“陈寅恪”这一形象的被宣传和普及，很大程度上恢复了知识分子的自信，迫使他们在内心自审自问，并再次唤醒了他们的使命感——为中国文化的复兴而不懈地努力，并真正要做到鞠躬尽瘁、死而后已。在这个意义上，“陈寅恪”这一形象所蕴含的意义早已超出学术研究范围和中国知识界、文化界范围，而是在一定意义上和“鲁迅”一样泛化为现代中国文化复兴的符号和象征。与此相比，那些为了个人私利而苟且、而奴颜婢膝者，不仅受到鲁迅的辛辣嘲讽，也同样受到陈寅恪的批判。“纵览史乘，凡士大夫阶级之转移升降，往往与道德标准及社会风习之变迁有关。当其新旧蜕嬗之间际，常呈一纷纭综错之情态，即新道德标准与旧道德标准，新社会风习与旧社会风习并存杂用。各是其是，而互非其非也。斯诚亦事实之无可如何者。虽然，值此道德标准社会风习纷乱变易之时，此转移升降之士大夫阶级之人，有贤不肖拙巧之分别，而其贤者拙者，常感受苦痛，终于消灭而后已。其不肖者巧者，则多享受欢乐，往往富贵荣显，身泰名遂。”在这个意义上，说鲁迅和陈寅恪本来就是同道者和旧时代的批判者是十分正确的，因为他们都是那个时代的先知先觉者，都是那个时代的预言家和批判家，也都是对中国文化未来抱有乐观希望者——尽管这希望之中仍有悲观甚至绝望。

从陈寅恪逝世至今不过50余年，弹指一挥间，陈寅恪虽然离开这个世界，但他的思想和学说仍在，我们倘若不愿辜负他的希望，就该继续抬起头来负重前行。韩愈不愧为“李杜”的知音，他诗中所表达对“李杜”的思念，也许可以移来作为此时我们对陈寅恪的怀念和敬意：

伊我生其后，举颈遥相望。

夜梦多见之，昼思反微茫。

（此本为纪念陈寅恪逝世五十周年所写，恰逢2020年为其诞辰一百三十周年，故略加改动为本书序言）

说　明

一、陈寅恪是20世纪中国文化大师群体的优秀代表，为了让一般读者走近陈寅恪、了解陈寅恪，有必要选择陈氏著作中一些内容相对浅近且论述方式平易的文章，辅之以通俗易懂且生动有趣的导读文字，把陈寅恪著作的大致内容和精华所在介绍给大家，以期唤起读者阅读陈寅恪著作的兴趣，从而也会有助于陈氏著作的普及。因此，本书在写作时注意了文章内容学术性、趣味性和可读性的统一，有意通过讲述一些历史典故和名人的逸闻趣事，引导读者一步步走近和走进陈寅恪的学术世界。

二、本书在引用陈寅恪著作时均采用简体横排方式，这可能有悖陈寅恪先生的遗愿。不过考虑到很多读者已经不习惯阅读繁体竖排书籍，在没有找到更好的方式之前也只好暂时如此，恳请陈氏后人及有关学者见谅。

三、本书所引用陈寅恪著作，以上海古籍出版社版本为基础，同时适当参考三联书店版。在繁体转为简体时力求最大限度忠于陈氏原著，但限于才力，很可能仍有错误，期待方家教正。为了阐释陈氏的学术思想，也不可避免会引用一些研究成果，在书中以注释方式注明了出处。

目 录

第一编 陈寅恪著作释读

第二编　陈寅恪之学术交往

第一编

陈寅恪著作释读

以小见大的典范

——释《狐臭与胡臭》

狐臭是生活中较为常见现象，大学者钱锺书在其小说《围城》中对“狐臭”有极为精彩的描述：唐小姐坐在苏小姐和沈先生座位中间的一个绣垫上，鸿渐孤零零地近太太坐了。一坐下去，他后悔无及，因为沈太太身上有一股味道，文言里的雅称跟古罗马成语都借羊来比喻：“愠羝。”这暖烘烘的味道，掺了脂粉香和花香，熏得方鸿渐泛胃，又不好意思抽烟解秽。心里想这真是从法国新回来的女人，把巴黎大菜场的“臭味交响曲”都带到中国来了，可见巴黎大而天下小。

钱锺书的嘲讽可谓巧妙辛辣，这姑且不论，只是由此可见这女人一旦有了“狐臭”，差不多就成了讨人嫌，让他人避之不及。

那么这“狐臭”又是怎么来的？为什么有的人有，而有的人没有？

据陈寅恪此文的考证，这“狐臭”一词，源于汉人与胡人的交往，其实是从“胡臭”一词而来，也就说这特殊的味道其实最早源于我国古代少数民族特别是北方的胡人。“胡”在古代本来专指“匈奴”（音Huna胡那），一般翻译时省略掉“na”，故称为“胡”，后来即成为对西北边疆少数民族的通称。这些少数民族相对于汉族食肉更多，因为生活环境和习惯他们洗澡又很少，所以一般体味很重，汉人在和胡人交往时即称其为“胡臭”，因此“胡臭”这种特殊味道其实与胡人特殊的生活方式及生存环境有关。按照陈寅恪的说法，汉族最初和这些少数民族交往时，应该是把这特殊的味道称之为“胡臭”，意思是只有胡人才有。后来随着双方交流的增多出现了通婚现象，那么汉人中也会出现此种臭味，就不好意思再称其为“胡臭”，而改用气味相似的狐狸之味道代替，“胡臭”也就变成了“狐臭”。此外，从历史上看，最初是先用羊的骚味来比喻“狐臭”，后来才改用狐狸之味，很难说哪一个更确切。

且看陈寅恪的结论：“迨西胡人种与华夏民族血统混淆既久之后，即在华人之中亦间有此臭者，倘仍以胡为名，自宜有人疑为不合。因其复似野狐之气，遂改‘胡’为‘狐’矣。”因此，“胡臭”一名较之“狐臭”出现更早且更加正确。陈寅恪最后指出，在考察中古时代汉人和胡人交流情况时，判断是否有胡人血统，仅仅以高鼻深目多须为特征是不够的，还应当注意家族中人是否有腋气。

不过，也有学者如钱锺书认为此事古人已有考证，所以陈寅恪此文没有什么新意。这里不妨引谢泳的一段话：“《狐臭与胡臭》初刊于

1937年，钱锺书1938年由法国归来，按常理推测，钱锺书应该读过陈寅恪此文。《围城》1947年在上海初版，书中提到‘愠羝’，后《容安馆札记》中又搜罗相关史料，但没有提到陈寅恪的文章，凡陈文引过的书，钱锺书一概不提，似乎是有意扩充陈文的史料，同时特别指出《辍耕录》卷十七《腋气》条已考‘狐臭’当作‘胡臭’，此论与陈寅恪看法相同。这个顺手的史料中可能暗含一点对陈文灵感和原创性的评价。”

陈寅恪能从一个日常生活现象寻根溯源，最后归结为汉、胡两个民族文化交流的大问题，即便是受到前人启发，其见微知著的功力依然令人惊叹。其实，读者朋友假若细心观察，会发现至今生活中仍有很多汉文化和胡文化融合的痕迹。例如，我们用的民族乐器“二胡”（亦称“胡琴”），还有“胡椒”“胡萝卜”“胡桃”“胡瓜”和“胡须”等，其渊源都与胡文化有关，而俗语“胡说八道”中的“胡”，也是指的“胡人”。因此，窃以为陈寅恪进行这些考证的目的，就是要说明自古以来中国文化就是汉族文化和少数民族文化以及异域文化（如佛教文化）融合的结晶。近代以来，由于清代统治者的闭关锁国政策，导致中国文化出现衰败迹象。也因此，中国文化如果要重现辉煌，就一定不能拒绝接受和吸收外来文化。当然，对于接受何种外来文化以及接受后如何对其进行加工改造，也是极为重要的问题。对此陈寅恪也有极为精彩的论述，且待后文阐述。

最后，由陈寅恪谈“狐臭”联想到一则旧闻。据说20世纪30年代初，陈寅恪问弟子朱延丰毕业考试考得如何，朱延丰回答说还不错，陈寅恪说：“恐不一定。当时还准备一题，后觉恐较难，故未问，即中古时老僧大解后如何洁身。”朱延丰果然不知如何回答。此时另一学生邵循正回答：“据律藏，用布拭净。老僧用后之布，小僧为之洗涤。”陈寅恪初闻未语，后深表赞许。这又是一个看似琐碎无聊的问题，但也是与民族文化及社会发展有关。

狐臭与胡臭

陈寅恪

中古华夏民族曾杂有一部分之西胡血统，近世学人考证之者，颇亦翔实矣。寅恪则疑吾国中古医书中有所谓腋气之病，即狐臭者，其得名之由，或与此端有关，但平生于生理医药之学绝无通解，故不敢妄说，仅就吾国古来腋气之异称，及旧籍所载有腋气之人，其家世种族两点，略举事例，聊供谈助而已，尚希读者勿因此误会以为有所考定，幸甚幸甚！

隋巢元方《诸病源候总论》五八《小儿杂病诸候六》“狐臭”条云：

> 人有血气不和，腋下犹如野狐之气，谓之狐臭，而此气能染，易着于人。小儿多是乳养之人先有此病，染着小儿。

寅恪案，腋气今仍称狐臭，如报纸药品广告及世俗语言中犹常见之。其得名之由，依巢氏之言，以为“有如野狐之气”，义自可通。但今日国人尝游欧美者，咸知彼土之人当盛年时，大抵有腋气，必非血气不和。其与染着无涉，更不待言也。

唐孙真人思邈《千金要方》七四之九“胡臭漏腋第五”论曰：

> 有天生胡臭者，为人所染胡臭者。天生臭者难治，为人所染者易治。

寅恪案，南宋杨士瀛《仁斋直指》有腋下胡气之目，李时珍《本草纲目》一一金石类“绿矾”条附方中亦引之。“胡臭”之“胡”，自是胡人之“胡”，盖古代“胡”“狐”二字虽可通用，但在《千金方》《仁斋直指》《本草纲目》编著之时，既不可认“胡”为“狐”之同音假借，而诸书均作“胡”，不作“狐”，亦不得谓之以音近之故，传写致讹。然则腋气实有“狐臭”及“胡臭”不同之二名可知也。惟二名孰较原始与正确，颇不易决。考唐崔令钦《教坊记》云：

> 范汉女大娘子亦是竿木家，开元二十一年出内，有姿媚，而微愠羝。

文下原注云：

> 谓腋气也。

寅恪案，范汉女大娘子其先代之男女血统，无从得知，但竿木之伎本附属于唐代立部伎之杂戏及柘枝舞者，而此种伎舞乃中央亚细亚输入我国艺术之一，其伎舞之人，初本西胡族类，又多世擅其业者也。（详《旧唐书》二九《音乐志二》，史浩《鄮峰真隐漫录》四五《柘枝舞大曲附柘枝舞小考》等，兹不赘述。）据此，则范汉女大娘子之血统，殊有西胡人种混杂之可能。其“微愠羝”者，或亦先世西胡血统遗传所致耶？

五代何光远《鉴诫录》四“斥乱常”条云：

> 宾贡李珣，字德润，本蜀中土生波斯也。少小苦心，屡称宾贡。所吟诗句往往动人。尹校书鹗者，锦城烟月之士，与李生长为善友，遽因戏遇嘲之，李生文章扫地而尽。诗曰：异域从来不乱常，李波斯强学文章。假饶折得东堂桂，胡臭熏来也不香。

北宋黄休复《茅亭客话》二“李四郎”条云：

> 李四郎名玹，字廷仪。其先波斯国人，随僖宗入蜀，授率府率。兄珣有诗名，预宾贡焉。玹举止温雅，颇有节行，以鬻香药为业，善弈棋，好摄养，以金丹延驻为务。暮年以炉鼎之费，家无余财，唯道书药囊而已。

寅恪案，何、黄两书皆谓珣出自波斯，且其兄玹又以鬻香药为业。故珣为西胡血统，绝无可疑。至珣本身是否实有腋气，抑尹鹗仅假“胡臭”之名以为讥笑，诚难确定。但《鉴诫录》之作“胡臭”，足与《千金方》《仁斋直指》《本草纲目》等书互相印证，而李珣本人则因此条记载之故，亦发生体有腋气之嫌疑也。

总之，范汉女大娘子虽本身实有腋气，而其血统则仅能作出于西胡之推测。李珣虽血统确是西胡，而本身则仅有腋气之嫌疑。证据不充足如此，而欲依之以求结论，其不可能，自不待言。但我国中古旧籍，明载某人体有腋气，而其先世男女血统又可考知者，恐不易多得。即以前述之二人而论，则不得谓腋气与西胡无关。疑此腋气本由西胡种人得名，迨西胡人种与华夏民族血统混淆既久之后，即在华人之中亦间有此臭者，倘仍以胡为名，自宜有人疑为不合。因其复似野狐之气，遂改“胡”为“狐”矣。若所推测者不谬，则“胡臭”一名较之“狐臭”，实为原始，而且正确欤?

又孙思邈生于隋代，与巢元方为先后同时之人，故不可据巢书作“狐臭”而孙书作“胡臭”，遽谓“狐臭”之称尚先于“胡臭”也。世之考论我国中古时代西胡人种者，止以高鼻深目多须为特征，未尝一及腋气，故略举事例，兼述所疑如此。

（收入《寒柳堂集》）

世间何处桃花源

——释《〈桃花源记〉旁证》

说到陶渊明的《桃花源记》，可谓家喻户晓。台湾当代著名导演赖声川的话剧《暗恋桃花源》于1986年公演后，很快成为现代话剧的经典，也在很大程度上促进了大众对“桃花源”和陶渊明的了解。不过，如果要问这桃花源究竟是在何处，估计很多读者答不上来，陶渊明在该文中并没有说具体地点，只说东晋年间武陵有一个以捕鱼为生的人偶然发现了桃花源，他出来后告诉官府，官府派人去找，却没有找到，后来此事也就没有人理会了。

那么，这武陵又是哪里？“武陵”这一地名，最早出现在西汉初年。据《汉书·地理志》，“武陵郡，高帝置，莽曰建平。属荆州，（领）县十三”。其位置当在湖南常德市的桃源县。不过也有人认为江西庐山大汉阳峰下的万亩桃园，可能是陶渊明创作桃花源的原型，因为陶渊明的家乡浔阳柴桑（今江西九江）就在庐山脚下。此外，国内还有几个地方也自认为就是“桃花源”的真正发源地。不过从文学角度看，可以把“桃花源”当作一个虚构的地方，陶渊明用它来表现自己对现实的不满和对理想生活的追求，如此“桃花源”就是中国文人笔下的一个“乌托邦”。它出现的时间较之西方文化中的“乌托邦”还要早一千多年，无怪乎陈寅恪要称陶渊明是中古时代的大思想家了。

那么，在精于考证的陈寅恪眼里，这历史上的桃花源究竟是在何处呢？首先，陈寅恪认为它并不是纯粹虚构而是确实存在的地方，其实就是晋代北方地区的坞堡。所谓坞堡就是用来避难、躲避战乱的地方，一般建筑在地势险要之处，而又有水源可以灌溉耕种。其次，陈寅恪认为在西晋末年，中原人民如果不能远徙，就只有建筑这类坞堡用来避难逃死。居住在坞堡内的人以同宗同族为主，坞主由德高望重者担任，也可推举产生。坞堡内一般实行共同劳动、互通有无、自给自足的生活方式，后来延续为一种固定的文化系统。北方之所以较之南方更具社会宗法色彩，与坞堡的构筑、人员构成及生产方式有很大关系。

陈寅恪这篇文章很长，我们先看其最后的结论：

（甲）真实之桃花源在北方之弘农，或上洛，而不在南方之武陵。

（乙）真实之桃花源居人先世所避之秦乃苻秦，而非嬴秦。

（丙）《桃花源记》纪实之部分乃依据义熙十三年春夏间刘裕

率师入关时戴延之等人所闻见之材料而作成。(本书作者注：因军中有陶渊明熟识之人，故他可以运用此材料。)

(丁)《桃花源记》寓意之部分乃牵连混合刘驎之入衡山采药故事，并点缀以“不知有汉，无论魏晋”等语所作成。(本书作者注：如此，《桃花源记》此文的文学意味更浓，甚至已具有神话色彩。)

(戊)渊明《拟古》诗之第二首可与《桃花源记》互相印证发明。

这里面有些地方要解释一下。“弘农”“上洛”为地名，当在今天的陕西一带。苻秦又称前秦(351—394)，是东晋十六国时期的政权之一，为苻氏所建，故称苻秦。公元351年氐族人苻健占据关中，因此地古代属秦国，即称秦王。所以真实桃花源中人所躲避的不是秦始皇的秦国，而是苻秦。陶渊明与当时征西的将领本就熟识，当间接或直接得知他们入关途中的所见所闻，《桃花源记》可能即取材于此，因此此文有很大纪实成分。至于其对理想生活的向往等寓意成分，则与《世说新语》中所记载的南阳人刘驎之入衡山采药故事有关。《世说新语》中原文如下：

南阳刘驎之，字子骥，好游山水。尝采药至衡山，深入忘反。见有一涧水，水南有二石囷，一闭一开。水深广，不得渡。

欲还，失道，遇伐薪人，问径，仅得还家。或说囷中皆仙方、灵药及诸杂物。驎之欲更寻索，不复知。

显而易见，《桃花源记》与此处文字有很多相似之处，只不过描写得更加具体生动而已。陈寅恪认为陶渊明有意把二者融合，以表现他对现实的不满和对理想生活的向往，并特意用“不知有汉，无论魏晋”等语把写实成分与虚构融为一体。这就是文学大家的高明之处，普通作者可能就满足于描绘一个神奇色彩的故事，或者写一篇简单的纪实性文学作品，而不会想到把理想与现实结合，暗喻对社会现实的批判。即便有所结合也不会如同陶渊明此文这样，借对虚构之“现实”的抒情描写表达对理想社会的向往，从而让作品的境界得以升华。

为了说明陶渊明撰写此文的意图，陈寅恪特意引用陶渊明的《拟古九首》中的第二首，认为此诗可以和《桃花源记》互相印证。该组诗作于宋武帝刘裕代晋之后，主要内容是对易代之际世事多变的慨叹，并有托古讽今、隐晦曲折之意。其第二首如下：

辞家夙严驾，当往至无终。
问君今何行？非商复非戎。
闻有田子泰，节义为士雄。
斯人久已死，乡里习其风。

生有高世名，既没传无穷。

不学狂驰子，直在百年中。

诗歌大意是：早上整理车马准备出行，要去哪里呢，不是经商也不是从军（此为字面义，陈寅恪另有解释）。听说有个叫田子泰的人，是人中豪杰，虽然此人已死，但其乡人继承了他的遗风。我们为人一生就要向这样的人学习，而不能成为为争名逐利而疯狂奔走的人（狂驰子）。那么，这首诗与《桃花源记》有什么关联呢？

陈寅恪引用《魏志》中《田畴传》有关记录后认为，田畴当年隐居山中，百姓慕其名而归之，其实就是过着一种桃花源式的生活。这里的“商”非经商，而是指“商山四皓”，即秦朝末年的四位隐士入商山避秦一事。而“戎”也不是从军，而是指老子出关到西域对胡人进行教化的传说。如此说来则商洛一带本来就是陶渊明心目中的“桃花源”，而田畴的高风亮节显然也高于桃花源中的避秦之人。由此说来，这首诗和《桃花源记》确实有互相印证的关系。也就是说，《桃花源记》中的纪实成分与诗歌中的史实呼应，而诗歌的寓意与《桃花源记》中的理想成分互相呼应。

此外，陈寅恪还引用苏轼对陶渊明此文的评价，指出自古以来谈论陶渊明此文者，当以苏轼所言最有见识，只是苏轼仍然没有理解此文中寓意与写实的关系，所以还是不能说透彻。从历史上看苏轼可谓最推崇陶渊明之人，陶渊明在中国历史上的崇高地位可以说和苏轼的极力赞美很有关系。苏轼十分欣赏陶渊明的诗，曾说过“吾前后和诗凡一百有九，至其得意，自谓不甚愧渊明”这样的话。苏轼是一位虽历经坎坷而始终达观开朗的智者，他的思想深受佛教影响，但其内心深处依然坚持传统的“穷则独善其身，达则兼济天下”信念，因此他才能够和陶渊明的心灵相通。

最后还有一点要说明，既然《桃花源记》所写之事是在中国北方，为何陶渊明要点明是在南方的“武陵”？对此陈寅恪的解释是，因为文中混入刘骥之入衡山采药，迷路进入桃花源，后问道他人方返的故事，而衡山本在南方，也就只好把桃花源放在武陵。

当然，对于陈寅恪此文中的观点，学术界还是有人提出异议，例如著名史学家唐长孺就曾撰文与陈寅恪进行商榷，有兴趣的读者可自行查阅，此处不再赘述。

《桃花源记》旁证（节选）

陈寅恪

陶渊明《桃花源记》寓意之文，亦纪实之文也。其为寓意之文，则古今所共知，不待详论。其为纪实之文，则昔贤及近人虽颇有论者，而所言多误，故别拟新解，以成此篇。此就纪实立说，凡关于寓意者，概不涉及，以明界限。

西晋末年戎狄盗贼并起，当时中原避难之人民，其能远离本土迁至他乡者，东北则托庇于慕容之政权，西北则归依于张轨之领域，南奔则侨寄于孙吴之故壤。不独前燕东晋之建国中兴与此中原之流民有关，即后来南北朝之士族亦承其系统者也。史籍所载，本末甚明。以非本篇范围，可置不论。其不能远离本土迁至他乡者，则大抵纠合宗族乡党，屯聚堡坞，据险自守，以避戎狄寇盗之难。兹略举数例，借资说明。

……

《晋书》一〇〇《苏峻传》云：

永嘉之乱，百姓流亡，所在屯聚。峻纠合得数千家，结垒于本县（掖县）。于时豪杰所在屯聚，而峻最强。遣长史徐玮宣檄诸屯，示以王化，又收枯骨而葬之。远近感其恩义，推峻为主。遂射猎于海边青山中。

又《晋书》六二《祖逖传》云：

初，北中郎将刘演距于石勒也，流人坞主张平、樊雅等在谯，演署平为豫州刺史，雅为谯郡太守。又有董瞻、于武、谢浮等十余部，众各数百，皆统属平。而张平余众助雅攻逖。蓬陂坞主陈川自号宁朔将军、陈留太守。逖遣使求救于川，川遣将李头率众援之，逖遂克谯城。（桓）宣遂留，助逖讨诸屯坞未附者。河上堡固先有任子在胡者，皆听两属。时遣游军伪抄之，明其未附。诸坞主感戴，胡中有异谋，辄密以闻。前后克获，亦由此也。

又《艺文类聚》九二引《晋中兴书》云：

中原丧乱，乡人遂共推郗鉴为主，与千余家俱避于鲁国峄山，山有重险。

又《太平御览》三二〇引《晋中兴书》云：

中宗初镇江左，假郗鉴龙骧将军、兖州刺史。又徐龛、石勒左右交侵。鉴收合荒散，保固一山，随宜抗对。

又《太平御览》四二引《地理志》云：

峄山在邹县北，高秀独出，积石相临，殆无壤土。石间多孔穴，洞达相通，往往如数间居处，其俗谓之“峄孔”。遭乱辄将居人入峄，外寇虽众，无所施害。永嘉中，太尉郗鉴将乡曲逃此山，胡贼攻守，不能得。

又《晋书》六七《郗鉴传》云：

鉴得归乡里。于时所在饥荒，州中之士素有感其恩义者，相与资赡。鉴复分所得，以恤宗族及乡曲孤老，赖而全济者甚多。咸相谓曰：“今天子播越，中原无伯，当归依仁德，可以后亡。”遂共推鉴为主，举千余家俱避难于鲁之峄山。

寅恪案，《说文》一四云：

坞，小障也。一曰：庳城也。

桂氏《义证》四七列举例证颇众，兹不备引。据寅恪所知者言，共较先见者为袁宏《后汉纪》六王霸之“筑坞候”（《后汉书》五〇

《王霸传》作“堆石布土”。袁、范二书互异，未知孰是原文，待考。）及《后汉书》五四《马援传》之“起坞候”之语。盖元伯在上谷、文渊在陇西时，俱东汉之初年也。所可注意者，即地之以“坞”名者，其较早时期以在西北区域为多，如董卓之“郿坞”是其最著之例。今伦敦博物馆藏敦煌写本斯坦因号九二二“西凉建初十二年敦煌县户籍阴怀”条亦有“居赵羽坞”之语，然则坞名之起或始于西北耶？抑由史料之存于今者西北独多之故耶？此点与本篇主旨无关，可不详论。要之，西晋末世中原人民之不能远徙者，亦藉此类小障庳城以避难逃死而已。但当时所谓坞垒者甚多，如《祖逖传》所载，固亦有在平地者。至如郗鉴之避难于同峄山，既曰：“山有重险”，又曰：“保固一山”，则必居山势险峻之区、人迹难通之地无疑，盖非此不足以阻胡马之陵轶、盗贼之寇抄也。凡聚众据险者，因欲久支岁月及给养能自足之故，必择险阻而又可以耕种反有水泉之地。其具备此二者之地必为山顶平原，及溪涧水源之地，此又自然之理也。

东晋末年戴祚字延之，从刘裕入关灭姚秦，著《西征记》二卷。（见《隋书》三三《经籍志·史部·地理类》。并参考《封氏闻见记》七“蜀无兔鸽”条、唐《语林》八及章宗源《〈隋书·经籍志〉考证》六等。）其书今不传。郦氏《水经注》中往往引之。中原坞垒之遗址于其文中尚可窥见一二。如《水经注》一五《洛水篇》云：

洛水又东，径檀山南。

其山四绝孤峙，上有坞聚，俗谓之“檀山坞”。义熙中，刘公西入长安，舟师所届，决于洛阳。命参军戴延之与府舍人虞道元即舟遡流，穷览洛川，欲知水军可至之处。延之届此而返。竟不达其源也。

又《水经注》四《河水篇》云：

河水自潼关东北流，水侧有长坂，谓之“黄巷坂”。坂傍绝涧。陟此坂以升潼关，所谓“泝黄巷以济潼”矣。历北出东崤，通谓之“函谷关”也。

郭缘生《记》曰：汉末之乱，魏武征韩遂、马超，连兵此地。今际河之西，有曹公垒。道东原上，云李典营。义熙十三年，王师曾据此垒。《西征记》曰：沿路逶迤，入函道六里有旧城，城周百余步，北临大河，南对高山。姚氏置关以守峡，宋武帝入长安，檀道济、王镇恶或据山为营，或平地结垒，为大小七营，滨河带险。姚氏亦保据山原陵阜之上，尚传故迹矣。

河水又东北，玉涧水注之。水南出玉溪，北流径皇天原西。《周固记》：开山东首上平博，方可里余。三面壁立，高千许仞。汉世祭天于其上，名之为“皇天原”。河水又东经阌乡城南。东与全鸠涧水合。水出南山。北径皇天原东。

《述征记》曰：全节，地名也。其西名桃原，古之桃林。周武王克殷休牛之地也。《西征赋》曰：咸征名于桃原者也。《晋太康记》曰：桃林在阌乡南谷中。

又《元和郡县图志》六“虢州阌乡县”条云：

秦山，一名秦岭，在县南五十里。南入商州，西南入华州。山高二千丈，周回三百余里。桃源，在县东北十里，古之桃林，周武王放牛之地也。

又“陕州灵宝县”条云：

桃林塞，自县以西至潼关皆是也。

又《新唐书》三八《地理志》“陕州灵宝县”条云：

有桃源宫，武德元年置。

又《资治通鉴》一一八《晋纪》云：

义熙十三年二月，王镇恶进军渑池。引兵径前，抵潼关。三月（檀）道济、（沈）林子至潼关。夏四月，太尉（刘）裕至洛阳。（寅恪案：宋武伐秦之役，其军行年月《宋书》《南史》等书记载既涉简略，又有脱误。故今悉依司马君实所考定者立论。）

寅恪案，《陶渊明集》有《赠羊长史》（即松龄）诗。其序云：

左军羊长史，衔使秦川，作此与之。

则陶公之与征西将佐本有雅故。疑其间接或直接得知戴延之等从刘裕入关途中之所闻见。《桃花源记》之作即取材于此也。盖王镇恶、檀道济、沈林子等之前军于义熙十三年春二三月抵潼关。宋武以首夏至洛阳。其遣戴延之等遡洛水至檀山坞而返，当即在此时。山地高寒，节候较晚。《桃花源记》所谓“落英缤纷”者，本事之可能。又桃林桃原等地既以桃为名，其地即无桃花，亦可牵附。况晋军前锋之抵崤函为春二三月，适值桃花开放之时，皇天原之下，玉涧水之傍，桃树成林，更情理之所可有者。至于《桃花源记》所谓“山有小口”者，固与郗鉴之“峄孔”相同。所谓“土地平旷”者，殆与皇天原之“平博方可里余”者亦有所合欤？刘裕遣戴延之等溯洛水至檀山坞而返事与《桃花源记》中武陵太守遣人寻桃花源终不得达者，约略相似，又不待言也。

今传世之《搜神后记》旧题陶潜撰。以其中杂有元嘉四年渊明卒后事，故皆认为伪托。然其书为随事杂记之体，非有固定之系统。中有后人增入之文，亦为极自然之事，但不能据此遽断全书为伪托。即使全书为伪托，要必出于六朝人之手，由钞辑昔人旧篇而成者，则可决言。寅恪于与渊明之家世信仰及其个人思想皆别有所见，疑其与《搜神后记》一书实有关联。以其轶出本篇范围，姑置不论。《搜神后记》卷一之第五条即《桃花源记》，而太守之名为刘歆，及无“刘子骥欣然规往”等语。其第六条纪刘骥之即子骥入衡山采药，见涧水南有二石囷，失道问径，仅得还家。或说囷中皆仙灵方药，骥之欲更寻索，不复知处事。此事唐修《晋书》九四《隐逸传》亦载之。盖出于何法盛《晋中兴书》（见《太平御览》四一九及四二五又五〇四所引）。何氏不知何所本，当与《搜神后记》同出一源，或即与渊明有关，殊未可知也。

据此推测，陶公之作《桃花源记》，殆取桃花源事与刘骥之二事牵连混合为一。桃花源虽本在北方之弘农或上洛，但以牵连混合刘骥之入衡山采药事之故，不得不移之于南方之武陵。遂使后世之论桃花源者皆纷纷堕入迷误之途，历千载而不之觉，亦太可怜矣！或更疑《搜神后记》中渔人黄道真其姓名之意义与宋武所遣溯洛之虞道元颇相对应。刘骥之隐于南郡之阳岐山，去武陵固不远，而隆安五年分南郡置武宁郡，武武字同，陵宁音近（来泥互混），文士寓言，故作狡狯，不嫌牵合混同，以资影射欤？然此类揣测皆不易质证，姑从阙疑可也。（参考《晋书》一五下《地理志》、九四《隐逸传》、九九《桓玄传》、《宋书》三七《州郡志》及《世说·栖逸篇》等。）又今本《搜神后记》中《桃花源记》，依寅恪之鄙见，实陶公草创未定之本。而渊明文集中之《桃花源记》，则其增修写定之本，二者俱出陶公之手。刘驎之为太元间闻人（见《世说新语·楼逸篇》及《任诞篇》），故系此事于太元时。或因是以陶公之《桃花源记》亦作于太元时者，则未免失之过泥也。

桃花源事又由刘裕遣戴延之等溯洛水至檀山坞与桃原、皇天原二事牵混为一而成。太守刘歆必无其人。岂即暗指刘裕而言耶？既不可考，亦不必凿实言之。所谓“避秦人之子孙”亦桃原或檀山之上“坞聚”中所居之人民而已。至其所避之秦则疑本指苻生、苻坚之苻秦而言，与始皇、胡亥之嬴秦绝无关涉。此殆传达此事之人或即渊明自身因讹成讹，修改所致，非此物语本来之真相也。盖苻氏割据关陕，垂四十载，其间虽有治平之时，而人民亦屡遭暴虐争战之难。如《晋书》一一二《苻生载记》叙苻生政治残暴民不聊生事甚详。兹录其一例如下：

> 生下书（《通鉴》系此于晋穆帝永和十二年六月）曰：“朕受皇天之命，承祖宗之业，君临万邦，子育百姓。嗣统以来，有何不善，而谤讟之音扇满天下？杀不过千，而谓刑虐。行者比肩，未足为稀。方当峻刑极罚，复如朕何？”时猛兽及狼大暴，昼则断道，夜则发屋，惟害人而不食六畜。自生立一年，兽杀七百余人，百姓苦之，皆聚而邑居，为害滋甚，遂废农桑，内外凶惧。

群臣奏请禳灾。生曰："野兽饥则食人，饱当自止，终不能累年为患也。天岂不子爱群生。而年年降罚，正以百姓犯罪不已，将助朕专杀而施刑教故耳。但勿犯罪，何为怨天而尤人哉？"

又《晋书》一一三《苻坚载记上》叙苻坚盛时云：

关陇清宴，百姓丰乐。自长安至于诸州，皆夹路树槐柳。二十里一亭，四十里一驿。旅行者取给于途，工商贸贩于道。

而《晋书》一一四《苻坚载记下》叙苻秦亡时云：

关中人皆流散，道路断绝，千里无烟。

由苻生之暴政或苻坚之亡国至宋武之入关，其间相距已逾六十年或三十年之久。故当时避乱之人虽"问今是何世？"，然其"男女衣着悉如外人"。若"乃不知有汉，无论魏晋"者，则陶公寓意特加之笔，本篇可以不论者也。

又陶诗《拟古》第二首云：

辞家夙严驾，当往志无终。问君今何行，非商复非戎。闻有田子泰，节义为士雄。斯人久已死，乡里习其风。生有高世名，既没传无穷。不学狂驰子，直在百年中。

吴师道《礼部诗话》云：

（田）畴始从刘虞。虞为公孙瓒所害，誓言报仇，卒不能践，而从曹操讨乌桓，节义亦不足称。陶公亦是习闻世俗所尊慕尔。

寅恪案，《魏志》——《田畴传》云：

遂入徐无山中，营深险平敞地而居，躬耕以养父母。百姓归之，数年间至五千余家。

据此，田子泰之在徐无山与郗鉴之保峄山固相同，而与檀山坞桃原之居民即桃花源之避秦人亦何以异？“商”者指四皓入商山避秦事，“戎”者指老子出关适西戎化胡事。然则商洛崤函本为渊明心目中真实桃花源之所在。而田畴之亮节高义犹有过于桃源避秦之人。此所以寄意遣词遂不觉联类并及欤？吴氏所言之非固不待辨，而其他古今诂陶诗者于此亦皆未能得其真解也。

又苏东坡《和桃花源诗序》云：

世传桃源事多过其实。考渊明所记，止言先世避秦乱来此，则渔人所见似是其子孙，非秦人不死者也。又云：“杀鸡作食”，岂有仙而杀者乎？旧说南阳有菊水，水甘而芳，民居三十余家，饮其水皆寿，或至百二三十岁。蜀青城山老人村多枸杞，根如龙蛇。饮其水，故寿。近岁道稍通，渐能致五味，而寿益衰。桃源盖此比也欤？使武陵太守得而至焉，则已化为争夺之场久矣！尝思天壤之间若此者甚众，不独桃源。

寅恪案，古今论桃花源者，以苏氏之言最有通识。洪兴祖释韩昌黎《桃源图》诗，谓渊明叙桃源初无神仙之说，尚在东坡之后。独惜子瞻于陶公此文中寓意与纪实二者仍牵混不明，犹为未达一间。至于近人撰著，或袭苏、洪之意，而取譬不切，或认桃源实在武陵，以致结论多误。故不揣鄙陋，别拟新解。要在分别寓意与纪实二者，使之不相混淆。然后钩索旧籍，取当日时事及年月地理之记载，逐一证实之。穿凿附会之讥固知难免，然于考史论文之业不无一助，或较古今论辨此记之诸家专向桃源地志中讨生活者聊胜一筹乎？

兹总括本篇论证之要点如下：

（甲）真实之桃花源在北方之弘农，或上洛，而不在南方之武陵。

（乙）真实之桃花源居人先世所避之秦乃苻秦，而非嬴秦。

（丙）《桃花源记》纪实之部分乃依据义熙十三年春夏间刘裕率师入关时戴延之等所闻见之材料而作成。

（丁）《桃花源记》寓意之部分乃牵连混合刘驎之入衡山采药故

事，并点缀以“不知有汉，无论魏晋”等语所作成。

（戊）渊明《拟古》诗之第二首可与《桃花源记》互相印证发明。

补记一

《匡谬正俗》七“黄巷”条云：

> 郭缘生《述征记》曰：“皇天坞在阌乡东南。或云卫太子始奔，挥泪仰呼皇天，百姓怜之，因以名坞。”又戴延之《西征记》曰：“皇天固去九原十五里。”据此而言，黄天原本以坞、固得名，自有解释。

寅恪案：颜氏所引，足以补证鄙说，故附录于此。

补记二

此文成后二十年，得详读居延汉简之文，复取《后汉书》“西羌传”参证，坞堡之来源与西北之关系益瞭然矣。

（收入《金明馆丛稿初编》）

陈寅恪为何考证一个有些“无聊”的问题

——释《元白诗笺证稿》第一章《长恨歌》

在中国古代文学研究领域，白居易与元稹一直是学者关注的重点，这不仅由于两人创作成就极为突出且在文学史上占有重要地位，更是由于他们的友谊及其创作上的互相影响特别值得研究。此外，两人在爱情题材创作方面都有经典之作，元稹的《莺莺传》直接影响了王实甫的《西厢记》，其悼亡诗也具有极高的艺术水平。而白居易的《长恨歌》更是经典中的经典，作为历史上四大美女之一的杨贵妃，其与唐玄宗的爱情故事经由白居易的《长恨歌》以及大量有关的诗词曲赋和各类戏曲的传播，可谓家喻户晓。其最终被赐死于马嵬坡的悲剧更是令人同情，以致民间多有她没有死掉而是东渡日本的传说。

其实，杨贵妃与唐玄宗的爱情悲剧以及历史上真实的杨贵妃究竟命运如何等问题，不仅一般读者很愿意关注，即便是一些大学者也有兴趣进行研究考证，陈寅恪就是其中之一。

提到学术研究，很多读者第一印象就是枯燥无味，至于那些艰深晦涩的学术考证，更是令人难以卒读。不过也有例外，陈寅恪当年在《元白诗笺证稿》中就有一次有趣的考证，那就是探讨古代“四大美女”之一的杨贵妃当年被唐玄宗纳入宫中时，是否还是处子之身的问题。一个一向治学严谨、大名鼎鼎的学者，为何会对这样看起来有些无聊且庸俗的问题感兴趣呢？

其实这样的疑问不只很多读者会有，甚至连钱锺书这样的大学者也不理解。1978年钱锺书随中国代表团访问意大利，应邀做了一次演讲。在演讲时他曾提及陈寅恪的研究，说中国一位大学者“曾凭自己的渊博知识和缜密的细心，考证唐代杨贵妃入宫时是不是处女问题，而这是一个比‘济慈喝什么稀饭’‘普希金抽不抽烟’等西方研究话柄更无谓的问题”。很多学者都认为陈寅恪和钱锺书是20世纪中国很有学问的人，那么这两个人为何在杨贵妃是否值得研究方面有不同意见？此外，复旦大学的蒋天枢教授是陈寅恪晚年最为看重的弟子，是其“学术托命”者。据说20世纪80年代期间，有人当面问蒋天枢，陈寅恪学问这么大，为什么要考证杨玉环入宫时的身份这么“无聊”的问题。蒋天枢听后竟然大怒，一言不发，拂袖而去。可见，即便是在学术界也有不少人不太理解陈寅恪为何进行这类研究。换句话说，这样的学术研究的确是没有意义吗？

为了解释这个问题，有必要先简单介绍一下《元白诗笺证稿》。这是陈寅恪的一部重要著作，出版于1950年11月。该书运用“诗史互证”的研究方法，对白居易和元稹的诗歌创作以及当时的社会生活进行了细致科学的论述。“诗史互证”，一是以史证诗，即用史学家眼光分析元白诗歌产生的历史背景及他们生活的特定环境；二是以诗证史，即通过分析考证诗中的时间、地点、人物、事件等史料，再与史籍记载相对照，目的是透过诗歌表面描写，探求历史真相。当然，这里的“诗”不仅包括诗词，也包括小说等文学体裁。

白居易的《长恨歌》是中国古典诗歌中的名篇，也是最受读者和学者喜爱的古诗之一，陈寅恪是唐史研究大家，当然也不例外。据说陈寅恪当年讲《长恨歌》开头一句“汉皇重色思倾国”就讲了一个星期，其中一个“汉”字就可以讲几节课。估计很多读者没有想过，明明是写唐代的事为什么却要说是汉代。仅仅是为了避讳？如果说是避讳，为何不用其他朝代例如魏晋南北朝或者隋代而偏偏是汉代？原来唐人作诗喜欢用汉代的东西来代指当朝事物，比如明明是唐皇却说是汉皇，又如此诗“太液芙蓉未央柳”一句中有太液池、未央柳，也是用汉代宫廷之物指代唐代，再如“秦时明月汉时关”明面上是说汉事，实际上说的也是唐朝的事。这个现象唐诗中很普遍，杜甫诗中就有很多这样的用法。当然之所以用汉代而不用其他朝代，大概是因为在唐代之前也就只有汉代之强盛可以和唐代的媲美，以至今天人们还是说“汉唐盛世”。

不过在此文中，陈寅恪并未对“汉皇”一词进行详细考证，而是下大气力去考证杨贵妃入宫时的身份如何，因为这一点极为重要。他为何会对这个问题感兴趣？原来陈寅恪一直认为，隋唐时代汉族和周边少数民族交往密切，所谓汉族的“胡化”和胡人的“汉化”现象极为常见。当时判断一个人是属于汉族还是胡族，常常不是看其人种特征，而是看其“汉化”程度深还是“胡化”程度深。陈寅恪考证杨贵妃，其实他的关注点不是杨贵妃的初夜到底给了谁，而是通过这一问题研究观察唐代皇室的婚姻制度，以及胡汉混血带来的贞洁观念转变和社会风气变化。诚如他所引《朱子语类》中所云：“唐源流出于夷狄，故闺门失礼之事不以为异。”试想一下，如果连皇室都对女人贞洁问题不以为然，那普通民众对于贞洁观念也不会看得太重，说明彼时胡人道德风俗对汉族的渗透已经很深，社会风气比较开放。由此即可发现少数民族文化与汉族文化的交流融合一直存在，双方互相影响、互相融合，最后即可证明中国文化在发展过程中，其实从未拒绝对周边少数民族和其他外来文化的吸收和借鉴。

这样的学术研究，难道不是既有历史意义更有现实意义，难道不是很重要很有价值？

那么陈寅恪是如何考证的呢？杨贵妃最初嫁给了唐玄宗的第18个儿子寿王李瑁，她比唐玄宗小34岁，是他名正言顺的儿媳。清代大学者朱彝尊认为虽然寿王早已册封杨玉环为妃，但是两人尚未同房，杨贵妃就已转入道观清修，也即后人说的“带发修行”，随后不久即被唐玄宗纳入宫中。据此朱彝尊认为杨贵妃入宫时，还是处子之身，对此陈寅恪表示不能同意。且看他的结论：“是杨氏入宫，至早亦必在开元二十六年正月二日。其间相隔至少已越两岁，岂有距离如是长久，既已请期而不亲迎同牢乎？由此观之，朱氏‘妃以处子入宫似得其实’之论，殊不可信从也。”通俗点说，杨玉环在入宫之前与寿王定亲至少两年，并且按照唐代皇室娶亲的礼仪，迎亲当天即已“同牢”（同房）了，所以杨贵妃入宫时当已不是处子之身。

对于陈寅恪的这一考证，其弟子季羡林——也是一位文化大师，就很是佩服，他在《对我影响最大的几本书》一文中写道：“寅恪先生考证不避琐细，但绝不是为考证而考证，小中见大，其中往往含着极大的问题。比如，他考证杨玉环是否以处女入宫。这个问题确极猥琐，不登大雅之堂。无怪一个学者说：这太Trivial（微不足道）了。焉知寅恪先生是想研究李唐皇族的家风。在这个问题上，汉族与少数民族看法是不一样的。寅恪先生从看似细微的问题入手探讨民族问题和文化问题，由小及大，使自己的立论坚实可靠。”

其实，有关杨贵妃的问题，陈寅恪还有精彩的论述，例如人们都知道杜牧那首“一骑红尘妃子笑，无人知是荔枝来”，讽刺的是因为杨贵妃喜欢吃荔枝，故唐玄宗命人以邮差接力方式从南方往西安送荔枝一事，对于这样耗费人力物力的奢侈行为，杜牧当然给予讽刺批判。不过据陈寅恪的考证，杨贵妃很可能是被冤枉了。原来当时宫廷里的宦官多来自南方福建等地，他们自幼即有吃橄榄、荔枝的习惯，入宫后也渴望每年能够吃到家乡的特产如橄榄、荔枝，但在西安显然没有这些东西。因此他们就可能假借杨贵妃喜欢吃的名义，让广东等地方官员派人把橄榄和荔枝作为贡品送到西安。当然，陈寅恪的这一考证并未成为定论，但他善于从常见材料中发现问题并联系当时实际情势举一反三的能力确实值得赞叹。

人们常说学术研究最难能可贵就是以小见大、见微知著，陈寅恪的上述研究就是如此。当然，要详细了解陈寅恪是如何通过考证推翻清代学者朱彝尊的考证，那还是要细读陈寅恪的原著才是。

《元白诗笺证稿》第一章《长恨歌》(节选)

陈寅恪

歌云：

> 汉皇重色思倾国。御宇多年求不得。杨家有女初长成，养在深闺人未识。天生丽质难自弃，一朝选在君王侧。回眸一笑百媚生，六宫粉黛无颜色。

《容斋续笔》二“唐诗无讳避”条略云：

> 唐人歌诗，其于先世及当时事，直词咏寄，略无隐避。至宫禁嬖昵，非外间所应知者，皆反覆极言，而上之人亦不以为罪。如白乐天《长恨歌》讽谏诸章，元微之《连昌宫词》始末，皆为明皇而发。杜子美尤多。此下如张祜《赋连昌宫》等三十篇，大抵咏开元、天宝间事。李义山《华清宫》等诸诗亦然。今之诗人不敢尔也。

寅恪案，洪氏之说是也。唐人竟以太真遗事为一通常练习诗文之题目，此观于唐人诗文集即可了然。但文人赋咏，本非史家纪述。故有意无意间逐渐附会修饰，历时既久，益复曼衍滋繁，遂成极富兴趣之物语小说，如乐史所编著之《太真外传》是也。

若依唐代文人作品之时代，一考此种故事之长成，在白《歌》陈《传》之前，故事大抵尚局限于人世，而不及于灵界，其畅述人天生死、形魂离合之关系，似以《长恨歌》及《传》为创始。此故事既不限现实之人世，遂更延长而优美。然则增加太真死后天上一段故事之作者，即是白。陈诸人，洵为富于天才之文士矣。虽然，此节物语之增加，亦极自然容易，即从汉武帝、李夫人故事附益之耳。陈《传》所云“如汉武帝、李夫人”者，是其明证也。故人世上半段开宗明义之“汉皇重色思倾国”一句，已暗启天上下半段之全部情事，文思贯澈钩结如是精妙，特为标出，以供读者之参考。寅恪于此，虽不免有金人瑞以八股文法评《西厢记》之嫌疑，然不敢辞也（可参《新乐府章·李夫人》篇）。

赵与时《宾退录》九云：

> 白乐天《长恨歌》书太真本末详矣，殊不为鲁讳。然太真本寿王妃，顾云“杨家有女”云云。盖宴昵之私，犹可以书，而大恶不容不隐。陈鸿《传》则略言之矣。（见《校补记》第一则）

又史绳祖《学斋占毕》一云：

唐明皇纳寿王妃杨氏，本陷新台之恶，而白乐天所赋《长恨歌》则深没寿邸一段，盖得孔子答陈司败遗意矣。《春秋》为尊者讳，此《歌》深得之。

寅恪案，关于太真入宫始末为唐史中一重公案，自来考证之作亦已多矣。清代论兹事之文，如朱彝尊《曝书亭集》五五《书〈杨太真外传〉后》，杭世骏《订讹类编》二“杨氏入宫并窃笛”条、章学诚《章氏遗书外编》三《丙辰札记》等，似俱能持之有故，言之成理，而以朱氏之文为最有根据。盖竹垞得见当时不甚习见之材料，如《开元礼》及《唐大诏令集》诸书，大宗、实斋不过承用竹垞之说，而推衍之耳。今止就朱氏所论辨证其误，虽于白氏之文学无大关涉，然可借以了却此一重考据公案也。

《曝书亭集》五五《书〈杨太真外传〉后》略云：

《太真外传》，宋乐史所撰。称妃以开元二十二年十一月归于寿邸。二十八年十月玄宗幸温泉宫，使高力士取于寿邸，度为女道士，住内太真宫。此传闻之谬也。按《唐大诏令（集）》载开元二十三年十二月二十四日遣户部尚书同中书门下（平章事）李林甫、副以黄门侍郎陈希烈，册河南府士曹参军杨玄璬长女为寿王妃。考之《开元礼》，皇太子纳妃，将行纳采，皇帝临轩命使。

降而亲王，礼仪有杀，命使则同。由纳采而问名，而纳吉，而纳征，而请期，然后亲迎，同牢。备礼动需卜日，无纳采受册即归寿邸之礼也。越明年，武惠妃薨，后宫无当帝意者。或奏妃姿色冠代，乃度为女道士。敕曰，寿王瑁妃杨氏，素以端毅，（寅恪案："毅"章氏引作"悫"。）作嫔藩国，虽居荣贵，每在清修。属太后忌辰，永怀追福，以兹求度。雅志难违，用敦弘道之风，特遂由衷之请，宜度为女道士。盖帝先注意于妃，顾难夺之朱邸，思纳堵禁中，乃言出自妃意。所云"作嫔藩国"者，据妃曾受册云然。其曰"太后忌辰"者，昭成窦后以长寿二年正月二日受害，则天后以建子月为岁首，中宗虽复旧用夏正，即正月行香废务，直至顺宗永贞元年，方改正以十一月二日为忌辰。开元中犹循中宗行香之旧，是妃入道之期当在开元二十五年正月二日也。妃既入道，衣道士服入见，号曰"太真"。史称"不期岁礼遇如惠妃"。然则妃由道院入宫，不由寿邸。陈鸿《长恨传》谓高力士潜搜外宫，得妃于寿邸，与《外传》同其谬。张俞《骊山记》谓妃以处子入宫，似得其实。而李商隐《碧城三首》，一咏妃入道，一咏妃未归寿邸，一咏帝与妃定情系七月十六日，证以"武皇内传分明在，莫道人间总不知"，是足当诗史矣。

寅恪案，朱氏考证之文，似极可信赖。然一取其他有关史料核之，其误即见。其致误之由，在不加详考，遽信《旧唐书》五一《后妃传·玄宗杨贵妃传》所云：

（开元）二十四年（武）惠妃薨。

一语，但同书同卷与《玄宗杨贵妃传》连接之《玄宗贞顺皇后武氏传》云：

惠妃以开元二十五年十二月薨。

而竹垞所以未及注意此二《传》纪载之冲突者，殆由《新唐书》七六《后妃传·玄宗杨贵妃传》亦承用《旧传》“开元二十四年武惠妃薨”之文。朱氏当日仅参取《新书·杨妃传》，而未别考他传及他书。不知《新书》七六《后妃传》于《玄宗贞顺皇后武氏传》，特删去《旧传》“开元二十五年薨”之语。岂宋子京亦觉其矛盾耶？夫武惠妃薨年为开元二十五年，非二十四年，可以两点证明。第一，《旧唐书·武惠妃传》薨于开元二十四年之纪载与其他史料俱不合。第二，武惠妃薨于开元二十四年于当时情事为不可能。先就第一点言之，如：

《旧唐书》九《玄宗纪下》云：

（开元二十五年）十二月丙午，惠妃武氏薨，追谥为“贞顺皇后”。

《新唐书》五《玄宗纪》云：

（开元二十五年）十二月丙午，惠妃薨。丁巳追册为皇后。

《唐会要》三《皇后门》略云：

玄宗皇后武氏。后幼入宫，赐号惠妃。开元二十五年十二月七日薨（年四十。）赠皇后，谥曰“贞顺”。

《通鉴》二一四《唐纪三十·玄宗纪》云：

（开元二十五年）十二月丙午，惠妃武氏薨，赠谥“贞顺皇后”。

《大唐新语》一一《惩戒篇》云：

三庶以（开元）二十五年四月二十三日死。武妃以十二月毙（薨？）。

可知武惠妃开元二十五年薨说，几为全部史料之所同，而《旧唐书·杨贵妃传》武惠妃开元二十四年薨说，虽为《新唐书·杨贵妃传》所沿袭误用，实仍是孤文单纪也。（今本乐史《杨太真外传》上云：“（开）元二十一年十一月（武）惠妃即世。”乃数字传写讹误，可不置辨。又可参刘文典先生《群书斠补》。）

再就第二点言之，《旧唐书》一〇七《废太子瑛传》叙玄宗之杀三庶人即太子瑛、鄂王瑶、光王琚事略云：

> 及武惠妃宠幸，（瑛生母赵）丽妃恩乃渐弛。时鄂王瑶母皇甫德仪、光王琚母刘才人亦渐疏薄。瑛于内第与鄂、光王等自谓母氏失职，尝有怨望。惠妃女咸宜公主出降于杨洄。（开元）二十五年四月，杨洄又构于惠妃，言瑛兄弟三人常构异谋。玄宗使中官宣诏于宫中，并废为庶人，俄赐死于城东驿。其年，武惠妃数见三庶人为祟，怖而成疾，巫者祈请弥月，不痊而殒。

《传文》之神话附会姑不论，但若武惠妃早薨于开元二十四年，则三庶人将不致死于二十五年四月矣。此武惠妃薨于开元二十四年，所以于当时情事，为不可能。而依朱氏所考，杨妃于开元二十五年正月二日即已入宫，实则其时武惠妃尚在人间，岂不成为尹邢觌面？是朱氏所谓：

> 武惠妃薨，后宫无当帝意者。或奏妃姿色冠代，乃度为女道士。

即谓杨贵妃为武惠妃之替身者，亦绝对不可能矣。

又，朱氏所根据之材料，今见《适园丛书》本《唐大诏令集》

四〇，其册寿王杨妃文，年月为开元二十三年岁次乙亥十二月壬子朔二十四日乙亥，册寿王韦妃文，为天宝四载岁次乙酉七月丁卯朔二十六日壬辰，至度寿王妃（杨氏）为女道士敕文，则不载年月。《全唐文》三五及三八均同。《通鉴》二一四《唐纪》亦著开元二十三年十二月乙亥册故蜀州司户杨玄琰女为寿王妃。此条《考异》云："《实录》载册文云'杨玄璬长女'。"盖《唐大诏令集》之所载，乃宋次道采自《唐实录》也。又《通鉴》二一五《唐纪》天宝四载秋七月壬午册韦昭训女为寿王妃。八月壬寅册杨太真为贵妃。其《考异》云：

> 《统纪》："八月册女道士杨氏为贵妃。"《本纪》"甲辰"。《唐历》"甲寅"。今据《实录》"壬寅，赠太真妃父玄琰等官"，甲辰甲寅皆在后，恐册妃在赠官前。《新本纪》亦云："八月壬寅，立太真为贵妃。"今从之。

寅恪案，杨氏之度为女道士入宫与册为贵妃本为先后两事。其度为女道士，实无详确年月可寻。而章实斋考此事文中"天宝四载乙酉有度寿王妃杨氏入道册文"云云，岂司马君实、朱锡鬯所不能见之史料，而章氏尚能知之耶？实误会臆断所致，转以"朱竹垞所考入宫亦未确"为言，恐不足以服朱氏之心。至杭大宗之文，亦不过得见钱曾《读书敏求记》四《集部·唐大诏令集提要》，及《曝书亭集》敷衍而为之说，未必真见第一等材料而详考之也。

复次，朱氏唐代典礼制度之说，似极有根据，且依第一等材料《开元礼》为说。在当时，《开元礼》尚非甚习见之书，或者使人不易辨别其言之当否。独不思世人最习见之《通典》，其书一〇六至一四〇为《开元礼纂类》，其“五礼篇目”下注云：

> 谨按斯礼，开元二十年撰毕。自后仪法续有变改，并具《沿革篇》。为是国家修纂，今则悉依旧文，敢辄有删改？本百五十卷，类例成三十五卷，冀寻阅易周，览之者幸察焉。

足征杜氏悉依《开元礼》旧文，节目并无更改。其书一二九《礼典》八九《开元礼纂类》二四《嘉礼》八“亲王纳妃”条所列典礼先后次第为：（一）纳采。（二）问名。（三）纳吉。（四）纳征。（五）请期。（六）册妃。（七）亲迎。（八）同牢。（九）妃朝见。（十）婚会。（十一）妇人礼会。（十二）飨丈夫送者。（十三）飨妇人送者。其册妃之前为请期，其后即接亲迎、同牢。是此三种典礼之间，虽或有短期间之距离，然必不致太久。即如朱氏所考杨氏之受册为寿王妃在开元二十三年十二月二十四日，度为女道士在开元二十五年正月二日，则其间相隔已逾一岁，颇已有举行亲迎同牢之危险矣。何况开元二十五年正月二日武惠妃尚在人间，其薨年实在开元二十五年十二月七日。（朱氏所考窦氏忌辰为正月二日，乃依据《唐会要》二三《忌日门》永贞元年十二月中书门下之奏。及册寿王妃杨氏为开元二十三年十二月二十四日，乃依《唐大诏令集》。皆甚精确。）是杨氏入宫，至早亦必在开元二十六年正月二日。其间相隔至少已越两岁，岂有距离如是长久，既已请期而不亲迎、同牢者乎？由此观之，朱氏“妃以处子入宫似得其实”之论，殊不可信从也。

至杨氏究以何时入宫，则度寿王妃杨氏为女道士敕文虽无年月，然必在开元二十五年十二月七日武惠妃薨以后、天宝四载八月壬寅日即十七日册杨太真为贵妃以前。《新唐书》五《玄宗纪》云：

> 开元二十八年十月甲子，幸温泉宫。以寿王妃杨氏为道士，号太真。

《南部新书》辛云：

> 杨妃本寿王妃，（开元）二十八年，度为道士入内。

《杨太真外传》上云：

> （开元）二十八年十月，玄宗幸温泉宫。使高力士取杨氏女于寿邸。度为女道士，号太真，内太真宫。

正史小说中诸纪载何所依据，今不可知。以事理察之，所记似最为可信。姑假定杨氏以开元二十八年十月为玄宗所选取，其度为女道士敕文中之太后忌辰，乃指开元二十九年正月二日睿宗昭成窦后之忌日。虽不中，不远矣。又《资治通鉴》纪度寿王妃杨氏为女道士入宫事于天宝三载之末，亦有说焉。《通鉴》纪事之例，无确定时间可稽者，则依约推测，置于某月，或某年，或某帝纪之末，或与某事有关者之后。司马君实盖以次年即天宝四载有册寿王妃韦氏及立太真妃杨氏为贵妃事，因追书杨氏入道于前一岁，即天宝三载裴敦复赂杨太真姊致裴宽贬官事之后耳。其实非有确定年月可据也。

但读者若以杨氏入宫即在天宝三载，则其时上距武惠妃之薨已逾六岁，于事理不合。至册韦昭训女为寿王妃事，竟迟至天宝四载者，则以其与册杨太真为贵妃事，互为关联。喜剧之一幕，至此始公开揭露耳。宫闱隐秘，史家固难深悉，而《通鉴》编撰时，此度寿王妃杨氏为女道士敕文已无年月日可考，亦可因而推知也。

（收入《元白诗笺证稿》

佛教的忠实信徒武则天

——释《武曌与佛教》

提及武则天，大都知道她是中国历史上唯一的女皇帝。她闺名武照，于武德七年（624年）生于山西并州（今山西文水）。不过这个“照”字还有一个专门为她所造的写法就是“曌”，“曌”看字面意思就是日月同时挂在空中照耀大地，阴阳一体，表示她这个女皇完全可以代表世上所有人（无论男女）行使权力，且至高无上。据《资治通鉴》记载，永昌元年（689年）十一月，凤阁侍郎河东宗秦客，改“天”“地”等十二个字进献于武则天，后称为“则天新字”，武则天自己即改“照”为“曌”。这一字之改，显示出这位女皇的豪迈气魄，虽不敢说后无来者，倒确实前无古人。当然，也有说武则天时所改之字有十八个甚至更多者，但至今大都不再使用。“曌”字为武则天所用，至今仍为人知。此外，还有一个就是常见的“卍”字，此字表示吉祥万福，读音为“万”。

说到武则天和佛教关系，首先要指出武则天是唐代佛教得以广泛传播的主要推动者。早在唐高宗时，她生的皇子（后来的唐中宗）就依玄奘法师之请取名号“佛光王”，并请玄奘为儿子剃发受戒。后来她又和唐高宗共同迎请法门寺佛骨入宫供养，“舍所寝衣帐直绢一千匹，为舍利造金棺银椁，数有九重，雕镂穷奇”。武则天还延续前朝传统，主持并亲自参与了大规模的译经活动，为后世留下众多佛教经典。

那么，武则天为何如此重视佛教，这和她登基做女皇是否有关？如果她为了做女皇而不得不从佛教中寻找理论支持的话，是否意味着在中国传统文化中她找不到相应的思想资源？为此，陈寅恪写了这篇《武曌与佛教》，通过缜密的考证和严谨的论述，给出了他的解释。

陈寅恪认为武则天在中国历史上确实是最奇特之人物，但自古以来研究武则天者虽然很多，却“少所发明”，也就是很少有创造性研究成果。为此陈寅恪决定以武则天与佛教关系为论述范围，以求拓展武则天研究的深度和广度。

请看陈寅恪的论述逻辑。他首先证明武则天的母系家族之宗教信仰，如果其家族大都与佛教关系紧密甚至家人就是虔诚的佛教徒，那么武则天自幼受到家庭氛围熏陶，佛教教义及有关故事等必然对她产生影响。陈寅恪指出，杨隋王室之先祖创业之时都为“佛教坚实信徒”，至于隋炀帝，虽然在中国历史上臭名昭著，但因其宗奉佛教，所以在佛教中之地位恰与其在儒教中相反，其在佛教中地位之尊贵“远非其他中国历代帝王所能并论”。既然武则天的母亲杨氏为隋杨之宗室子孙，那么这必然会对武则天产生极大影响，她信仰佛教也就不足为奇了。对此，陈寅恪引用了不少史料予以佐证，不赘。一般而言，童年经历在一个人成长过程中有着极为重要的作用，而来自母亲的影响更是会潜移默化、至深至巨，此为心理学常识，自不待言。总之，陈寅恪告诉我们，武则天登基之前及之后之所以对佛教如此支持，和其家庭影响有很大关系。

陈寅恪其次要证明的是，武则天以女性身份而为帝王，在中国历史上具有开创性意义。为了证明她当皇帝的合法性和必要性，显然要谋求一定的思想理论支撑，但这种支撑不可能从强调重男轻女的儒家思想中获得，而只能求助于外来的佛教经典。其实佛教初期教义中本来也有轻视女性的思想，但几经演变，观念逐渐改变，后来竟有以女身成佛的教义。其具体表现就存在于一些大乘急进派的教义如《大云经》之中，例如"以是因缘，今得天身。值我出世，复闻深义。舍是天形，即以女身当王国土，得转轮王所统领处四分之一"。陈寅恪认为这就是武则天所以称为金轮皇帝的出处。然后，陈寅恪经过对敦煌发现的佛经残本与以往流传而被视为伪经的《大云经》等进行比对，发现武则天时发布的所谓受命符谶，其实就是印度佛经原本中内容，故所谓武则天为当女皇制造舆论而命人伪造受命符谶之说不能成立。看来武则天尊崇佛教不是没有道理，她确实可以从佛经中找到自己登基合法化的理由，而且是现成的，根本不用伪造。陈寅恪的这一观点，不仅是对以往学术界观点的修正，而且特别强调佛教之所以在彼时享有特殊重要地位，正是因为“其经典要义可供女主符命附会之用”。

陈寅恪因此总结说，武则天之所以尊崇佛教，一方面是受到家庭熏陶，另一方面是为了实现自己当女皇的政治目的。由于佛教给予武则天如此强大的理论上的支持，故武则天对待佛教之态度就是不仅将其与本土之道教并列，甚至下诏将佛教置于道教之前。仅此一点，说武则天是佛教在中土得以广泛流传的功臣，并不过分。

前面我们说道，因为本土的儒教没有相应的理论资源，武则天才不得不向佛教寻求支持。但陈寅恪经过考证发现，其实本土思想资源未必没有这方面因素，只是不太容易找到而已，这一考证真是令人大开眼界。为此，陈寅恪先给我们介绍了一则掌故，即来自王明清《挥麈后录》六中的记载：赵正夫丞相元祐中与黄太史鲁直俱在馆阁，鲁直以其鲁人，意常轻之。每庖吏来问食次，正夫必曰：“来日吃蒸饼。”一日聚饭行令，鲁直云：“欲五字从首至尾各一字，复合成一字。”正夫沉吟久之曰：“禾女委鬼魏。”鲁直应声曰：“来力敕正整。”协正夫之音。阖坐大笑。这段话的意思大致如下：宋朝赵正夫任丞相时，与黄鲁直都在馆阁工作。黄鲁直因为赵正夫是山东人，常常嘲笑他。每次食堂大厨来问今天吃什么，正夫必定说：“来日吃蒸饼。”一天他们聚餐时行酒令，黄鲁直说：“要五个字从头到尾各一个字，最后合成一个字。”赵正夫想了一下：“禾女委鬼魏。”黄鲁直应声答曰：“来力敕正整。”这几个字发音很像赵正夫的“来日吃蒸饼”，其实就是讽刺赵的发音，结果在座众人哄堂大笑。

就是这么一则名人掌故，在陈寅恪看来却很有价值，赵正夫读“饼”为“整”，是因为其方言发音如此，由此可见当初翻译佛经时对同一经文有不同发音和使用不同翻译词汇的现象，也是当时各地方言不一致之故。而《大云经》虽然不是出自于阗（即今天新疆和田一带），也与离此不远的遮拘迦一地有关，而遮拘迦文化其实受于阗影响极大，可以证明大乘文化实际上是从于阗而来。彼时不但佛教之《大涅槃经》出自于阗，而且于阗居住了很多华夏移民，所以此经内容形成当与华夏移民有关。而女身可以得为帝王一说，其实“源于华夏移民所主张”，之后才以复杂方式进入佛经。这一段考证很是精彩，在此就不详细展开。对此，陈寅恪戏称“此俗所谓家有祖传之宝，苟为子孙所忘，而别从他人求乞”，也算得上是中外文化史上一件奇事了。总之，对女性地位的重视和强调，虽然不是来自传统的儒家经典，但确实和“华夏移民”的思想见解有关，也就是说，在中国文化体系中存在着“男女平等”甚至女权主义思想的萌芽或主张，之后伴随着外来佛教思想的传播得以强化，只是以往人们对此缺少关注和研究。

这确实为陈寅恪的一大发现，虽然其具体考证不太容易看懂，但还是建议读者认真阅读此文，由此可以发现真正的史实考证虽然繁琐艰深，却很有趣味，很有意义。一旦深入进去，即可由作者带领我们不但欣赏沿途风景，更可领略到达终点后的欣喜与快乐。

武曌与佛教

陈寅恪

（甲）本文讨论之范围

《李义山文集》四《纪宜都内人事》略云：

> 武后篡既久，颇放纵，耽内习，不敬宗庙。四方日有叛逆，防豫不暇。时宜都内人以唾壶进，思有以谏。后坐帷下，倚檀机与语，问四方事。宜都内人曰："大家知古女卑于男耶？"后曰："知。"内人曰："古有女娲，亦不正是天子，佐伏羲理九州岛耳。后世娘姥有越出房阁断天下事者，皆不得其正，多是辅昏主，不然抱小儿。独大家革天姓，改去钗钏，袭服冠冕，符瑞日至，大臣不敢动，真天子也。大家始今日能屏去男妾，独立天下，则阳之刚亢明烈可有矣。如是过万万世，男子益削，女子益专。妾之愿在此。"后虽不能尽用，然即日下令诛作明堂者。（寅恪案，此指薛怀义。）

寅恪案，武曌在中国历史上诚为最奇特之人物，宜都内人之语非夸词，皆事实也。自来论武曌者虽颇多，其实少所发明。兹篇依据旧史及近出佚籍，参校推证，设一假定之说，或于此国史上奇特人物之认识，亦一助也。但此文所讨论者，仅以武曌与佛教之关系为范围，即其母氏家世宗教信仰之薰习及其本身政治特殊地位之证明二点。其他政治文化等问题与武曌有关者，俱不涉及，以明界限。

（乙）杨隋皇室之佛教信仰

南北朝诸皇室中与佛教关系最深切者，南朝则萧梁，北朝则杨隋，两家而已。两家在唐初皆为亡国遗裔。其昔时之政治地位，虽已丧失大半，然其世代遗传之宗教信仰，固继承不替，与梁隋盛日无异也。请先以萧梁后裔萧瑀之事证之。

《旧唐书》六三《萧瑀传》略云：

> 瑀字时文，高祖梁武帝，曾祖昭明太子。祖詧，后梁宣帝。父岿，明帝。好释氏，常修梵行，每与沙门难及苦空，必诣微旨。太宗以瑀好佛道，尝赍绣佛像一躯，并绣瑀形状于佛像侧，以为供养之容。又赐王褒所书《大品般若经》一部，并赐袈裟，以充讲诵之服焉。会瑀请出家，太宗谓曰："甚知公素爱桑门，今

者不能违意。”瑀旋踵奏曰：“臣顷思量，不能出家。”太宗以对群臣吐言而取舍相违，心不能平。瑀寻称足疾，时诣朝堂，又不入见。太宗谓侍臣曰：“瑀岂不得其所乎？而自慊如此。”遂手诏曰：“至于佛教，非意所遵。虽有国之常经，固弊俗之虚术。何则？求其道者，未验福于将来。修其教者，翻受辜于既往。至若梁武穷心于释氏，简文锐意于法门，倾帑藏以给僧祇，殚人力以供塔庙。及乎三淮沸浪，五岭腾烟，假余息于熊蹯，引残魂于雀鷇。子孙覆亡而不暇，社稷俄顷而为墟。报施之征，何其缪也。而太子太保宋国公瑀践覆车之余轨，袭亡国之遗风。弃公就私，未明隐显之际；身俗口道，莫辩邪正之心。修累叶之殃源，祈一躬之福本。上以违忤君主，下则扇习浮华。往前朕谓张亮云：‘卿既事佛，何不出家？’瑀乃端然自应，请先入道。朕即许之，寻复不用。一回一惑，在于瞬息之间，自可自否，变于帷扆之所。乖栋梁之人体，岂具瞻之量乎？朕犹隐忍至今，瑀尚全无悛改。宜即去兹朝阙，出牧小藩。可商州刺史，仍除其封。”

唐释彦悰《护法沙门法琳别传》中载贞观十一年正月（《适园丛书》本《唐大诏令集》一一三作“二月”）《道士女冠在僧尼之上诏》略云：

至于佛教之兴，基于西域。爰自东汉，方被中华。神变之理多方，报应之缘匪一。暨乎近世，崇信滋深。人冀当年之福，家惧来生之祸。由是滞俗者闻玄宗而大笑，好异者望真谛而争归。始波涌于闾里，终风靡于朝廷。遂使殊俗之典，郁为众妙之先；诸夏之教，翻居一乘之后。流遁忘反，于兹累代。朕夙夜夤畏，缅惟至道。思革前弊，纳诸轨物。况朕之本系，出自柱下。鼎祚克昌，既凭上德之庆；天下大定，亦赖无为之功。宜有解张，阐兹玄化。自今已后，齐供行立。至于讲论，道士女冠宜在僧尼之前。庶敦本系之化，畅于九有。尊祖宗之风，贻诸万叶。

观上录唐太宗两诏，知佛教自隋文帝践祚复兴以来，至唐太宗贞观十一年，始遭一严重之压迫。前此十年，即唐高祖武德九年五月虽有沙汰僧尼道士女冠之诏，其实并未实行（详见《旧唐书》一《高祖纪》及《通鉴》一九一“武德九年五月辛巳下诏命有司沙汰天下僧尼道士女冠”条）。且彼时诏书，兼涉道士女冠，非专为僧尼而发也。盖佛教自北周武帝废灭以后，因隋文帝之革周命而复兴。唐又代隋，以李氏为唐国姓之故，本易为道士所利用。而太宗英主，其对佛教，虽偶一褒扬，似亦崇奉者。如贞观三年闰十二月癸丑为殒身戎阵者建立寺刹（见《旧唐书》二及《新唐书》二《太宗纪》），及优礼玄奘等（详见《慈恩大师传》六），皆其显著之例。其实太宗于此等事皆别有政治作用。若推其本心，则诚如其责萧瑀诏书所谓“至于佛教，非意所遵”者也。当日佛教处此新朝不利环境之中，惟有利用政局之变迁，以恢复其丧失之地位。而不意竟于“袭亡国遗风”之旧朝别系中，觅得一中兴教法之宗主。今欲论此中兴教法宗主之武曌与佛教之关系，请先略述其外家杨隋皇室崇奉释氏之事实于下：

唐释道宣《集古今佛道论衡实录》二“隋两帝重佛宗法俱受归戒事”条云：

> 案隋著作郎王邵述《隋祖起居注》云：“帝以后魏大统七年六月十三日生于同州般若尼寺。于时赤光照室，流溢户外，紫气满庭，状如楼阁，色染人衣，内外惊异。帝母以时炎热，就而扇之，寒甚几绝，困不能啼。有神尼名曰智仙，河东刘氏女也。少出家，有戒行。和尚失之，恐堕井，乃在佛屋，俨然坐定，遂以禅观为业。及帝诞日，无因而至。语太祖曰：‘儿天佛所佑，勿忧也。’尼遂名帝为‘那罗延’，言如金刚不可坏也。又曰：‘儿来处异伦，俗家秽杂，自为养之。’太祖乃割宅为寺，以儿委尼，不敢召问。后皇妣来抱，忽化为龙，惊惶堕地。尼曰：‘何因妄触我儿，遂令晚得天下。’及年七岁，告帝曰：‘儿当大贵，从东国来。佛法当灭，由儿兴之。’尼沈静寡言，时道吉凶，莫不符验。初在寺养帝，年至十三，方始还家。及周灭二教，尼隐皇家。帝后果自山东入为天子，重兴佛法，皆如尼言。及登位后，每顾群臣，追念

阿阇黎，以为口实。又云：'我兴由佛法，而好食麻豆，前身似从道人中来。由小时在寺，至今乐闻钟声。'乃命史官为尼作传。帝昔龙潜所经四十五州，及登极后，悉皆同时起大兴国寺。仁寿元年帝及后宫同感舍利，并放光明，砧槌试之，宛然无损。遂前后置塔诸州，百有余所。皆置铭勒，隐于地府。感发神端，充牣耳目。具如王邵所撰《感应传》。所以周祖窃忌黑衣当王，便摧灭佛法。莫识隋祖元养佛家。王者不死，何由可识？"（参考道宣《续高僧传》二六《感通篇·隋释道密传》）。

《隋书》一《高祖纪》(《北史》一一《隋本纪》同）云：

皇妣吕氏，以大统七年六月癸丑夜，生高祖于冯翊般若寺，紫气充庭。有尼来自河东，谓皇妣曰："此儿所从来甚异，不可于俗间处之。"尼将高祖舍于别馆，躬自抚养。皇妣尝抱高祖，忽见头上角出，遍体鳞起。皇妣大骇，坠高祖于地。尼自外入，见曰："已惊我儿，致令晚得天下。"

道宣《广弘明集》一七隋安德王雄、百官等《庆舍利感应表》云：

其（蒲州）栖岩寺者，即是太祖武元皇帝之所建造。

寅恪案，帝王创业，史臣记述，例有符瑞附会之语，杨隋之兴，何得独异？但除去此类附会例语之外，有可注意者二事：一为隋高祖父母之佛教信仰，一为隋高祖本身幼时之佛教环境。夫杨氏为北周勋戚，当北周灭佛之时，而智仙潜匿其家，则杨氏一门之为佛教坚实信徒，不随时主之好恶转移，于此益可以证明也。

《隋书》三五《经籍志·道佛经类》云：

> 开皇元年，高祖普诏天下，任听出家。仍令计口出钱，营造经像。而京师及并州、相州、洛州等诸大都邑之处，并官写一切经，置于寺内，而又别写藏于秘阁。天下之人从风而靡，竞相景慕。民间佛经多于六经数十百倍（参阅《通鉴》一七五《陈纪》宣帝太建十三年“隋主诏境内之民任听出家”条）。

《续高僧传》八《隋释昙延传》略云：

> 隋文创业，未展度僧。延初闻改政，即事剃落。法服执锡，来至王庭。帝奉闻雅度，欣泰本怀。共论开化之模，孚化之本。延以寺宇未广，教法方隆。奏请度僧，以应千二百五十比丘、五百童子之数。敕遂总度一千余人，以副延请。此皇隋释化之开业也。尔后遂多，凡前后别请度者，应有四千余僧。周废伽蓝并请兴复。三宝再弘，功兼初运者，又延之力矣。

寅恪案，周武帝废灭佛教。隋文帝代周自立，其开国首政即为恢复佛教。此固别有政治上之作用，而其家世及本身幼时之信仰，要为一重要之原因，则无疑也。至于炀帝，在中国历史上通常认为弑父弑君荒淫暴虐之主，与桀、纣、幽、厉同科，或更不如者。然因其崇奉佛教，尤与天台宗创造者智者大师有深切之关系之故，其在佛教中之地位，适与其在儒家教义中者相反，此乃吾国二种不同文化价值论上之问题，不止若唐代改易《汉书·古今人表》中老子等级之比也。此问题非兹篇所能详论，今但择录天台宗著述中与此问题有关之文，略附诠释，以供参证。

南宋天台宗僧徒志盘撰《佛祖统纪》三九“开皇十一年晋王广受菩萨戒于智者大师”条述曰：

> 世谓炀帝禀戒学慧，而弑父代立。何智者不知预鉴耶？然能借阇王之事以比决之，则此滞自销。故观《经疏》释之，（寅恪案：此指智者大师之《观无量寿佛经疏》），则有二义：一者事属前因，由彼宿怨，来为父子。故阿阇世此云：“未生怨。”二者大权现逆，非同俗间恶逆之比。故佛言：“阇王昔于毗婆尸佛发菩提心，未尝堕于地狱。”（原注：“《涅槃经》云。”寅恪案：此语出北本《大涅槃经》二〇《梵行品》第八之七末段。）又佛为授记，却作后佛，号“净身”。（原注：“《阇王受决经》。”寅恪案：今

此经文作“净其所部”。志磐所据本“其”作“身”字，故云“净身”。）又“阇王未受果而求忏，令无量人发菩提心。”（寅恪案：原本此处有“垂裕记”三字。今移置下文“孤山”二字之下。）有能熟思此等文意，则知智者之于炀帝，鉴之深矣。故智者自云：“我与晋王深有缘契。”今观其始则护庐山主玉泉，终则创国清，保龛垄。而章安结集，十年送供。（原注：“事见《智者本纪》。”寅恪案：见《佛祖统纪》六《智者纪》。原注本在篇末，今移于此。）以此比知，则炀帝之事，亦应有前因、现逆二者之义。孤山（垂裕记）云：“菩萨住首楞严定者或现无道，所以为百王之监也。”（寅恪案：此语见孤山即智圆《维摩经略疏垂裕记》一。）

寅恪案，阿阇世王为弑父弑君之恶主。然佛教经典如《大涅槃经》《梵行品》则列举多种理由，以明其无罪。非但无罪，如《阿阇世王受决经》且载其未来成佛之预言。智圆之书成于北宋初期，志磐之书成于南宋季世。虽皆较晚，疑其所论俱出于唐代天台宗相承之微言，而非二人之臆说也。夫中国佛教徒以隋炀帝比于阿阇世王，则隋炀在佛教中，其地位之尊，远非其他中国历代帝王所能并论。此点与儒家之评价适得其反。二种文化之同异是非，于此不必讨论。但隋文帝重兴释氏于周武灭法之后，隋炀帝又隆礼台宗于智者阐教之时，其家世之宗教信仰，固可以推测得知。而武曌之母杨氏既为隋之宗室子孙，则其人之笃信佛教，亦不足为异矣。兹节录旧史及佛藏之文于后，以资证明。

《旧唐书》一八三《外戚传》(《新唐书》二〇六《外戚传》同）略云：

初（武）士䕜娶相里氏，又娶杨氏，生三女。长适越王府功曹贺兰越石，次则天，次适郭氏。则天立为皇后，追赠士䕜为司徒周忠孝王，封杨氏代国夫人。贺兰越石早卒，封其妻为韩国夫人。寻杨氏改封为荣国夫人。咸亨二年荣国夫人卒。

《新唐书》一〇〇《杨恭仁传》(《旧唐书》六二《杨恭仁传》略同）略云：

杨恭仁，隋（司空）观王雄子也。执柔，恭仁从孙，历地官尚书。武后母即恭仁叔父达之女。及临朝，武承嗣、攸宁相继用事。后曰："要欲我家及外氏常一人为宰相。"乃以执柔同中书门下三品。

《新唐书》七一下《宰相世系表》"杨氏观王"条云：

达字士达。隋纳言，始安泰侯。(寅恪案：《隋书》四三《北史》六八《杨达传》"泰"作"恭"应据改）。

《旧唐书》五二《后妃传下·玄宗元献皇后杨氏传》(《新唐书》七六《后妃传上》同)云:

> 玄宗元献皇后杨氏,弘农华阴人。曾祖士达,隋纳言。天授中以则天母族,追封士达为郑王,赠太尉。

钱易《南部新书》甲云:

> 龙朔中杨思玄恃外戚典选,多排斥选士。

《新唐书》七一下《宰相世系表》"杨氏观王房"条云:

> 思玄,吏部侍郎。

寅恪案,依据上述,可知武曌之母杨氏为隋宗室观王雄弟始安侯达之女。观王雄者,即前引《广弘明集》一七隋安德王雄、百官等《庆舍利感应表》之安德王雄。雄及其弟达事迹,详见《周书》二九、《隋书》四三及《北史》六八等本传,兹不备录。此武曌血统与杨隋关系之可推寻者。自来论史者多不及此事,其实此点甚可注意也。

唐释彦悰所编之《沙门不应拜俗等事》三载龙朔二年四月二十七日西明寺僧道宣等《上荣国夫人杨氏请论沙门不合拜俗启》一首,下注云:

夫人帝后之母也。敬崇正化，大建福门，造像书经，架筑相续。出入宫禁，荣问莫加。僧等诣门致书云尔。

又彦悰书六尚载有龙朔二年八月十三日西明寺僧道宣等《重上荣国夫人杨氏请论不合拜亲启》一首。据此可知武曌之母杨氏必为笃信佛教之人，故僧徒欲借其力以保存不拜俗之教规。至杨氏所以笃信佛教之由，今以史料缺乏，虽不能确言，但就南北朝人士其道教之信仰，多因于家世遗传之事实推测之（参阅拙著《天师道与滨海地域之关系》），则荣国夫人之笃信佛教，亦必由杨隋宗室家世遗传所致。荣国夫人既笃信佛教，武曌幼时受其家庭环境佛教之薰习，自不待言。又据伦敦博物馆藏敦煌写本《大云经疏》（见罗福苌《沙州文录补》）中“伏承神皇幼小时已被缁服”之语，则武曌必在入宫以前，已有一度正式或非正式为沙弥尼之事。所以知者，据《通鉴考异》十贞观十一年“武士彟女年十四入宫”条云：

旧《则天本纪》：崩时年八十二。《唐历》、焦璐《唐朝年代记》《统记》、马总《唐年小录》《圣运图》《会要》皆云八十一。《唐录政要》：贞观十三年入宫。据武氏入宫年十四。今从吴兢《则天实录》为八十二。故置此年。

若依君实之考定，武曌既于贞观十一年年十四岁入宫，则贞观二十三年太宗崩后，出宫居感业寺为尼时，其年已二十六岁。以二十六岁之年，古人决不以为幼小。故幼小之语，显指武曌年十四岁末入宫以前而言。然则武曌幼时，即已一度正式或非正式为沙弥尼。其受母氏佛教信仰影响之深切，得此一事更可证明矣。后来僧徒即借武曌家庭传统之信仰，以恢复其自李唐开国以来所丧失之权势。而武曌复转借佛教经典之教义，以证明其政治上所享之特殊地位。二者之所以能彼此互相利用，实有长久之因缘，非一朝一夕偶然所可致者，此本篇所讨论问题之第一点也。

（丙）武曌与佛教符谶之关系

儒家经典不许妇人与闻国政。其显著之例如《尚书·牧誓》云：

> 牝鸡无晨。牝鸡之晨，惟家之索。

伪《孔传》云：

> 雌代雄鸣则家尽；妇夺夫政则国亡。

《诗·大雅·瞻印》云：

> 如贾三倍。君子是识。妇无公事，休其蚕织。

《毛传》云：

妇人无与外政，虽王后犹以蚕织为事。

《郑笺》云：

贾物而有三倍之利者，小人所宜知也。君子反知之，非其宜也。今妇人休其蚕桑织纴之职，而与朝廷之事，其非宜亦犹是也。

观此即知武曌以女身而为帝王，开中国政治上未有之创局。如欲证明其特殊地位之合理，决不能于儒家经典求之。此武曌革唐为周，所以不得不假托佛教符谶之故也。考佛陀原始教义，本亦轻贱女身。如《大爱道比尼经》下所列举女人之八十四态，即是其例。后来演变，渐易初旨。末流至于大乘急进派之经典，其中乃有以女身受记为转轮圣王成佛之教义。此诚所谓非常异义可怪之论也。武曌颁行天下以为受命符谶之《大云经》，即属于此大乘急进派之经典。其原本实出自天竺，非□□所伪造也。

近岁敦煌石室发见《大云经疏》残卷。王国维氏为之跋尾，考证甚确（并见《沙州文录补》）。兹节录其文与本篇主旨有关者于后，并略附以诠释。凡王氏跋中所已详者，皆不重论。但佛典原文王跋末及备载，兹亦补录其有关者，以资参校，而便说明。

《大云经疏》王氏跋云：

卷中所引经曰及经记云云，均见后凉昙无谶所译《大方等无想经》。此经又有竺法念译本，名《大云无想经》。昙公译本中亦屡见“大云”字，故知此为《大云经疏》也。（寅恪案，“竺法念”应作“竺佛念”，盖王氏偶尔笔误。王昙无谶所译，仅高丽藏本作《大方等无想经》，其余宋、元、明等藏及日本宫内省所藏诸本俱作《大方等大云经》也。）案《旧唐书·则天皇后本纪》，“载初元年，有沙门十人伪撰《大云经》，表上之，盛言神皇受命之事。制颁于天下，令诸州各置大云寺，总度僧千人。”又《薛怀义传》，“怀义与法明等造《大云经》，陈符命，言则天是弥勒下生，作阎浮提主，唐氏合微。故则天革命称周。其伪《大云经》颁于天下，寺各藏一本，令升高座讲说。”《新唐书·后妃传》所纪略同。宋次道《长安志》记《大云寺经》亦云：“武太后初，光明寺沙门进《大云经》，经中有女士之符，因改为大云寺。”皆以此经为武后时伪造。然后凉译本之末，固详说黑河女士之事，故赞宁《僧史》略谓“此经晋代已译，旧本便曰‘女王’，于时岂有天后”云云，颇以《唐书》之说为非。志磐《佛祖统纪》从之，故于武后载初元年书“勅沙门法朗九人重译《大云经》”，不云伪造。今观此卷所引经文，皆与凉译无甚差池。岂符命之说皆在《疏》中，经文但稍加缘饰，不尽伪托欤？又此《疏》之成，盖与伪经同颁天下。故敦煌寺中尚藏此残卷。

寅恪案，武曌之颁行《大云经》于全国，与新莽之“遣五威将军王奇等十二人班符命四十二篇于天下”（见《汉书》九九中《王莽传》）正同一政治作用。盖革命开国之初，对于民众宣传及证明其新取得地位之合理也。今检昙无谶译《大方等大云经》四《大云初分如来涅槃健度》第三六略云：

佛告净光天女言：汝于彼佛暂一闻《大涅槃经》。以是因缘，今得天身。值我出世，复闻深义。舍是天形，即以女身当王国土，得转轮王所统领处四分之一。（寅恪案，此武曌所以称金轮皇帝之故。）汝于尔时实为菩萨。为化众生，现受女身。

又同经六《大云初分增长健度》第三七之余略云：

我涅槃已七百年后，是南天竺有一小国，名曰无明。彼国有河，名曰黑暗。南岸有城，名曰谷熟。其城有王，名曰等乘。其王夫人产育一女，名曰增长。其王未免忽然崩亡。尔时诸臣即奉此女以继王嗣。女既承正，威伏天下。阎浮提中所有国土悉来承奉，无拒违者。

寅恪案，观昙无谶译《大方等大云经》之原文，则知不独史籍如《旧唐书》等之伪造说为诬枉，即僧徒如志磐辈之重译说，亦非事实。今取敦煌残本，即当时颁行天下以为受命符谶之原本，与今佛藏传本参校，几全部符合。间有一二字句差池之处，而意义亦无不同。此古来书册传写所习见者，殊不能据此以为有歧异之二译本也。又因此可知薛怀义等当时即取旧译之本，附以新疏，巧为傅会。其于昙本原文，则全部袭用，绝无改易。既不伪造，亦非重译。然则王跋以为“经文但稍加缘饰，不尽伪托”，又云：“此疏之成，盖与伪经同颁天下”，则尚有未谛也。盖武曌政治上特殊之地位，既不能于儒家经典中得一合理之证明，自不得不转求之于佛教经典。而此佛教经典若为新译或伪造，则必假托译主，或别撰经文。其事既不甚易作，其书更难取信于人。仍不如即取前代旧译之原本，曲为比附，较之伪造或重译者，犹为事半而功倍。由此观之，近世学者往往以新莽篡汉之故，辄谓古文诸经及《太史公书》等悉为刘歆所伪造或窜改者，其说殆不尽然。寅恪不敢观三代两汉之书，固不足以判决其是非。而共事亦轶出本篇范围之外，尤不必涉及。但武曌之颁行《大云经》与王莽之班符命四十二篇，其事正复相类，自可取与并论。至若李思顺解释《大云经》以为唐兴之符命一案，则又“刘秀当为天子”之类也（见《通典》一六九《刑典七·守正门》）。此类政治与符谶关系，前人治史，多不知其重要，故特辨之如此。佛教在李唐初期为道教所压抑之后，所以能至武周革命而恢复其杨隋时所享之地位者，其原因固甚复杂，而其经典教义可供女主符命附会之利用，要为一主因。兹逐录《唐大诏令集》一一三所载武周天授二年三月《释教在道教之上制》以为证明。

> 朕先蒙金口之记，又承宝偈之文。历教表于当今，本愿标于曩劫。《大云》阐奥，明王国之祯符；《方寺》（寅恪案："寺"当作"等"，即指《大方等大云经》而言）发扬，显自在之丕业。驭一境而敦化，弘五戒以训人。爰开革命之阶，方启维新之命。宜协随时之义，以申自我之规。虽实际如如，理忘于先后，而翘心恳恳，思展于勤诚。自今以后，释教宜在道法之上，缁服处黄冠之前，庶得道有识以归依，极群生于回向。布告遐迩，知朕意焉。

观此制文，凡武曌在政治上新取得之地位，悉与佛典之教义为证明，则知佛教符谶与武周革命之关系，其深切有如是者。此本篇所讨论问题之第二点也。

（丁）结论

自贞观十一年（公历六三七年）正月，（或二月，见乙章。）诏道士、女冠在僧尼之上（诏文见乙章），历五十四年至天授二年（西历六九一年）三月，周已革唐命，而有《释教在道法之上之制》（制文见丙章）。又历二十年唐室中兴之后，景云二年（西历七一一年），复敕僧道齐行并进（敕文见《唐大诏令集》一一三）。约而论之，凡有三变。若通计自隋炀帝大业之世迄于唐睿宗景云之初，此一百年间佛教地位之升降，与当时政治之变易，实有关系。而与此百年间政治上三大怪杰即隋炀帝、唐太宗及武曌尤多所关涉。故综合前后政治之因果，依据中西文化之同异，类次旧文，间附臆说，成此短篇，以供研求国史中政治与宗教问题者之参证。

兹有间接与《大云经》有关之谢灵运《辨宗论》中华夷分别一点，略论述之如下。但只就此端范围推论，其余涉及佛教大、小乘教义之演变诸问题，则概从省略，以免枝蔓。严可均辑《全宋文》三二谢灵运《辨宗论》云：

> 华民易于见理，难于受教，故闭其累学，而开其一极。夷人易于受教，难于见理，故闭其顿了，而开其渐悟。渐悟虽可至，昧顿了之实，一极虽知寄，绝累学之冀。良由华人悟理无渐，而诬道无学，夷人悟理有学，而诬道有渐。是故权实虽同，其用各异。

寅恪案，灵运文中所讨论者，在华人主顿夷人主渐一事，专为道生之《大涅槃经》而发。

慧皎《高僧传》七《义解四·竺道生传》略云：

又六卷《泥洹》先至京都，生剖析经理，洞入幽微，乃说一阐提人皆得成佛。于时大本未传，孤明先发，独见忤众，于是旧学以为邪说，讥愤滋甚，遂显大众摈而遣之。后《涅槃》大本王于南京，果称阐提悉有佛性，与前所说合若符契。

今据同书二《昙无谶传》略云：

（谶）往罽宾赍《大涅槃》前分十卷。顷之，复进到姑臧，译写初分十卷。次译《大集》《大云》《悲华》《地持》《优婆塞戒》《金光明》《海龙王》《菩萨戒本》等六十余万言。谶以《涅槃经》本品数未足还外国究寻。后于于阗更得经本中分，复还姑臧译之。后又遣使于阗寻得后分，于是续译为三十三卷。

然则一阐提可以成佛之《大涅槃经》出于于阗，确有证明。

《玄奘大唐西域记》一二《瞿萨旦那国》：

王城东南五六里，有鹿射僧伽蓝，此国先王妃所立也。昔者此国未知桑蚕，闻东国有之，命使以求。时东国君秘而不赐，严敕关防，无令桑蚕种出也。瞿萨旦那王乃卑辞下礼，求婚东国，国君有怀远之志，遂允其请。瞿萨旦那王命使迎妇而诫曰："尔致辞东国君女，我国素无丝绵桑蚕之种，可以持来，自为裳服。"女闻其言，密求其种，以桑蚕之子置帽絮中。既至关防，主者遍索，唯王女帽不敢以检，遂入瞿萨旦那国，止鹿射伽蓝故地。方备仪礼，奉迎入宫，以桑蚕种留于此地，阳春告始，乃植其桑。蚕月既临，复事采养。初至也，尚以杂叶饲之，自时厥后，桑树连荫，王妃乃刻石为制，不令伤杀，蚕蛾飞尽，乃得治茧，敢有犯违，明神不佑，遂为先蚕建此伽蓝，数株枯桑，云是本种之树也。故今此国有蚕不杀，窃有取丝者，来年辄不宜蚕。

及《北史》九七《西域传·于阗国传》(参《魏书》一〇二《西域传》)云:

自高昌以西，诸国人等，深目高鼻，唯此一国，貌不甚胡，颇类华夏。

可见于阗之地，旧为华夏民族移居之土。《大涅槃经》既出于阗，又主张顿悟，灵运谓华人主顿悟，殊有根据，未可以想象之空论目之也。

《历代三宝记》一二"新合大集经"条略云:

于阗东南二千余里，有遮拘迦国，彼王纯信敬重大乘。彼土又称，此国东南二十余里，有山甚险，其内安置《大集》《华严》《方等》《宝积》《楞伽》《方广舍利》《弗陀罗尼》《华聚陀罗尼》《都萨罗藏》《摩诃般若》《八部般若》《大云经》等几十二部，皆十万偈。

寅恪按，《历代三宝记》所引此文与澄观《大方广佛华严经随疏演义钞》一五所录文字略有出入，"遮拘迦"作"遮拘槃"，藏《大云经》等十二部作十一部。"槃"与"迦"表面似非同一对音，但王明清《挥麈后录》六云：

赵正夫（挺之）丞相元祐中与黄太史鲁直（庭坚）俱在馆阁，鲁直以其鲁人，意常轻之。每庖吏来问食次，正夫必曰："来日吃蒸饼。"一日聚饭行令，鲁直云："欲五字从首至尾各一字，复合成一字。"正夫沉吟久之曰："禾女委鬼魏。"鲁直应声曰："来力敕正整。"协正夫之音。阖座大笑。

然则赵挺之读"饼"为"整"，乃其乡音，可见"迦"与"槃"之对音互异，亦由当日地方之土音不同所致也。至于藏经部数，应以十一部为是。夫《大云经》虽未明言出于于阗国，但与于阗相邻近之遮拘迦国有关，确有明证。《大唐西域记》一二"斫句迦国"条略云：

周千余里，编户殷盛。临带两河，颇以耕植蒲萄梨柰。文字同瞿萨旦那国，言语有异。此国中大乘经典部数尤多，佛法至处，莫斯为盛也。十万颂为部者凡有十数，自兹已降，其流实广，从此而东，踰岭越谷，行八百余里，至瞿萨旦那国。

《册府元龟》九六〇《外臣部·土风》二云：

（于阗）国人善铸铜器，其治曰西山城，有屋室市井，果蓏菜蔬与中国等，尤信佛法。

可知遮拘迦国即《大唐西域记》中之斫句迦国。历代三宝记所云“东南一千余里”当是讹写，与《西域记》等所载，此国位置，绝不能有此辽远之里程也。此国崇尚大乘，文化虽较于阗为低，但其人仍属于阗之影响，据言文字与于阗国同。可证此大乘文化，实从于阗而来。寅恪昔年与钢君和泰比较各种文字之《金刚经》，始知玄奘所译之本源出自于阗文。是以较其他译本为繁。惜此稿本经已不见，故无从详加说明也。

综合言之，《大云经》虽不出于阗，但亦出自于阗相近之遮拘迦。据《北史》九七《西域传·于阗国传》略云：

土宜五谷并桑麻。城东有大水北流，号树枝水。城西十五里亦有大水名达利水，与树枝水会，俱北流。

达利河即土耳其语言之Kara Kachi，“Kara”为黑暗之义，与“土宜五谷并桑麻”等语，翊似皆可与《大云经》所言“有一小国，名曰无明。彼国有河，名曰黑暗。南岸有城，名曰熟谷。”等文相印证。由是言之，武曌所据以女身得为帝王之教义亦间接出自于阗，与谢灵运《辨宗论》及遮拘迦之华夏移民实有间接关系也。复曌因中国儒教等经典最重男轻女，不许女身得为帝王，故不得已求之于华夏民族以外之经典，藉资宣传。殊不知女身得为帝王之说，实源出华夏移民所主张，此俗所谓家有祖传之宝，苟为子孙所忘，而别从他人求乞。斯真为中外学说历史之一奇事也。今述《大云经》教义已毕，聊举此端，以供好事之博雅通人一笑云尔。

附注

关于武曌与佛教符谶之问题，可参考矢吹庆辉博士著《三阶教之研究》及汤用彤先生所作同书之跋文（载《史学杂志》第二卷第五十六期合刊）。总而言之，《大周刊定众经目录》不著录新译《大云经》，尤足证薛怀义等无重译或伪撰此经之事也。

（收入《金明馆丛稿二编》）

曹冲称象、华佗神医与佛教进入中土

——释《〈三国志〉曹冲、华佗传与佛教故事》

曹冲称象故事因收入小学语文课本而家喻户晓，而华佗也与扁鹊等一起被世人看作神医，其很多妙手回春、药到病除的传说广为流传。不过，要说这两个故事和佛教有关甚至很可能就是来自佛经，也许不少读者会大吃一惊吧，且看陈寅恪如何考证这些传说。

首先，陈寅恪指出，据清代大考据家何焯（号义门）的考证，曹冲死于建安十三年（208年）前，在此之前不可能有孙权献大象之事，也就不会有曹冲称象一事。为何这么说？因为建安十三年是三国时期极为重要的一年，这一年发生了著名的赤壁之战，这一年曹操开始自称丞相，成为事实上的一人之下万人之上。也是在这一年，曹操带兵攻占荆州，刘表病死之后三国鼎立之势形成。也就是说，如果有孙权献大象之事，只可能是在曹操和孙权分别成为魏、吴的统治者之后。其次，大象原非北方所有动物，故传说中才增加了孙权献给曹操的情节。那么，是否古代民间已有类似故事？何焯根据一些古书记载，以为燕昭王让士兵把一头大猪放在船上而称其重量一事，可能是曹冲称象传说的源头。

不过，陈寅恪指出最早的源头当来源于佛经故事，具体来说就是北魏时翻译的《杂宝藏经》，内容主要是关于佛陀及其弟子的故事，共有一百二十一章。该经系杂糅佛教诸经内容而成，其中不少内容特别是佛经故事在该经被翻译之前，已经以口头或书面形式在中国广为传播。全经主旨为借因缘譬喻的寓言故事来阐释佛教的因果轮回思想，是研究原始佛教教义及轮回观念的经典。其中就有以船载象以称之的故事。待到后来，人们遂将佛经中的称象故事附会在曹冲身上，以彰显其小小年纪就聪慧过人。

至于神医华佗的传说，也是和佛经流入中土有关。华佗大约生于公元145年，死于公元208年，字元化，本名旉（敷），沛国谯县（今安徽亳州）人，东汉末年著名的医学家。陈寅恪指出，华佗虽为真实历史人物，但传说中说他可以为病人施行外科手术、开肠破肚，病人手术后数日即可康复等，在那个时代应无可能，肯定有夸张甚至神话成分。陈寅恪此文中说华佗的真名应是华旉（敷），而华佗只是他的绰号。“华佗”一词，出自梵语agada的译音“阿伽佗”，意思是“药”，而“华佗”二字的古音与“伽陀”相近。至于省略掉“阿”字，当与人们常称阿罗汉为“罗汉”情况相同。华敷出生时，印度佛教已传入我国，由于华敷医术高明，因此民间比附佛教神话而尊称他为药神——

华佗，久而久之，其本名反而不为世人所知。

陈寅恪的考证并未到此为止，他进一步指出，其实印度一部名为《㮈女耆域因缘经》的经书中，就有对印度神医耆域善于“利刀破肠，披肠结处”，然后“以三种神膏涂之，三日便愈”等外科手术的记载，当然也是神话传说。但耆域与佛祖是同时代人，如果他来中土至少也应在春秋时代。而在晋代的《高僧传》中，耆域竟然还在中国内地四处活动，最后又返回天竺。对此，陈寅恪指出，这就等于是直接把外国神话中的人物不做任何改变，直接当作本国历史上的真实人物。这种情况与华佗受佛经影响被视为“药神”一事大有不同，在研究外来文化进入中土时，这一点值得我们注意。

总之，陈寅恪认为，外来文化特别是其人物故事与中国人物故事的结合，打一个比方，就好比是得道成仙的老狐狸，只有醉酒之后才能看到其狐狸尾巴，因此在考察时需要细心谨慎。例如，魏晋时期有名的“竹林七贤”，嵇康、阮籍等七人确实是真实的历史人物，但“竹林”一词却来自佛教，本为释迦牟尼说法之处。把“竹林”和“七贤”合在一起，说明在当时佛教对中土的影响已经非常广泛深入。

《三国志》曹冲、华佗传与佛教故事

陈寅恪

陈承祚著《三国志》,下笔谨严。裴世期为之注，颇采小说故事以补之，转失原书去取之意，后人多议之者。实则《三国志》本文往往有佛教故事，杂糅附益於其间，特迹象隐晦，不易发觉其为外国输入者耳。今略举数事以证明之，或亦审查古代史料真伪者之一助也。

《魏志》二〇《邓哀王冲传》云:

> 邓哀王冲字仓舒，少聪察歧嶷，生五六岁，智意所及，有若成人之智。时孙权曾致巨象，太祖欲知其斤重，访之群下，咸莫能出其理。冲曰:“置象大船之上，而刻其水痕所至，称物以载之，则校可知矣。”太祖大悦，即施行焉。

叶水心适《习学记言》二七论此事曰:

> 仓舒童孺，而有仁人之心，并舟称象，为世开智物理，盖天禀也。

是直信以为事实。何义门焯以仓舒死于建安十三年前，知其事为妄饰，而疑置水刻舟，算术中或本有此法。邵二云晋涵据吴曾《能改斋漫录》引苻子所载燕昭王命水官浮大豕而量之，谓其事已在前（见梁章钜《〈三国志〉旁证》一四）。然皆未得其出处也。考北魏吉迦夜共昙曜译《杂宝藏经》一《弃老国缘》云：

> 天神又问："此大白象有几斤？"而群臣共议，无能知者。亦募国内，复不能知。大臣问父，父言："置象船上，著大池中，画水齐船，深浅几许，即以此船量石著中，水没齐画，则知斤两。"即以此智以答天神。

寅恪案，《杂宝藏经》虽为北魏时所译，然其书乃杂采诸经而成，故其所载诸国缘，多见于□□先后译出之佛典中。如卷八之《难陀王与那伽斯那共论缘》与《那先比丘问经》之关系，即其一例。因知卷一之《弃老国缘》亦当别有同一内容之经典，译出在先。或虽经译出，而书籍亡逸，无可征考。或虽未译出，而此故事仅凭口述，亦得辗转流传至于中土，遂附会为仓舒之事，以见其智。但象为南方之兽，非曹氏境内所能有，不得不取其事与孙权贡献事混成一谈，以文饰之，此比较民俗文学之通例也。

又涵芬楼影印百衲本《三国志》二九《魏书二十九·华佗传》（可

参《后汉书·列传》七二下《华佗传》。）略云：

华佗，字元化，一名旉。（裴注：古“敷”字与“専”相似，写书者多不能别。寻佗字元化，其名宜为旉也。）晓养性之术，时人以为年且百岁，而貌有壮容。又精方药，其疗疾，合汤不过数种，煮熟便饮，语其节度，舍去辄愈。若病结积在内，针药所不能及，当须刳割者，便饮其麻沸散，须臾便如醉死无所知，因破取。病若在肠中，便断肠湔洗，缝腹膏摩，四五日差，不痛，人亦不自寤，一月之间即平复矣。佗行道见一人病咽塞，嗜食而不得下，家人车载欲往就医。佗闻其呻吟，驻车往视，语之曰：“向来道边有卖饼家蒜齑大酢，从取三升饮之，病自当去。”即如佗言，立吐蛇一枚，县车边，欲造佗。佗尚未还，疾者前入坐，见佗北壁县此蛇辈约以十数。又有一士大夫不快，佗云：“君病深，当破腹取。然君寿亦不过十年，病不能杀君，忍病十岁，寿俱当尽，不足故自刳裂。”士大夫不耐痛痒，必欲除之。佗遂下手，所患寻差，十年竟死。广陵太守陈登得病，胸中烦懑，面赤不食。佗脉之曰：“府君胃中有虫数升，欲成内疽，食腥物所为也。”即作汤二升，先服一升，斯须尽服之。食顷，吐出三升许虫，赤头皆动，半身是生鱼脍也，所苦便愈。太祖闻而召佗，佗常在左右。太祖苦头风，每发，心乱目眩，佗针鬲，随手而差。后太祖亲理，得病笃重，使佗专视。佗曰："此近难济，恒事攻治，可延岁月。"佗久远家思归，因曰："当得家书，方欲暂还耳。"到家，辞以妻病，数乞期不反。太祖累书呼，又敕郡县发遣。佗恃能，厌食事，犹不上道。太祖大怒，使人往检，若妻信病，赐小豆四十斛，宽假限日。若其虚诈，便收送之。於是传付许狱，考验首服。佗死后，太祖头风未除。太祖曰："佗能愈此。小人养吾病，欲以自重，然吾不杀此子，亦终当不为我断此根原耳。"及后爱子仓舒病因，太祖叹曰："吾悔杀华佗，令此儿强死也。"

杭大宗世骏《〈三国志〉补注》四引叶梦得《玉涧杂书》略云：

> 华佗固神医也。然范晔、陈寿记其治疾，皆言"若病结积在内，针药所不能及者"云云，此决无之理。人之所以为人者以行，而形之所以生者以气也。佗之药能使人醉无所觉，可以受其刳割，与能完养，使毁者复合，则吾所不能知。然腹背肠胃既以破裂断坏，则气何由含，安有如是而复生者乎？审佗能此，则凡受支解之刑者，皆可使生，王者亦无所复施矣。

是昔人固有疑其事者。夫华佗之为历史上真实人物，自不容不信。然断肠破腹，数日即差，揆以学术进化之史迹，当时恐难臻此。其有神话色彩，似无可疑。检天竺语"agada"乃药之义。旧译为"阿伽陀”或“阿羯陀”，为内典中所习见之语。“华”字古音，据瑞典人高本汉字典为r^{w}ɑ，日本汉音亦读“华”为“か”。则“华佗”二字古音与“gada”适相应，其省去“阿”字者，犹“阿罗汉”仅称“罗汉”之比。盖元化固华氏子，其本名为旉而非佗，当时民间比附印度神话故事，因称为“华佗”，实以“药神”目之。此《魏志》《后汉书》所记元化之字，所以与其一名之旉相应合之故也。

又考后汉安世高译《㮈女耆域因缘经》所载神医耆域诸奇术，如治拘睒弥长者子病，取利刀破肠，披肠结处。治迦罗越家女病，以金刀披破其头，悉出诸虫，封著瓮中，以三种神膏涂疮，七日便愈，乃出虫示之，女见，大惊怖。乃治迦罗越家男儿肝反戾向后病，以金刀破腹，还肝向前，以三种神膏涂之，三日便愈。其断肠破腹，固与元化事不异，而元化壁县病者所吐之蛇以十数，及治陈登疾，令吐出赤头虫三升许，亦与耆域之治迦罗越家女病事，不无类似之处。（可参裴注引佗别传中，佗治刘勋女膝疮事）。至元化为魏武疗疾致死，耆域亦以医暴君病，几为所杀，赖佛成神，仅而得免。则其遭际符合，尤不能令人无因袭之疑。（敦煌本勾道兴《搜神记》载华佗事有：“汉末开肠，洗五脏，劈脑出虫，乃为魏武帝所杀”之语，与《㮈女耆域因缘经》所记之尤相似）。然此尚为外来之神话，附益于本国之史实也。若慧皎《高僧传》之耆域，则于晋惠帝之末年，经扶南交广襄阳至于洛阳，复取道流沙而返天竺（见《高僧传》九）。然据《㮈女耆域因缘经》等佛典，则耆域为佛同时人，若其来游中土，亦当在春秋之世，而非典午之时，斯盖直取外国神话之人物，不经比附事实或变易名字之程序，而竟以为本国历史之人物，则较《华佗传》所记，更有不同矣。

寅恪尝谓外来之故事名词，比附于本国人物事实，有似通天老狐，醉则见尾。如袁宏《竹林名士传》、戴逵《竹林七贤论》、孙盛《魏氏春秋》、臧荣绪《晋书》及唐修《晋书》等所载嵇康等七人，固皆□□历史上之人物也。独七贤所游之“竹林”，则为假托佛教名词，即“Velu”或“Veluvana”之译语，乃释迦牟尼说法处，历代所译经典皆有记载，而法显（见《佛国记》）玄奘（见《西域记》九）所亲历之地。此因名词之沿袭，而推知事实之依托，亦审查史料真伪之一例也。（闻日本学者有论此事之著作，寅恪未见。）总而言之，《三国志》曹冲、华佗二传，皆有佛教故事，辗转因袭杂糅附会于其间，然巨象非中原当日之兽，华佗为五天外国之音，其变迁之迹象犹未尽亡，故得赖之以推寻史料之源本。夫《三国志》之成书，上距佛教入中土之时，犹不甚久，而印度神话传播已若是之广，社会所受之影响已若是之深，遂至以承祚之精识，犹不能别择真伪，而并笔之于书。则又治史者所当注意之事，固不独与此二传之考证有关而已也。

（收入《寒柳堂集》）

孙悟空原型是从印度进口的吗

——释《〈西游记〉玄奘弟子故事之演变》

中国古代“四大名著”中，以善于幻想、想象力奇绝而论，《西游记》当属最佳，对此作者吴承恩功莫大焉。但按照陈寅恪根据敦煌文献做出的有关考证，《西游记》中主要人物如悟空、八戒等，其原型及性格特色的描写等都不同程度受到佛教文化特别是印度佛经故事的影响，吴承恩很可能只是做了最后的加工整合完善工作。

陈寅恪指出：“印度人为最富于玄想之民族，世界之神话故事多起源于天竺，今日治民俗学者皆知之矣。自佛教流传中土后，印度神话故事亦随之输入。”例如敦煌文献中的《贤愚经》，本为当时僧人听讲的笔记，其内容不外乎一些印度故事的杂记。陈寅恪认为当时诵经说法时为了通俗易懂，说经者常常用讲故事的方式阐述经义。这一做法本源于印度，后伴随佛教流传进入中土。在这一初步传播过程中佛经故事内容及传播方式可能随之变异，如一个故事衍生为两个，或几个混为一谈，等等。陈寅恪指出：“若能溯其本源，析其成分，则可以窥见时代之风气，批评作者之技能，于治小说文学史者倘亦一助欤？”

且看陈寅恪具体的精彩分析。首先是孙悟空这个人物形象。“大闹天宫”故事是《西游记》中最精彩生动的内容，也是对孙悟空性格特征的最佳展示，至于基本的故事梗概及人物性格原型，则来自印度的《贤愚经》《顶生王故事经》等有关内容。在印度佛经故事中，顶生王与猿猴各自为两个故事中的人物，两个故事本来各自独立、互不干涉，只是讲经者有意无意之间将两个故事拼接在一起，使得闹天宫和猿猴故事逐渐合而为一，然后流传到中国。陈寅恪指出，其实印度虽然很多猿猴故事，但“猿猴而闹天宫，则未之闻”。其实是把顶生王到天庭后贪得无厌，不满足与天帝平起平坐，欲取而代之结果死掉的故事嫁接到猿猴身上而已。至于在中国本土，则“亦有猿猴故事，然以吾国昔时社会心理，君臣之伦，神兽之界，分别至严。若绝无依藉，恐未必能联想及之”。这里涉及中国文化和语言体系中是否缺少想象力的问题，对此当年留学哈佛时陈寅恪就和好友吴宓讨论过。吴宓在日记中记录了他和陈寅恪的意见，就是中国文化侧重实用，不究虚理，从语言构成看，多写实词汇，少虚空描写之语。而诗歌作品即便是最富想象力之作，其实也有很多写实和实用成分。的确，从历史上看，印度文化特别是其神话传说在其融入佛经故事后，一旦进入中土，即对中国文化产生重大深远影响，《西游记》中人物原型只是其中一个例证而已。

其实，对于佛教文化传入中国后对中国文学的影响，鲁迅也有所关注。在《中国小说史略》中，鲁迅指出：“魏晋以来，渐译佛典，天竺故事亦流传世间，文人喜其颖异，于有意或无意中用之，遂蜕化为国有。”而且鲁迅也极为重视敦煌残存文献的价值以及佛经与中国古代小说的关系：“清光绪中，敦煌千佛洞之藏经始显露，大抵运入英法，中国亦拾其余藏京师图书馆；书为宋初所藏，多佛经，而内有俗文体之故事数种，盖唐宋五代人钞……惜未能目睹，无以知其与后来小说之关系。”陈寅恪此文发表于1930年，而鲁迅的《中国小说史略》在此之前已出版，所以陈寅恪才会说自己有关敦煌文献之考证“于治小说文学史者倘亦一助欤”。这似乎可以认为陈寅恪是以自己的研究向当时从事中国古代小说研究成就最高者鲁迅、胡适等提供佐证，不过陈寅恪并未直接点名而是间接做出回应，不然就不好理解陈寅恪在数篇有关敦煌文献与中国古代小说关系研究的论文中，为何几乎都有类似的说法。

不过具体到孙悟空这个人物，鲁迅和陈寅恪的意见有所不同。鲁迅认为其原型来自民间传说，并举出李公佐小说中的怪兽淮涡水神无支祁为证，但也指出其最早源头可能与佛教有关。鲁迅因没有接触第一手资料，并未进行具体考证。而另一位中国古代小说研究者胡适却有不同意见，大致而言，胡适认为孙悟空之原型来自印度，并在印度最古老史诗《罗摩衍那》中找到一个神猴哈奴曼的记载，认为这才是孙悟空最早的原型。显然，这几位当时研究中国古代小说最有成就者都注意到佛教文化对中国小说发展的影响，只是在具体研究中有一些不同意见。就陈寅恪而言，由于他既有机会接触到敦煌文献等第一手史料，又有能力以其渊博的学识对其进行考证，例如陈寅恪在引用敦煌文献时，常常辅之以其他文字的佛经文献进行对比考证，使得这些考证都建立在极为可靠的史料基础上，所做出的结论自然令人信服。

陈寅恪不仅考证出孙悟空之原型源自印度佛经故事，而且考证出他的两位师弟八戒和沙僧之原型同样出自佛经故事。首先是八戒这个人物，根据唐朝时义净翻译的《根本说一切有部毗奈耶杂事》第三卷中“佛制苾刍发不应长因缘”中的内容，陈寅恪认为猪八戒原型来自佛经故事中的牛卧苾刍。此人当时在憍闪毗国，住在水林山出光王园内的猪坎窟中参悟教义。一次出光王在阳春三月之时到园中游览，感觉疲劳就睡着了。而其妻子爱好花果，遂在院内继续游览。牛卧苾刍当时发须很长，穿得破破烂烂坐在树下，宫女看见大为吃惊，以为是鬼。出光王得知消息后怕妻子受害，急忙拔出剑来让宫女领着找到牛卧苾刍。出光王问他是人是鬼，后者答曰是佛门中人，但出光王连续问他几个佛教问题，他却都答不上来。出光王即断定为普通凡人，嘱咐手下说：此是凡人，犯我宫女，可将大蚂蚁填满他住的地方，蜇螫其身，以为惩罚。不料此言被一个居住在附近的天神听到，他认为牛卧苾刍将来必当归于佛教，自己必须救他。就自己变化为一头大猪，从这洞窟中跑出。出光王见后即骑马追赶，待众人远去，牛卧苾刍才急忙带着衣钵，趁机逃走。

那么这个牛卧苾刍又是如何变为中国小说中的猪八戒呢？以下陈寅恪的分析十分精彩：既然印度神话中并未有猪类招亲故事，而《西游记》中八戒在高老庄招亲事，也并非全部出于中国人的想象杜撰，则此故事必然为杂糅而成。从佛经故事得知出光王认为从洞窟中跑出之大猪为牛卧苾刍，而事实上此猪为住在洞窟旁那位天神为救助牛卧苾刍所变之形。久而久之，后世讲经人即将二者混为一谈。此外，又因为憍闪毗国之“憍”与“高”音相近，遂变为高老庄之“高”，八戒招亲故事随之慢慢定型。陈寅恪更进一步指出此类传说演变的大致趋势：“然故事文学之演变，其意义往往由严正而趋于滑稽，由教训而变为讥讽，故观其与前此原文之相异，即知其为后来作者之改良。”实际上，这样的归纳性总结极具概括性，几乎适用于所有此类故事演变历程。

至于沙僧这个人物原型，同样源自佛经故事。据《慈恩法师传》——这慈恩法师就是大名鼎鼎的玄奘，法师来到四川境内，见一病人身疮臭秽，衣服破烂，遂施于衣服食物。病人十分感激，即拜入门下，受《般若心经》等，常常诵习。后他们来到沙河，此地上无飞鸟，下无水草，却有众多恶鬼围绕他们前后，纠缠不已。他们先念“观音菩萨”，却不能令他们散去，最后只好诵《般若心经》，众鬼乃散。陈寅恪指出，这就是沙僧之人物原型出处，且同样也是杂糅而成。

综合上述《西游记》玄奘弟子之原型演变流变过程，陈寅恪总结出几个规律。第一，人物原型主要源自一个佛经故事，而稍微有所变化，其事实极为简单，演变过程则为纵贯式，沙和尚故事就是如此。第二，虽然人物原型出自一个佛经故事，但其内容并不简单，中间多有变化糅合，而其演变过程大致仍为纵贯式，八戒故事即为如此形成。第三，人物原型形成源自两个故事，其内容本来绝无关涉，却因某些偶然机会混合为一。其故事内容更加复杂，演变过程则为横通式。孙悟空形象的形成就是如此。本来顶生王升天与天帝争位事，以及工巧猿猴助罗摩造桥渡海事各自独立，却混合为一，逐渐演变为孙悟空形象了。陈寅恪并进一步指出，孙行者、猪八戒与沙和尚三人之本领高低有分，实与其故事构成时取材范围广狭有关，此论可谓深刻。它事实上告诉我们，小说中人物性格及形象的是否丰满，与其素材来源有关。沙和尚是师徒四个人中性格特征最不突出的人物，追根溯源当与原始素材过于简单有关，而吴承恩等显然也缺乏对他加工改造的兴趣和才能。

现在看来，《西游记》中沙僧形象之所以不够生动丰满，还与其没有一个恰当生动的动物形象有主要关系，悟空的猴子形象和八戒的猪形象，其人物性格和相对之动物形象极为符合，遂显得格外生动活泼。此外，《西游记》中小白龙（白马）这个形象看来与佛经故事无关，因为“龙”这个动物原型本来就源自中国古代神话。但白马之“马”的外型是否与佛经故事有关，可能还需进一步考证。总之，在上述人物形象形成演变过程中，不可否认会受到中国传统文化和文学的影响，也不可否认作者和众多民间传说传播者的才华和天才想象作用。陈寅恪在此只是考察这些人物最初的原型出处与佛经流入我国的关系，意在说明每当外来文化传入我国时，常常会使得旧有文化焕发活力，重现辉煌。所以真正伟大的文化传统，并不会害怕和拒绝任何外来文化，而是在对其优秀品质进行吸收改造后，为我所用，从而为中国文化和文学的发展提供动力和借鉴。

陈寅恪不仅考证出一些中国古典小说中人物情节源于佛经，而且能从演变过程中发现中外文化上的差异所造成的小说发展之不同状况。他指出：“尝谓吾国小说，大抵为佛教化。六朝维摩诘故事之佛典，实皆哲理小说之变相。假如后来作者，复递相仿效，其艺术得以随时代而改进，当更胜于昔人。此类改进之作品，自必有以异于感应传冥报记等滥俗文学。惜乎近世小说虽多，与此经有关系者，殊为罕见。”中国古代小说虽然种类繁多，但哲理小说甚少且流传不远，原因何在？陈寅恪以民族文化心理差异来解释，联系早在五四时陈寅恪与吴宓所谈中外文化之异同，可以见其一贯立场：“中国哲学美术，远不如希腊。……其言道德，惟重实用，不究虚理。其长处短处均在此。长处即修齐治平之旨，短处即实事之利害得失，观察过明，而乏精神远大之思。”时至今日，中国文学中哲理小说一类仍不发达，陈寅恪之论断应是极具远见。而且从中我们应当体会出，为何现实主义文学在中国一直受到重视，而浪漫主义佳作却少之又少。以往有人把作品中的局部想象、抒情也视为浪漫主义，其实是一种善意的误解，一个一向重实用轻抽象更蔑视玄想的民族，其浪漫主义必定不甚发达。

陈寅恪运用敦煌文献研究中国古代小说演变的另一成就，在于指出章回体小说和弹词体小说出现与佛经及佛经故事的关系：“佛典制裁长行与偈诵相间，演说经义自然仿效之，故为散文与诗歌互用之体。后世衍变既久，其散文体中偶杂以诗歌者，遂成今日章回体小说。其保存原式，仍用散文诗歌合体者，则为今日之弹词。”为了佐证此种观点的正确性，陈寅恪不仅以佛经中《维摩诘经文殊师利问疾品演义》作为例证，而且引用中国古代旧有材料如《古杭梦余录》《武林旧事》等辅助证明。不过陈寅恪并不满足于此观点，更进一步论述了此种演义文体与出家居士和在家居士之间争夺地位高下的关系，这只有在充分掌握、理解敦煌文献及大量佛教经典及佛教历史的基础上才有可能。且看陈寅恪的精彩论述：当初佛教刚产生之时，教徒仅限于出家之僧侣，后来才逐渐出现在家之居士，但当时一般仍认为出家得道较之在家较为容易，例如两人去同一目的地，一位年轻且骑马一位年老且步行，自然前者容易到达而后者较难。所以出家得道即如青年，在家得道即如老人。不过到后来情况出现变化，出现了在家的居士道行远远高于出家居士的情形，例如维摩诘就是如此，因为他神通道力远高于诸位菩萨，致使佛遣弟子前往问候时，众人皆不敢往。陈寅恪指出，维摩诘经如此褒赞在家居士，其作者一定也是在家居士，所以才会对出家居士极尽玩弄游戏之能事。当维摩诘故事传入中国后，原本没有眷属的维摩诘，逐渐被有父母妻子姓名的维摩诘取代，并各有其生平事迹，这就等于中国社会中一姓之家传，“而与今日通行小说如杨家将之于杨氏，征东征西之于薛氏，所记内容，虽有武事哲理之不同，而其原始流别及变迁孳乳之程序，颇复相似。若更推论之，则印度之《顶王经月上女经》，六朝之《佛譬喻经思惟三昧经》等，与《维摩诘经》本经之关系，亦犹说唐小英雄传小五义以及重梦后传之流，与其本书正传之比。虽一为方等之圣典，一为世俗之小说，而以文学流别言之，则为同类之著作”。上述陈寅恪的论述，实际上已经属于比较文化和比较文学的内容，如果不是对中外文化与文学发展有深刻理解把握者，不可能得出如此融会贯通之精深见解，所以陈寅恪才会有“然此只可为通识者道，而不能喻于拘方之士也”的感慨。

陈寅恪的治学方法历来博得人们称赞，只因其能真正做到“洋为中用，古为今用”，不仅善于运用常见材料甚至旧材料和伪材料的能力令人赞叹，其提出的“了解之同情”之说更是对从事中国古代文化研究者的指导性见解：“凡著中国古代哲学史者，其对于古人之学说，应具了解之同情，方可下笔。盖古人著书立说，皆有所为而发。故其所处之环境，所处之背景，非完全明瞭，则其学说不易评论，而古代哲学家去今数千年，其时代之真相，极难推知。吾人今日可依据之材料，仅为当时所遗存最小之一部，欲藉此残余断片，以窥测其全部结构，必须备艺术家欣赏古代绘画雕刻之眼光及精神，然后古人立说之用意与对象，始可以真了解。所谓真了解者，必神游冥想，与立说之古人，处于同一境界，而对于其持论所以不得不如是之苦心孤诣，表一种之同情，始能批评其学说之是非得失，而无隔阂肤廓之论。否则数千年前之陈言旧说，与今日之情势迥殊，何一不可以可笑可怪目之乎？”人们常说学术研究重在能够举一反三，从常人未能发现之处有所发明创获，始为真正的研究。陈寅恪在运用敦煌文献中就是如此，其能于常人不注意之处发现问题并解决问题的例证很多，每读至该处，常会令人发出“我怎么没有想到”的感慨，这就是大师与一般学者的区别吧。如在《敦煌本唐梵对字音般若波罗蜜多心经跋》一文中，陈寅恪不仅运用此材料与其他材料比较考证出玄奘与此经的关系，而且运用陆游《入蜀记》中有关记录，考证出当时西蜀确实有梵文之《般若心经》并有僧徒以梵音诵之，所以玄奘当年在成都接触到梵文心经之事，未必不可信。一般而言，考证至此已经算是较为完美，但陈寅恪并未到此为止，他指出：“此本心经序文，历叙姻缘，盛谈感应，乃一变相之冥报传。实考证玄奘取经故事之重要材料，殊未可以寻常经典序文目之也。”这就是在已有材料基础上得出的结论，而此结论显然关涉到玄奘取经等重大学术问题。不仅如此，陈寅恪更由此解决了《太平广记》中某些内容之来源问题。原来在《太平广记》中有不少谈因果报应的内容，如这一条：“宋释慧庆，广陵人，出家止庐山寺。学通经律，清洁有戒行，诵法华经十地思、益维摩，每夜吟诵，常闻空中有弹指赞叹之声。曾于大雷遇风涛，船将覆没，庆惟诵经不辍。觉船在浪中，如有人牵之，倏忽至岸。于是笃励，弥复精勤矣。”但这些文字最初出处已不可考。陈寅恪认为其实这些故事“当皆取自金刚经、法华经、观音经卷首之序文而别行者”，就是被《太平广记》之作者或搜集者拿出来独立为单篇文字了，这对于研究中国古代小说发展演变与佛教文化关系，应有重要价值。由一简单序文，能够有如此深刻分析论述并得出对中外文化交流和中国小说发展演变有启迪价值的结论，这充分显示了陈寅恪对史料的把握分析能力和以小见大的学术功力。

更有意思的是，此文末陈寅恪以“附记”形式，又给读者一个意外惊喜，同时也是“了解之同情”的一个典范例证。原来俞樾在《春在堂随笔》中曾经对此心经中一段话有异议，心经原文为：“色不异空，空不异色。色即是空，空即是色。”俞樾认为既然说二者无异，就不必再说二者为一，否则太重复了。对此陈寅恪指出，根据心经梵文原本，这几句内容在原文中实际上有六句，玄奘译为四句已经是省略。其实古代僧徒在普及宣传宗教时从来不厌重复，佛经中常有重诵三遍甚至更多次数的说法。俞樾固然精通中国训诂古文章句之学，却没有了解佛经宣传方式，囿于中文范围，才有此误解。显然陈寅恪是在告诉我们，在接触和研究外来文化时，一定注意其特殊的存在和传播方式，不能简单以本国既有规律解读。

在另一寥寥数百字的论文《敦煌本维摩诘经问疾品演义书后》中，陈寅恪更是以极精简方式，对一佛经中常见术语“骨仑”给出正解。在此演义中有“狮子骨仑前后引”之句（原文为“金冠玉佩辉青目，云服珠璎惹翠霞，狮子骨仑前后引，翻身却坐宝莲花”），陈寅恪说自己当初读到此处时对“骨仑”一词不能理解，后根据两则史料才知“骨仑”即为“昆仑”之另一译法，并引《太平广记》中有关文字给予佐证：“夜梦一老人骑大狮子，狮子如文殊所乘。毛彩奋迅，不可视。旁有二昆仑奴操辔。”由此陈寅恪认为文殊之骑狮子本就有两个昆仑奴作为侍从，如此则“狮子骨仑前后引”即很好理解了。事实上，“骨仑”是一个联绵词，关于其意义，今人蒋礼鸿在《敦煌文献语言词典》中也认为：“‘骨仑’即‘昆仑’之异译，自无待言。……‘昆仑’在古代泛指中印半岛南部及南洋诸岛各国或其国人。古代豪门富家常畜南海国人为奴，称‘昆仑奴’或省称‘昆仑’。”此论文区区数百字，却体现了陈寅恪的考证功力，而且陈寅恪为写此文早就在读书笔记中关注此点。查陈寅恪读书札记中有关敦煌史料部分，有关于

“骨仑”一词的详细论述。为充分佐证“骨仑”一词意义，陈寅恪除了引用其他佛经文字以为例证外，还引用南宋著名哲学家、永嘉学派集大成者叶适的哲学著作《习学记言》中有关记录：“寇准初相，仓猝奉上以行，当时相传毕士安有‘相公交取骨仑官家’，高琼，有此处好唤宰相吟两首诗之语，其为策略可见矣。”叶适之《习学记言》也许不是难寻史料，但陈寅恪的联想能力确实非同一般。而且陈寅恪不满足于此，还能用文学作品给予进一步验证。在其读书笔记中即有引《西厢记》中文字“鹘伶绿老部寻常”，“此指红娘眼睛滴波而言，似与此处言狮子之腾动较适合”。中国古代写女子眼睛，当以《诗经》中之“巧笑倩兮，美目盼兮”为始祖，《西厢记》此处形容红娘眼珠流动为“鹘伶绿老部寻常”，应也是精彩之极（鹘伶本是一种目光尖锐的鸟，后以此形容眼神明快、灵活）。看来在短短数百字论文写作背后，陈寅恪的有关学术准备却极为充分，这也为今人如何从事学术研究做出了表率。

《西游记》玄奘弟子故事之演变

陈寅恪

印度人为最富于玄想之民族，世界之神话故事多起源于天竺，今日治民俗学者皆知之矣。自佛教流传中土后，印度神话故事亦随之输入。观近年发现之敦煌卷子中，如《维摩诘经文殊问疾品演义》诸书，益知宋代说经与近世弹词、章回体小说等多出于一源，而佛教经典之体裁与后来小说文学盖有直接关系。此为昔日吾国之治文学史者所未尝留意者也。

僧祐《出三藏记集》九《贤愚经记》云：

> 河西沙门释昙学、威德等凡有八僧，结志游方，远寻经典，于于阗大寺遇般遮于瑟之会。般遮于瑟者，汉言五年一切大众集也。三藏诸学各弘法宝，说经讲律，依业而教。学等八僧随缘分听，于是竞习胡音，析以汉义。精思通译，各书所闻。还至高昌，乃集为一部。

据此，则《贤愚经》者，本当时昙学等八僧听讲之笔记也。今检其内容，乃一杂集印度故事之书。以此推之，可知当日中央亚细亚说经，例引故事以阐经义。此风盖导源于天竺，后渐及于东方。故今《大藏》中《法句譬喻经》等之体制，实印度人解释佛典之正宗。……夫说经多引故事，而故事一经演讲，不得不随其说者、听者本身之程度及环境而生变易，故有原为一故事，而歧为二者；亦有原为二故事，而混为一者。又在同一事之中，亦可以甲人代乙人；或在同一人之身，亦可易丙事为丁事。若能溯其本源，析其成分，则可以窥见时代之风气，批评作者之技能，于治小说文学史倘亦一助欤?

鸠摩罗什译《大庄严经论》三第十五故事，难陀王说偈言：

> 昔者顶生王，将从诸军众，并象马七宝，悉到于天上。罗摩造草桥，得至楞伽城。吾今欲升天，无有诸梯隥；次诣楞伽城，又复无津梁。

寅恪案，此所言乃二故事，一为顶生王升天因缘，见于康僧会译《六度集经》四第四十故事、《涅槃经·圣行品》《中阿含经》一一《王相应品四洲经》，元魏吉迦夜、昙曜共译之《付法藏因缘传》一，鸠摩罗什译《仁王般若波罗蜜经》下卷，不空译《仁王护国般若波罗蜜经·护国品》，法炬译《顶生王故事经》，昙无谶译《文陀竭王经》，施护译《顶生王因缘经》及《贤愚经》一三等。梵文Divyāvadāna第一七篇亦载之，盖印度最流行故事之一也。兹节录《贤愚经》一三

《顶生王·缘品》第六十四之文如下：

（顶生王）意中复念欲生忉利，即与群众蹈虚登上。时有五百仙人住在须弥山腹，王之象马屎尿下落，污仙人身。诸仙相问，何缘有此？中有智者告众人言："吾闻顶生欲上三十三天，必是象马失此不净。"仙人忿恨，使结神咒，令顶生王及其人众悉住不转。王复知之，即立誓愿："若我有福，斯诸仙人悉皆当来，承供所为。"王德弘博，能有感致，五百仙人尽到王边，扶轮御马，共至天上。未至之顷，遥睹天城，名曰快见，其色皦白，高显殊特。此快见城有千二百门，诸天惶怖，悉闭诸门，着三重铁关。顶生兵众直趣不疑，王即取贝吹之，张弓扣弹，千二百门一时皆开。帝释寻出，与共相见，因请入宫，与共分坐。天帝人王貌类一种，其初见者不能分别，唯以眼眴迟疾知其异耳。王于天上受五欲乐，尽三十六帝，末后帝释是大迦叶。时阿修罗王兴军上天，与帝释斗。帝释不如。顶生复出，吹贝扣弓，阿修罗王即时崩坠。顶生自念："我力如是，无有等者。今与帝释共坐何为？不如害之，独霸为快。"恶心已生，寻即堕落，当本殿前，委顿欲死。诸人来问："若后世问顶生王云何命终，何以报之？"王对之曰："若有此问，便可答之，顶生王者由贪而死。"统领四域四十亿岁，七日雨宝，及在二天，而无厌足，故致坠落。

此闹天宫之故事也。

又印度最著名之纪事诗《罗摩延传》第六编，工巧猿名Nala者，造桥渡海，直抵楞伽。此猿猴故事也。盖此二故事本不相关涉，殆因讲说《大庄严经论》时，此二故事适相连接，讲说者有意或无意之间，并合闹天宫故事与猿猴故事为一，遂成猿猴闹天宫故事。其实印度猿猴之故事虽多，猿猴而闹天宫，则未之闻。□□亦有猿猴故事，然以吾国昔时社会心理，君臣之伦，神兽之界分别至严。若绝无依藉，恐未必能联想及之。此《西游记》孙行者大闹天宫故事之起源也。

又义净译《根本说一切有部毗奈耶杂事》三《佛制苾刍发不应长缘》略云：

> 时具寿牛卧在㤭闪毗国，住水林山出光王园内猪坎窟中。后于异时，其出光王于春阳月，林木皆茂，鹅雁鸳鸯鹦鹉舍利孔雀诸鸟，在处哀鸣，遍诸林苑。时出光王命掌园人曰："汝今可于水林山处，周遍芳园，皆可修治。除众瓦砾，多安净水，置守卫人。我欲暂住园中游戏。"彼人敬诺，一依王教。既修营已，还白王知。时彼王即便将诸内官以为侍从，往诣芳园。游戏既疲，偃卧而睡。时彼内人性爱花果，于芳园里随处追求。时牛卧苾刍须发皆长，上衣破碎，下裙垢恶，于一树下跏趺而坐。宫人遥见，

各并惊惶，唱言："有鬼！有鬼！"苾刍即往入坎窟中。王闻声已，即便睡觉，拔剑走趁。问官人曰："鬼在何处？"答曰："走入猪坎窟中。"时王闻已，行至窟所，执剑而问："汝是何物？"答言："大王！我是沙门。"王曰："是何沙门？"答曰："释迦子。"问言："汝得阿罗汉果耶？"答言不得。"汝得不还，一来，预流果耶？"答言不得。"且置斯事，汝得初定，乃至四定？"答并不得。王闻是已，转更瞋怒，告大臣曰："此是凡人，犯我宫女，可将大蚁填满窟中，蜇螫其身。"时有旧住天神近窟边者，闻斯语已，便作是念："此善沙门，来依附我，实无所犯，少欲自居。非法恶王横加伤害。我今宜可作救济缘。"即自变身为一大猪，从窟走出。王见猪已，告大臣曰："可将马来，并持弓箭。"臣即授与，其猪遂走，急出花园，王随后逐。时彼苾刍，急持衣钵，疾行而去。

《西游记》猪八戒高家庄招亲故事，必非全出中国人臆撰，而印度又无猪豕招亲之故事。观此上述故事，则知居猪坎窟中，须发蓬长，衣裙破垢，惊犯宫女者，牛卧苾刍也。变为大猪，从窟走出，代受杀害者，则窟边旧住之天神也。牛卧苾刍虽非猪身，而居猪坎窟中，天神又变为猪以代之，出光王因持弓乘马以逐之，可知此故事中之出光王，即以牛卧苾刍为猪。此故事复经后来之讲说，憍闪毗国之"憍"，以音相同之故，变为高家庄之"高"。惊犯宫女，以事相类似之故，变为招亲。辗转代易，宾主淆混，指牛卧为猪精，尤觉可笑。然故事文学之演变，其意义往往由严正而趋于滑稽，由教训而变为讥讽，故观其与前此原文之相异，即知其为后来作者之改良。此《西游记》猪八戒高家庄招亲故事之起原也。

又《慈恩法师传》一云：

> 莫贺延碛，长八百余里，古曰沙河。上无飞鸟，下无走兽，复无水草。是时顾影，唯一心但念观音菩萨及《般若心经》。初，法师在蜀，见一病人身疮臭秽，衣服破污，愍将向寺，施与衣服饮食之直。病者惭愧，乃授法师此经。因常诵习。至沙河间，逢诸恶鬼，奇状异类，绕人前后，虽念观音，不能令去。及诵此经，发声皆散。在危获济，实所凭焉。

此传所载，世人习知（胡适教授《西游记考证》亦引之），即《西游记》流沙河沙和尚故事之起原也。

据此三者之起原，可以推得故事演变之公例焉。

一曰：仅就一故事之内容而稍变易之，其事实成分殊简单，其演变程序为纵贯式。如原有玄奘度沙河逢诸恶鬼之旧说，略加傅会，遂成流沙河沙和尚故事之例是也。

二曰：虽仅就一故事之内容变易之，而其事实成分不似前者之简单，但其演变程序尚为纵贯式。如牛卧苾刍之惊犯宫女，天神之化为大猪。此二人二事，虽互有关系，然其人其事固有分别，乃接合之，使为一人一事，遂成猪八戒高家庄招亲故事之例是也。

三曰：有二故事，其内容本绝无关涉，以偶然之机会，混合为一。其事实成分因之而复杂。其演变程序则为横通式。如顶生王升天争帝释之位，与工巧猿助罗摩造桥渡海，本为各自分别之二故事，而混合为一，遂成孙行者大闹天宫故事之例是也。

又就故事中主人之构造成分言之，第三例之范围，不限于一故事，故其取用材料至广。第二例之范围虽限于一故事，但在一故事中之材料，其本属于甲者，犹可取而附诸乙，故其取材尚不甚狭。第一例之范围则甚小，其取材亦因而限制，此故事中原有之此人此事，虽稍加变易，仍演为此人此事。今《西游记》中玄奘弟子三人，其法宝神通各有等级。其高下之分别，乃其故事构成时，取材范围广狭所使然。观于上述三故事之起原，可以为证也。

寅恪讲授佛教翻译文学，以《西游记》玄奘弟子三人，其故事适各为一类，可以阐发演变之公例，因考其起原，并略究其流别，以求教于世之治民俗学者。

（收入《金明馆丛稿二编》）

可望而不可即的“海上仙山”

——释《俞曲园先生〈病中呓语〉跋》

能够预测未来乃至个人生死，想必是每个人的梦想，但迄今为止从科学角度而言还是做不到，不过这不妨碍人们创作出很多这方面的传说。中国历史上最早也最有名的预测传说，当属大名鼎鼎的姜子牙。据说他写了一本千古奇书《乾坤万年歌》，内容就是姜子牙预测中国万年发展进程的预言，这书在民间影响很大，与唐朝的《推背图》、明朝的《烧饼歌》等都算是预测未来的奇书。《乾坤万年歌》是诗歌体，共106句，每句7言。先是用“而今天下一统周，礼乐文章八百秋。串去中直传天下，却是春禾换日头”准确说出了周朝的八百年江山和秦朝一统天下。然后对秦朝之后数千年改朝换代的大事都做了预测，直到说到了现代。

显而易见，这书不可能是姜子牙所写，只能是现代人所为。

不过，在中国近代史上，确实有一位国学大师，在临终之时写了一组预言诗，其中不少内容居然也都应验，可谓神奇。写这预言诗的人就是俞樾，号曲园，他是晚清文化大师曾国藩的弟子，而现代著名红学家俞平伯是他的曾孙。俞樾逝世于光绪三十三年（1907年），数年后有人传出他逝世前写了九首“预言诗”，还说他死后二百年世界的发展，尽在此中矣。对于这件事人们大都半信半疑。不过1932年俞平伯曾对此诗加以注解，又请好友陈寅恪加上跋语，可见俞平伯对此组诗很是重视，而陈寅恪所写的跋语，就是此处要介绍的《俞曲园先生〈病中呓语〉跋》。

那么，作为留学多年、对近代西方科学文化精通的陈寅恪，为何还会同意为预言诗写跋语？且看陈寅恪的看法：“天下之至赜者莫过于人事，疑若不可以前知。然人事有初、中、后三际（借用摩尼教语），犹物状有线、面、体诸形。其演嬗先后之间，即不为确定之因果，亦必生相互之关系。故以观空者而观时，天下人事之变，遂无一不为当然而非偶然。既为当然，则因有可以前知之理也。”这里我们要解释一下，“至赜”一词的意思是微妙深奥，出自《易经》中“言天下之至赜而不可恶也”一句。陈寅恪所言这一段不大好懂，通俗点说就是，天下万物诸事中人事的变迁是最微妙深奥的，但任何事物的变化都必然有征兆、有发展过程、有因果关系，所以任何偶然之事都有必然之理。俞曲园先生既为一代大师，其眼光当超过常人，所以在事物发展还只有微妙征兆时，可能就已看出其未来走向。因此他的预言诗多已应验，其实并不奇怪。事实上，陈寅恪也好，他的同时代人如吴宓、王国维、罗振玉、梁漱溟等人也好，都是文化大师级人物，却对占卜等一些今天视为封建迷信之事坚信不疑。他们大都有海外留学经历，又对近代科学文化有深刻认识，为何却相信这些？看来不能简单认为他们思想落后保守，因为很多事物我们只能说暂时不认识或者不知道，却不能说它们就不存在或是错误。例如，爱因斯坦的相对论在他那个时代遭到很多人质疑，如今却已被证实。又如，当下成为研究热点的量子论，其很多物理特征简直彻底颠覆了以往的科学理念，放在以往人们肯定视为谬论的。

陈寅恪此文最后还有一段需要解释，就是“吾徒今日处身于不夷不惠之间，托命于非驴非马之国”。“不夷不惠”，亦作“非夷非惠”。这里的“夷”即伯夷，他坚持不肯做周朝的官，不食周粟而死。“惠”即柳下惠，相传他三次被罢官，却不肯离开官位。因此凡折中而不偏激、处乎两者之间者就可称为不夷不惠，如汉代之扬雄，其《法言》中即有“不夷不惠，可否之间也”之句，后人也常以此表示隐逸不仕。至于“非驴非马”一词，看似常见，其实是典故。据《汉书·龟兹传》，龟兹王“后数来朝贺，乐汉衣服制度，归其国，治宫室，作徼道周卫，出人传呼，撞钟鼓，如汉家仪。外国胡人皆曰：‘驴非驴，马非马，若龟兹王，所谓赢也。’”。赢，俗称骡子。龟兹王向汉人学习汉族文化却没有学好，因此后人就称那些不伦不类者为非驴非马。陈寅恪此文写于20世纪30年代，那时的中国社会正处于急剧动荡时期，新旧思想共处，战乱瘟疫不断，所以陈寅恪才有此感慨。他悲观地认为他和俞平伯都不大可能看到太平盛世，也就只能从俞樾的预言诗中去想象一下——譬如遥望海上仙山，虽知可望而不可即，但知毕竟有这样一个境界，也就多少减缓一些忧郁之念了。陈寅恪那一代知识分子，大多一生流离失所、命运多舛，也就容易在诗文中流露出悲凉色彩，这一点是我们阅读此文时要注意的。

最后，估计读者会对俞樾的那几首预言诗感兴趣，所以把这些诗附在后面，看看大家能否读出什么来。

俞樾临终预言组诗（附本书作者注）。

历观成败与兴衰，福有根苗祸有基。

不过循环一甲子，酿成天下尽疮痍。

（作者注：言兴衰祸福皆有因果，有自己的规律）

无端横议起平民，从此人间事事新。

三纲五常收拾起，大家齐作自由人。

（作者注：大概是指五四新文化运动）

才喜平权得自由，谁知从此又戈矛。

弱者之肉强者食，膏血成河遍地流。

（作者注：可能是指第一次世界大战）

发愤英雄喜自强，各自提封各连坊。

道路不通商断绝，纷纷海客整归装。

（作者注：可能指地方割据、军阀混战及日寇乘虚而入）

大邦齐晋小邦滕，各自提封各自争。

郡县穷时封建起，秦皇已废又重兴。

（作者注：可能指第二次世界大战及国共内战）

几家玉帛几家戎，又是春秋战国风。

太息斯时无管仲，茫茫杀气几时终。

（作者注：可能指“冷战”时期）

蜗角相争年复年，天心仁爱亦垂怜。

六龙一出乾坤定，八百诸侯拜殿前。

（作者注：可能指“冷战”结束至世界实现大同）

人间锦绣似华胥，偃武修文乐有余。

璧水桥门修礼教，山岩野壑访遗书。

（作者注：大概指21世纪后的太平盛世）

张弛由来道似弓，聊将数语示儿童。

悠悠二百余年事，都入衰翁一梦中。

俞曲园先生《病中呓语》跋

陈寅恪

曲园先生《病中呓语》不载集中，近颇传于世。或疑以为伪，或惊以为奇。疑以为伪者固非，惊以为奇者亦未为得也。天下之至赜者莫过于人事，疑若不可以前知。然人事有初、中、后三际（借用摩尼教语），犹物状有线、面、体诸形。其演嬗先后之间，即不为确定之因果，亦必生相互之关系。故以观空者而观时，天下人事之变，遂无一不为当然而非偶然。既为当然，则因有可以前知之理也。

此诗之作，在旧朝德宗景皇帝庚子辛丑之岁，盖今日神州之世局，三十年前已成定而不可移易。当时中智之士莫不惴惴然睹大祸之将届，况先生为一代儒林宗硕，湛思而通识之人，值其气机触会，探演微隐以示来者，宜所言多中，复何奇之有焉！

尝与平伯言："吾徒今日处身于不夷不惠之间，托命于非驴非马之国，其所遭遇，在此诗第二第六首之间，至第七首所言，则邈不可期，未能留命以相待，亦姑诵之玩之，譬诸遥望海上神山，虽不可即，但知来日尚有此一境者，未始不可以少纾忧生之念。然而其用心苦矣。”

《钟离意别传》（见《后汉书·列传》三一《钟离意传》章怀《注》所引）略云：“意为鲁相，（发）孔子教授堂下床首悬瓮中素书，文曰‘后世修吾书董仲舒’。”所言记蓟名字，失之太凿，不必可信。而此诗末首曰：“略将数语示儿曹。”然则今日平伯之录之诠之者，似亦为当时所预知。此殆所谓人事之当然而非偶然者欤？戊辰三月义宁陈寅恪敬识。

（收入《寒柳堂集》）

出淤泥而不染的莲花色尼

——释《〈莲花色尼出家因缘〉跋》

这又是一篇体现陈寅恪善于从常见史料中发现新问题的好文章。

莲花色尼，梵语名Utpalavam!a^，即莲花色比丘尼，她在佛教弟子比丘尼中被誉为神足第一。据说她一生下来皮肤细腻滑嫩得像新开的莲花花瓣，肤色透明澄澈，就像是一朵刚从天池中采摘的莲花，所以称为莲花色，后来因为世事折磨出家成尼，才称为莲花色尼，是著名的比丘尼。

大概是出于宣讲佛义的需要，她的故事极为悲惨。她出嫁前命运坎坷，旧时女性所有的悲剧几乎都被她经历。据说她原为王舍城人，初嫁郁禅国人，婚后曾生一女。后发现其夫与其母私通，愤而离家至波罗捺城，另嫁与一长者。日后长者至郁禅国经商，却娶了一少女回来，三人在一起生活，后方知这少女竟是自己的女儿。莲花色深感命运悲凉，前则与母共夫，今则与女共夫，因而自暴自弃，遂至毗舍离城以出卖色相为生。据说后来她又嫁给自己跟嫖客生的从未谋面的儿子为妻，谁知儿子还娶了自己跟嫖客生的从未谋面的女儿为妾。母女共侍一夫，儿子娶母亲，哥哥娶妹妹，如此一切乱伦之事都发生在她身上。后来她在目犍连尊者的点化下归信佛教，依从摩诃波阇波提比丘尼出家，终得正果。

古代印度一向是重男轻女，男尊女卑，且男子可以娶数位女性为妻，因此莲花色的悲剧在彼时不算特别。至于那些不可思议的乱伦故事，则是为了用来说明佛教教义并证明佛法无边——即便是莲花色这样的人都可以被点化。

那么，佛经中莲花色尼的故事传到中国后，是什么问题引起陈寅恪的注意呢？

陈寅恪发现，原来在印度佛经中莲花色尼之所以在出家前有如此悲惨而奇特的经历，只因她的前生为赎俗世之罪，曾许下愿在来生要有七种恶报，结果这七种报应都一一实现。按印度佛经所说分别是：一、夫被蛇咬杀；二、生儿被狼吃；三、被水溺；四、自身患恶疾；五、自食儿肉；六、父母被火烧；七、屡嫁人为妻。多次嫁人，最终她和女儿都嫁给了自己的儿子，是为乱伦。不过，陈寅恪发现这七种恶报在翻译为汉文后居然成了六种，最后一种（乱伦）不见了。事实上，在印度佛经中恰恰这第七种恶报才是促成莲花色尼被点化信佛的关键原因，按说不可能在翻译时被漏掉或错译。陈寅恪最初以为是翻译时有所遗漏或者原本就是六种，但在考证后发现印度佛经原文就是七种，而且一般佛经中“七之为数，乃规定不移之公式”，只是翻译者故意删掉了最后一种。至于删掉的原因，则在于这最后一种“乱伦之报”，是汉族伦理道德所不能容忍的，不但不能容忍而且不能随意让世人读到，所以干脆删掉为好。而在删掉后又没有把所有的“七”字改为“六”，这才出现了恶报之数与叙述之事不相符合的现象。

当初佛教在进入中土时，其很多思想和传统的儒教伦理道德大相抵触，对乱伦的描写即为其一。为了不让佛教受到中国民众的抵制，僧侣们只好对此做一些适应中国伦理道德的改变。这方面的例子还有很多，陈寅恪在本文中即指出，佛教最初进入中土时，其教义中有“沙门不应拜俗”和“沙门不敬王者”等内容，就是以委婉的说法否认儒家的君臣父子等“三纲五常”伦理规范，但到后来却变为“僧侣应拜父母”等，等到了元代，佛教已全部本土化。由此即可知道，为何佛教流入中土后会逐步演变为具有中国本土特色的禅宗。这一方面反映出佛教为了传播不得不做出改变以适应中国文化，另一方面也表现出中国文化在接受外来文化时的主体性和强大融合能力。

总之，陈寅恪认为佛教进入中国是中国文化史上一大事变，等于为逐渐消失活力的中国本土文化注入元气，才有了之后的唐宋文化高峰。以古观今，则近代以来西方文化的进入中国，对于中国传统文化而言其实是一件好事。如果是以开放的心态接受，并采取正确方式对外来文化进行加工改造，则现代中国文化必将重现辉煌。历史已经证明了陈寅恪观点的正确，其远见卓识也早已得到世人认同。当然，在他那个时代具有如此眼光者还有很多，诸如梁启超、王国维、鲁迅，等等。作为后人我们应该庆幸，正是他们的眼光和视野，才使得20世纪的中国文化有了一个坎坷而曲折前进的历程，并在21世纪呈现出走向再次辉煌的曙光。

《莲花色尼出家因缘》跋

陈寅恪

北平图书馆藏敦煌写本《诸经杂缘喻因由记》第一篇，其末云“号称莲花色尼”。盖莲花色尼出家因缘也。佛教故事中关于莲花色尼者颇多。此写本所述，即其一种。寅恪初取而读之，见所谓七种咒誓恶报仅载六种。疑“七”字为“六”字之讹。或写本有脱文，遗去一种恶报。及玩首尾文义，乃知其不然。何以见“七”字非“六”字之误？以此篇有“设盟作七种之誓”及“作如是七种咒誓恶报”二句，其中“七”字先后再见，若言俱“六”字之讹，似不可能。又鸠摩罗什译众经撰《杂誓喻经》卷下第三七节，有大妇因妒以针刺杀小妇儿，致受恶报事。与此篇佛答阿难问中所述莲花色尼前生宿业适相符合。其为与此篇故事有关，自无疑义。兹节录彼经大意，并其文中涉及“七”字者，以资比较。

> 昔有一人两妇。大妇无儿，小妇生一男。大妇心内嫉之，以针刺儿囟上，七日便死。小妇知为大妇所伤，便欲报仇。问诸比

丘，欲求心中所愿，当修何功德？诸比丘答言，当受持八关斋。即从比丘受八斋戒，后七日便死，转身来生大妇为女。端正，大妇爱之。年一岁死，大妇悲咽摧感，剧于小妇。如是七返，或二年，或三年，或四五年，或六七年。后转端正，倍胜于前。最后年十四，已许人。垂当出门，即夜便卒死。大妇忧恼不可言，停尸棺中，不肯盖之。日日看视，死尸光颜益好，胜于生时。有阿罗汉往欲度脱，到其人家，从乞。沙门见妇颜色憔悴，言："何为乃尔？"妇言："前后生七女，黠慧可爱，便亡。此女最大，垂当出门，便复死亡，令我忧愁。"沙门言："汝家小妇本坐何等死？小妇儿为何等死？"妇闻此语，默然不答，心中惭愧。沙门言："汝杀人子，令其母忧愁懊恼，故来为汝作子，前后七返，是汝怨家欲以忧毒杀汝。汝试往视棺中死女，知复好否？"妇往视之，便尔坏烂，臭不可近。问何故念之？妇即惭愧，便藏埋之，从沙门求受戒。沙门言："明日来诣寺中。"女死，便作毒蛇，知妇当行受戒，于道中待之，欲啮杀之。妇行，蛇遂遮前，不得前去。沙门知之。沙门谓蛇曰："汝后世世更作他小妇，共相酷毒，不可穷尽。大妇一反杀儿，汝今（令）懊恼已七返，汝前后过恶皆可度。此妇今行受戒，汝断其道。汝世世当入泥犁中。今现蛇身，何如此妇身？"蛇闻沙门语，自知宿命，持头着地，不喘息。沙门呪愿言："今汝二人宿命更相懊恼，罪过从此各毕，于是世世莫勿恶意相向。"二俱忏悔讫，蛇即命终，便生人中，受戒作优婆夷。

据此，七之为数，乃规定不移之公式。故作咒誓恶报，亦应依比公式作七种。然则此篇之"七"字，非"六"字之误，益可因此证明。或谓"七"字固非"六"字之误，但七种恶报，仅载六种，而阙其一种者，安知非传写时，无意中所脱漏乎？为此说者，颇似言之成理。迨详绎此篇首尾文义，乃知其说亦不可能。盖此篇莲花色尼前生所设之（一）夫被蛇螫杀。（二）生儿被狼吃。及（三）被水溺。（四）自身生埋。（五）自食儿肉。（六）父母被火烧。共六种恶报，皆一一应验。既于篇首起，逐节详悉叙述，复于篇末佛答阿难问中，重举各种恶报之名。后者其文甚简，传写时容有无意中脱漏之事。前者则记一恶报，必累百言，或数十言。传写时无意中纵有脱漏，何能全部遗去，不载一字。且篇中历叙各种恶报，至莲花色尼投佛出家止，皆意义联贯，次序分明，殊无阙少之痕迹。则此篇七种恶报，只载六种者，其非传写时无意中脱漏，又可知矣。

传写之讹误，或无心之脱漏，二种假定俱已不能成立。仅余一可能之设想，即编集或录写此《诸经杂缘喻因由记》者，有所恶忌，故意删削一种恶报。而未及改易文中之"七"字为"六"字，遂致此篇所举恶报之数，与所叙恶报之事，不相符合。兹从印度原文资料中，补其所阙之一种恶报，并推测其所以删削之故于下。

检巴利文涕利伽陀（此名依《善见律毗婆沙》一《序品》之音译）第六四《莲花色尼篇》第二二四及第二二五偈，述母女共嫁一夫，其夫即其所生之子事。又见于涕罗伽陀（此名亦依《善见律毗婆沙》一《序品》之音译。）第一二四《恒河岸比丘篇》第一二七及第一二八偈。据法护撰《涕利伽陀》此篇注解（巴利学会本第一九五至第一九七页）所载此尼出家因缘，与敦煌写本大抵相同，惟其中有一事绝异而为敦煌写本所无者，即莲花色尼屡嫁。而所生之子女皆离失，不复相识，复与其所生之女共嫁于其所生之子。迨既发觉，乃羞恶而出家焉。

印度佛教经典注解，每喜征引往昔因缘。若一考其实，则多为后来所附益，而非原始所应有。但莲花色尼与其女共嫁其子之事，见于偈颂之本文，决非注解中其他后来傅会之本事可比。且为全篇最要之一事，即莲花色尼出家关键之所在。凡叙其出家始末者，断不容略去此节。今敦煌写本备载莲花色尼出家因缘中其他各节，大抵与巴利文本相同。独阙此聚麀之恶报，其为故意之删削，而非传写时无心之脱漏，似不容疑。考佛藏中往往以男女受身之由，推本于原始聚逑之念。用是激发羞恶之心，且可藉之阐明不得不断欲出家之理。如《大宝积经》卷五五《佛为阿难说处胎会》一三（法护译《胞胎经》与此经同，而其文较简）云：

如是中阴欲受胎时，先起二种颠倒之心。云何为二？所谓父母和合之时，若是男者，于母生爱，于父生瞋，父流胤时，谓是己有。若是女者，于父生爱，于母生瞋，母流胤时，谓是己有。若不起此瞋爱心者，则不受胎。

又《大宝积经》卷五六《佛说入胎藏会》一四云：

又彼中有欲人胎时，心即颠倒。若是男者，于母生爱，于父生憎。若是女者，于父生爱，于母生憎，亦复相同。

又《瑜伽师地论》一《本地分中意地第二》之一云：

彼于尔时，见其父母共行邪行所出精血，而起颠倒。起颠倒者，谓见父母为邪行时，不谓父母行此邪行，乃起颠倒觉，见己自行。见己自行，便起贪爱。若当欲为女，彼即于父，便起会贪。若欲为男，彼即于母起贪亦尔，乃往逼趣。若女于母，欲其远去。若男于父，心亦复尔。生此欲已，或唯见男。或唯见女，如如（如是如是？）渐近彼之处所。如是如是，渐渐不见父母余分，唯见男女根门。即于此处，便被拘碍。死生道理如是应知。

则所言更详显矣。此种学说，其是非当否，姑不置论。惟与□□民族传统之伦理观念绝不相容，则不待言。佛法之入中国，其教义中实有与此土社会组织及传统观念相冲突者。如东晋至初唐二百数十年间，“沙门不应拜俗”及“沙门不敬王者”等说见于彦悰六卷之书者（唐《彦悰集·沙门不应拜俗议》），皆以委婉之词否认此土君臣父子二伦之议论。然降及后世，国家颁布之法典，既有僧尼应拜父母之条文。（见薛允升《唐明律合编》九及《清律例》一七《礼律仪制》“僧道拜父母”条。）僧徒改订之规律，如禅宗重修之《百丈清规》。其首次二篇，乃颂祷崇奉君主之祝釐章及报恩章，供养佛祖之报恩章转居在后。（式咸《至大清规序》云：“始此书之作，或以为僧受戒首之。或以住持入院首之。壬午，依觉庵先师于承天，朝夕扣问，因得以‘祝圣’‘如来降诞’二仪冠其前。其余门分类聚，厘为十卷。”据此，可知百丈原书犹略存毗奈耶本意。……）夫僧徒戒本本从释迦部族共和国之法制蜕蝉而来，今竟数典忘祖，轻重倒置，至于斯极。橘迁地而变为枳，吾民族同化之力可谓大矣。……关于君臣父子之观念，后虽同化，当其初期，未尝无高僧大德，不顾一切忌讳，公然出而辩护其教中无父无君之说者。独至男女性交诸要义，则此土自来佛教著述，大抵噤默不置一语。如小乘部僧尼戒律中，颇有涉及者，因以“在家人勿看”之语标识之。（《高僧传》一《康僧会传》云：“（孙皓）因求看沙门戒，会以戒文禁秘，不可轻宣。”疑与此同。）盖佛藏中学说之类是者，纵为笃信之教徒，以经神州传统道德所薰习之故，亦复不能奉受。特以其为圣典之文，不敢昌言诋斥。惟有隐秘闭藏，禁绝其流布而已。《莲花色尼出家因缘》中聚麀恶报不载于敦煌写本者，即由于此。兹为补其阙略，并附论所以见删削之故，庶几可使游于方内之士，得知贝多真实语中固有非常异议，可怪之论在也。

（收入《寒柳堂集》）

诗人李白是胡人还是汉人
——释《李太白氏族之疑问》

对于李白的民族以及出生地问题，很久以来学术界就有多种观点，至今也未统一。大致而言，有人认为李白本是胡人，后迁徙至内地，又受汉族文化影响，遂成为一代大诗人。有人则反对这一观点，认为李白当然出身汉族，至于受胡人文化影响，这在那时汉人中是普遍现象，不足为奇。至于出生地，大都认为李白出生在碎叶城，但这碎叶城究竟在哪里，彼时属于汉人统治还是少数民族统治，又有很多争议。当然，也有比较折中的意见，认为李白是混血儿，但受汉族文化影响更大，故应算是汉人。

那么，陈寅恪的意见如何呢？他认为李白出生于西域而非中国境内，后随家人来到蜀地，才改姓为李，其父亲名为李客，这个“客”字就是汉人称呼胡人为“胡客”中的“客”，并非他的本名。当时胡人来到内地从事经商等活动，汉人认为自己是主人，而视胡人为客人。总之，李白“其人之本为西域胡人，绝无疑义矣”。这里陈寅恪特意引用了杜甫的一首诗，说明那时在蜀地有不少胡人往来或居住以从事商业活动。诗中提及“下扬州”，也许会让我们想到李白的“烟花三月下扬州”：

贾胡离别下扬州，忆上西陵故驿楼。

为问淮南米贵贱，老夫乘兴欲东游。

这里的“贾胡”就是做生意的胡人。总之，由于李白诡托自己出身于陕西的李氏，又称李阳冰为从叔（从叔即堂叔、族叔）。李阳冰祖籍本为赵郡（在今河北境内）李氏，北魏时迁移到安徽亳州。李白的同时代人都称李白为“山东人”。注意这里的“山东”并非今天的山东省，而是指陕西的崤山（今河南三门峡市境内）或华山（今陕西华县境内）以东的广大地区。不过陈寅恪由杜甫此诗考证出，李白肯定不是如《旧唐书》所言为山东人，因为在唐代“山东”还不是州县之名。如果按照当时的惯例，应该称李白为“赵郡人”或者按照其居住地称为“兖州或鲁郡任城人”。也因此《旧唐书》这样的说法反证了李白的出生地有很多可疑之处。

陈寅恪此文发表后，引起不少学者的反驳，这里介绍比较有影响的两位学者即朱希祖和郭沫若的观点。

朱希祖是著名历史学家，章太炎最有名的弟子之一，被章氏戏封为“五大天王”之中的“西王”。他在章门弟子中年龄最大，所以同门都把他当作大师兄。说到他和陈寅恪的争论，还要从胡怀琛的一篇文章说起。胡怀琛为著名编辑、学者，对中国传统文化有独到研究。据朱希祖1936年3月的日记，他在读胡怀琛所写《李太白的国籍问题》时，对于胡怀琛所说李白是突厥化的汉人之说“未敢深信”，遂回忆起陈寅恪此前所写有关李白的文章以及论述李唐氏族渊源的文章，对于陈寅恪所说唐太宗先世为鲜卑人之说也“未敢深信”，于是萌生出撰写论文与陈寅恪商榷的念头，并最终写出两篇论文刊登于《东方杂志》，而陈寅恪也写了《李唐武周先世事迹杂考》，刊登于《历史语言研究所集刊》以示回应。

查陈寅恪有关李唐氏族渊源的第一篇文章发表于1931年，朱希祖为何直到1936年才想到撰文商榷呢？表面看是因为看了胡怀琛的文章，其实这只是诱因，且胡氏文章明显受陈寅恪影响，因后者曾写有《李太白氏族之疑问》，明确指出李白是西域胡人。朱希祖对胡、陈观点之所以不满，更深层次原因与当时所面临日本侵略的民族危机有关，其背后所彰显的是历史观的差异。1936年2月日本发生未遂兵变，主战的少壮派控制了日本政局，朱希祖在日记中感慨从此“中国愈危矣”。正是这样的刺激，使得他在看待陈寅恪等人的学术研究时更多带有民族主义色彩，才对李唐氏族之起源可能与胡人有关的说法不满，认为大敌当前，如此说法容易为外敌入侵提供借口。总之，在科学史学和民族主义之间，陈寅恪更注意前者，而朱希祖则更多从民族立场出发。陈寅恪认为中国历史上大凡涉及种族与文化问题，文化总是重于种族，即便出身胡人，但如果已被汉化则可认为是汉人。反之，亦然。陈寅恪认为汉民族在源远流长的历史进程中，接受和融合了很多少数民族文化以及外来文化。无论汉族还是少数民族，其文化都是中国文化体系的一部分，没有高低贵贱之分。而朱希祖认为汉文化才是中国文化的正统，所以对异族文化进入中国多少持排斥态度。此为两人分歧之根本。

陈寅恪后来又写了《书唐才子传康洽传后》一文，进一步反驳了认为李白是凉武昭王之后裔，当武则天剪除李唐宗室时其家乃迁谪西域的观点。陈寅恪指出以康洽的姓氏、容貌、出生地点、年代及事迹综合考察，可知他和李白一样，都属于“西胡族类之深于汉化者”。陈寅恪又指出，既然与唐皇室有直接血统关系的李虎之子李延伯后裔在贞观初至开元二十三年间尚不得视为宗室，又怎么能认为李唐所攀附之祖宗西凉李暠子孙为唐代宗室呢？李白先人如果确实是西凉后裔，不可能因此得罪武则天而被迫远流西域，所以此说不能成立。至于具体论述，不赘。

再介绍一下郭沫若的观点，这主要体现在他的《李白与杜甫》一书中。郭沫若根据李白死后五十五年范传正的《唐左拾遗翰林学士李公新墓碑文》，说李白出生在碎叶。唐代名为碎叶的地方一是中亚碎叶，一是焉耆碎叶。后者建于公元679年，而李白先人是在隋末即至碎叶，显然那时焉耆碎叶还不存在，所以李白必定出生在中亚碎叶。唐代时这个碎叶城就是仿长安城而建，位于今吉尔吉斯斯坦首都比什凯克以东，楚河流域的托克马克市附近。

不过，后来也有学者认为，中亚碎叶这个概念是现代才有，李白那个时代其实有不少地方都叫“碎叶”，因为“碎叶”就是小城镇的意思，所以郭沫若对李白出生地的考证虽然较陈寅恪的似乎更有说服力，但也不能说就是定论。时至今日，李白究竟是胡人还是汉人抑或混血儿其实都不重要，因为所谓的中国传统文化和文学，一直都不仅仅是汉族的文化和文学，而是包容、包括和融合有许多少数民族甚至外来文化与文学的精华在内。正所谓“泰山不拒细壤，故能成其高；江海不择细流，故能就其深”，也只有在这个意义上，中国文学才能经久不衰、从辉煌走向辉煌。

李太白氏族之疑问

陈寅恪

李阳冰《草堂集序》云：

李白，字太白，陇西成纪人。凉武昭王暠九世孙。蝉联珪组，世为显著。中叶非罪。谪居条支，易姓与（“与”字，缪本作“为”）名。然自穷蝉至舜，累世不大曜，亦可叹焉。神龙之始，逃归于蜀，复指李树而生伯阳。惊姜之夕，长庚入梦。故生而名“白”，以“太白”字之。

范传正《唐左拾遗翰林学士李公新墓碑》云：

公名白，字太白，其先陇西成纪人。绝嗣之家，难求谱牒。公之孙女搜于箱箧中，得公之亡子伯禽手疏十数行，纸坏字缺，不能详备。约而计之，凉武昭王九代孙也。隋末多难。一房被窜于碎叶，流离散落，隐易姓名。故自国朝已来漏于属籍。神龙初，潜还广汉，因侨为郡人。父客以逋其邑，遂以客为名。高卧云林，不求禄仕。公之生也，先府君指天枝以复姓。先夫人梦长庚而告祥，名之与字咸所取象。

寅恪案，《新唐书》四〇《地理志》云：

安西大都护府，初治西州。显庆二年平贺鲁，析其地，置蒙池、昆陵二都护府，分种落，列置州县，西尽波斯国，皆隶安西，又徙治高昌故地。三年，徙治龟兹都督府，而故府复为西州。（有保大军，屯碎叶城。）

又四三下云：

焉耆都督府。（贞观十八年灭焉耆置。有碎叶城。）

（中略）

西域府十六、州七十二。

（中略）

条支都督府，领州九。

（中略）

右隶安西都护府。

是碎叶、条支在唐太宗贞观十八年即公历六四四年平焉耆，高宗显庆二年即西历六五七年平贺鲁，隶属中国政治势力范围之后，始可成为窜谪罪人之地。若太白先人于杨隋末世即窜谪如斯之远地，断非当日情势所能有之事实。其为依托，不待详辨。至所以诡称隋末者，殆以文饰其既为凉武昭王后裔，又何以不编入属籍，如镇远将军房、平凉房、姑臧房、敦煌房、仆射房、绛郡房、武陵房等之比故耳（参阅《新唐书》七〇上《宗室世系表》“兴圣皇帝十子”条及七二下《宰相世系表》“陇西李氏”条。）

又考《太白集》二六《为宋中丞自荐表》云：

> 臣伏见前翰林供奉李白，年五十有七。

寅恪案，太白为宋若思作此表时在唐肃宗至德二载，即西历七五七年。据以上推其诞生之岁，应为武后大足元年，即西历七〇一年。此年下距中宗神龙元年，即西历七〇五年，尚有四年之隔。然则太白由西域迁居蜀汉之时，其年至少已五岁矣。是太白生于西域，不生于中国也。又考李序“神龙之始逃归于蜀，复指李树而生伯阳”，及范碑“公之生也，先府君指天枝以复姓”之语，则是太白至中国后方改姓李也。其父之所以名“客”者，殆由西域之人其名字不通于华夏，因以“胡客”呼之，遂取以为名，其实非自称之本名也。夫以一元非汉姓之家，忽来从西域，自称其先世于隋末由中国谪居于西突厥旧疆之内，实为一必不可能之事。则其人之本为西域胡人，绝无疑义矣。

又《续高僧传》三四《感通篇上·隋道仙传》云：

> 释道仙，本康居国人。以游贾为业，梁、周之际往来吴、蜀。行贾达于梓州。

又同书三五《感通篇中·唐慧岸传》云：

> 释慧岸者，未详何人。面鼻似胡，言同蜀汉。

又杜甫在夔州作《解闷十二首》之二云：

> 贾胡离别下扬州，忆上西陵旧驿楼。为问淮南米贵贱，老夫乘兴欲东游。

据此，可知六朝、隋唐时代蜀汉亦为西胡行贾区域。其地之有西胡人种往来侨寓，自无足怪也。太白既诡托陇西李氏，又称李阳冰为从叔（见《献从叔当途宰阳冰》五言诗）。阳冰为赵郡李氏（见《唐文粹》卷七七舒元舆《玉箸篆志》及《宣和书谱》卷二等），故太白之同时人及后来之人亦以山东人称太白（杜甫《苏端薛复筵简薛华醉歌》及元稹《唐检校工部员外杜君墓志》）。盖谓其出于赵郡李氏也。《旧唐书》卷一九〇下《文苑传·李白传》既载不可征信之“父为任城尉，因家焉”之语，又称白为“山东人”。不知山东非唐代州县之名。若依当时称郡望之惯例，固应作“赵郡人”，即使以家住地为籍贯，亦当云“兖州或鲁郡任城人”。旧史于此诚可谓进退两无所据者矣（参钱大昕《廿二史考异》一八）。

（收入《金明馆丛稿初编》）

从陈寅恪考对对子说起

——释《四声三问》

1932年，陈寅恪应清华大学中文系主任刘文典（字叔雅）的请求，代拟当年夏季入学考试的国文试题，其中有一题为测试对对子：一年级为“孙行者”“少小离家老大回”，二、三年级及转学者为“莫等闲白了少年头”。其中“孙行者”的答案为“胡适之”，大概陈寅恪有借此打趣胡适的意思。话说当年胡适提倡白话文遭到一些保守派反对时，他们举的例子就是——既然你胡适字适之，为什么不把名字改作“去哪里呢”。

对于“孙行者”这个上联，据说当年的考生中很少有人对上来，不过有人以“王引之”“祖冲之”来对，陈寅恪认为也可以，从对仗和平仄看都符合要求。因此事发生在新文化运动和通行白话文十几年后，一时引起人们议论。由于出题者是一向被视为保守派的陈寅恪，令人想到他是否想以此来向赞同新文化和白话文的人挑战。陈寅恪为阐述自己如此出题的用意，即在《清华暑期周刊》第6期上发表《答记者问》，后又特意撰文为自己辩护，这就是有名的《与刘叔雅论国文试题书》。

对对子是汉语特有的一种语言形式，尽管只是一种修辞手法，实际上是对汉语中存在着大量对偶现象的反映，这与汉字的特点有直接关系。古人很早就意识到汉字这种特性，认为语言中的对偶实际上反映的是天地之理、自然之变，如《易经》中说“修辞立其诚”，又如刘勰在《文心雕龙》中说道“造化赋形，支体必双，神理为用，事不孤立”。因此，“心生文辞，运裁百虑，高下相须，自然成对”。而且，对偶也好，对对子也好，其分类及要求其实与沈约等人对四声的发明有关，而四声的发明又和佛教在中国的传播有关，对此我们会在后面详述。此处且先看陈寅恪要考对对子的四条理由：

（甲）对子可以测验应试者能否分别虚实字及其应用。

（乙）对子可以测验应试者能否分别平仄声。

（丙）对对子可以测验读书之多少及语藏之贫富。

（丁）对子可以测验思想条理。

其中（乙）“分别平仄”即与四声有关。区分平仄是汉语的一大特点，也是古诗和骈文的一大特征。陈寅恪认为中学生能区分平仄应为常识，而当时学校教授英语时强调学习其轻重声调，在学习汉语时反而不讲平仄，可谓数典忘祖之举，对此陈寅恪讥之为“殖民地之表征也”。且看陈寅恪的论述：

凡中国之韵文，诗赋词曲无论矣，即美术性之散文，亦必有适当之声调。若读者不能分平仄，则不能完全欣赏与了解，竟与不读相去无几，遑论仿作与转译。又中国古文之句读，多依声调而决定。印欧语系之标点法，不尽能施用于中国古文。若读者不通平仄声调，则不知其文句起迄。故读古书，往往误解。……又汉语既演为单音语，其文法之表现，即依托于语词之次序。昔人下笔偶有违反之者，上古之文姑不论，中古以后之作，多因声调关系，如“听猿实下三声泪”之例。……但读此诗句之人，若不能分别平仄，则此问题，于彼绝不成问题。盖其人读“听猿实下三声泪”与“听猿三声实下泪”皆谐和亦皆不谐和，二者俱无分别。讲授文学，而遇此类情形，真有思维路绝，言语道断之感。

中国古诗一向讲究辞藻和声律之美，但它有一个由自然声律到人为总结、规定并实行的演变过程。《尚书·尧典》中“诗言志，歌永言，声依永，律和声”，就是根据当时的诗歌创作总结出的理论。至魏晋南北朝时期，诗歌创作才逐渐讲究声律，而当时佛学与佛经翻译的繁荣，也极大影响了中国音韵学的发展，其中四声的发明与提出就是对诗歌创作影响最大者。对此沈约的贡献最为突出，他在《宋书·谢灵运传论》中说：“夫五色相宣，八音协畅，由乎玄黄律吕，各适物宜，欲使宫羽相变，低昂互节，若前有浮声，则后须切响。一简之内，音韵尽殊；两句之中，轻重悉异，妙达此旨，始可言文。”大致意思就是：在音乐中按宫、商、角、徵、羽的组合变化，可以演奏出不同的乐曲，诗歌中则可按字词的平仄进行各种组合，使之错落有致，轻重缓急各有规律，则读起来便音调和谐、抑扬顿挫，富有音乐美，这就是平仄的妙用。当然，如果过分追求声律即失之拘谨、不够自然，则是舍本求末，对此后人也有所批评。

所谓四声，即发音的四个声调，古代称之为“平上去入”，常用“天子圣哲”表示，现在有时为了方便就简单称四个声调为“一二三四”，而用“妈麻马骂”代表，只不过把“平”分为阴平和阳平，把“入”声去掉而已。今天很多小孩子从幼儿园就开始学习四声，似乎汉语有四声是天经地义的事，很少有人想到为何是四声而不是三声、五声（此仅仅指普通话，在一些方言中则可多达五声、六声，而温州话更是有八个声调）。为此，陈寅恪在此文中连续提出三个问题，然后给出他的解释。

第一个问题就是汉语是怎么有四声的，为什么确定为四声，而不是五声或者其他数呢？

对此陈寅恪解释说，汉语中的入声很是特殊且容易分辨，故自立为一种，至于其他声调之所以被归为“平上去”三种，是因为当时佛教传入中土，在传播过程中由于模拟和转读印度佛经中的三声，所以汉语中也就有了三声，加上本来特殊的“入声”，刚好就是四声而不是五声或其他数目。虽然现在很难确知转读佛经时的三声是否和中国彼时的三声切合，但它们的相同点都是按照声的高低来分类。由此可见佛经的传播对汉语音调的影响之大。

第二个问题，如果说汉语的四声形成是受佛经的影响，那么佛教流入中土从魏晋到隋唐，期间有数百年时间，为何不早不晚偏偏在南齐永明之时，又为何偏偏是沈约、周颙提出呢？

欲回答这个问题，要先解释一下“竟陵八友”。这是南齐永明年间出现的文人群体，由竟陵王萧子良召集，包括范云、萧琛、任昉、王融、萧衍、谢朓、沈约、陆倕八人，此外，萧子良门下还聚集了大批文士。这个群体促进了南齐文学与佛学的发展，直接推动了“永明体”的产生和“四声”说的出现，对文化的发展和文学繁荣做出很大贡献，其中当属沈约、周颙两人的贡献最大。据《文镜秘府论》引隋人刘善经《四声指归》云：“宋末以来，始有四声之目。沈氏乃著其谱论，云起自周颙。”《南史·周颙传》说：“颙始著《四声切韵》行于时。”

此外，“四声说”的出现和一次中外佛教徒的聚会有关。永明七年也就是公元489年，竟陵王为了更好更准确地传播佛教，在建康召集了很多“善声沙门”和“审音文士”诵读佛经，前者多为印度人，后者则多为中国人，以共同确定诵读的音调。建康彼时为这两种人的居住之地，他们之间自然有很多交流，“四声”说的出现当系他们合作而成。陈寅恪认为在此次聚会之前对佛经的诵读和声调研究已经很有成果，甚至竟陵王本人在梦中也在诵读佛经，足见他对诵读已经很有心得。因此这次集会不过是给四声的确立等成果一个公开的机会，而沈约、周颙都是竟陵王门下文士，平日本就很关注诗歌的音律问题，也就自然成为“四声”的代表人物了。

陈寅恪的“四声三问”的最后一问就是，“宫商角徵羽”五声为中国传统的理论，它与四声的关系以及异同又是如何？如果两者为一回事，则不必用四声代替，“仍用五声之旧说可也”。如果两者不是一回事，为什么沈约在回答他人疑问时，还是用五声来解释呢？对此陈寅恪的回答是，“宫商角徵羽”五声者，论述的是声音的“本体”或者说性质，而从西域输入的“四声”，只是关于发声的技术或者技巧。为此陈寅恪用清同光时代的“中学为体、西学为用”解释，说它们一是理论，另一是实用技术。也因此当文人们从理论层面谈论语言的发声问题时，自然要用“宫商”之说。至于在实际应用中则使用来自西域的“四声”，不仅用来诵读佛经，而且用于各种遣词表述场合。总之，用陈寅恪的话说就是：“五声说与四声说乃一中一西，一古一今，两种截然不同之系统。论理则指本体以立说，举五声而为言；属文则依实用以遣词，分四声而撰谱。”它们各自有各自的用途，又互相补充互相依存，缺一不可。

陈寅恪的《四声三问》一文，虽然篇幅不长，却产生了很大影响，其有关四声问题的论断至今仍令人信服。朱自清甚至在日记中为未能阅读此文感到惭愧，数日后立刻找来阅读，并作了详细的摘要：

12月10日日记

昨孙子书谈寅恪文，竟未见，甚惭。

12月20日日记

读陈寅恪先生《四声三问》，陈义凡三：1，中土平、上、去三声之分，系文士依据及摹拟转读佛经之声（入声不易混，自为一类）。2，四声之说起于周颙、沈约，以建康为南朝政治文化之中心，善声沙门及审音文士共居之地，二者之间发生相互影响，实情理之当然，而由《高僧传》所载善声沙门之生卒考之，建康经吹之盛，实始自宋之中中世而及于齐之初年。是时竟陵王子良在鸡笼西邸，同时集诸文士作《四部要略》，又集诸僧造《经吹新声》，此又二者相关之机缘也。至曹植《鱼山集》，自系伪作，其事出刘敬叔之《异苑》，及刘义庆《演脸记》。东晋中晚时代，经声虽已流行，而尚无鱼山制契之神话，逮东晋末年，始有此传说。此传说实含有一善声沙门与审音文士合作之暗示，而此二种人之合作，即四声之起源。3，论四声者皆说五声而不及四声，盖四声只用于属文，谈音理则当五言五也。[1]

[1] 朱乔森编：《朱自清全集》，第九卷，第268、269页。

虽然学术界对陈寅恪观点有质疑之声，但从根本上而言，陈寅恪所言“四声说”的结论，仍然为比较符合汉语发展历史的结论。

四声三问

陈寅恪

古今论四声者多矣。寅恪于考古审音二事皆未尝致力，故不敢妄说。仅就近日在清华园讲授所及，提出三浅显之问题，试拟三简单之解答，并择录旧籍之有关者，略加诠释，附于第二解答之后，以资参证。凡所讨论，大抵属于中古文化史常识之范围，其牵涉音韵学专门性质者，则谨守“不知为不知”之古训，概不阑入，借以藏拙云尔。

初问曰：中国何以成立一四声之说？即何以适定为四声，而不定为五声，或七声，抑或其他数之声乎？

答曰：所以适定为四声，而不为其他数之声者，以除去本易分别自为一类之入声，复分别其余之声为平、上、去三声。综合通计之，适为四声也。但其所以分别其余之声为三者，实依据及摹拟中国当日转读佛经之三声。而中国当日转读佛经之三声又出于印度古时《声明论》之三声也。据天竺围陀之《声明论》，其所谓声Svara者，适与中国四声之所谓声者相类似。即指声之高低言，英语所谓Pitch accent者是也。围陀《声明论》依其声之高低，分别为三：一曰Udātta，二曰

Svarita，三曰Anudatta。佛教输入中国，其教徒转读经典时，此三声之分别当亦随之输入。至当日佛教徒转读其经典所分别之三声，是否即与中国之平、上、去三声切合，今日固难详知，然二者俱依声之高下分为三阶则相同无疑也。中国语之入声皆附有k、p、t等辅音之缀尾，可视为一特殊种类，而最易与其他之声分别。平、上、去则其声响高低相互距离之间虽有分别，但应分别之为若干数之声，殊不易定。故中国文士依据及摹拟当日转读佛经之声，分别定为平、上、去之三声。合入声共计之，适成四声。于是创为四声之说，并撰作声谱，借转读佛经之声调，应用于中国之美化文。此四声之说所由成立，及其所以适为四声，而不为其他数声之故也。

再问曰：四声说之成立由于中国文士依据及摹拟转读佛经之声，既闻命矣。果如所言，天竺经声流行中土，历时甚久，上起魏晋，下迄隋唐，六七百年间审音文士、善声沙门亦已众矣。然则无论何代何人皆可以发明四声之说，何以其说之成立不后不先适值南齐永明之世？而创其说者非甲非乙，又适为周颙、沈约之徒乎？

答曰：南齐武帝永明七年二月二十日，竟陵王子良大集善声沙门于京邸，造经呗新声。实为当时考文审音之一大事。在此略前之时，建康之审音文士及善声沙门讨论研求必已甚众而且精。永明七年竟陵京邸之结集，不过此新学说研求成绩之发表耳。此四声说之成立所以适值南齐永明之世，而周颙、沈约之徒又适为此新学说代表人之故也。

上述理由请略征旧籍，以资说明。但吾人今日可藉以考知六朝经呗之概略者，仅存极少数之资料，如慧皎《高僧传》中经师诸传及日本高野山所藏写本《鱼山集》等而已。《鱼山集》之声谱寅恪未能通解，可以不论。兹择取《高僧传》所载与旧史及他书之文互相释证于下：

《高僧传》一五《支昙籥传》云：

支昙籥本月支人，寓居建康。少出家，憩吴虎丘山。晋孝武初敕请出都。止建初寺，孝武从受五戒，敬以师礼。籥特禀妙声，善于转读。尝梦天神授其声法，觉因裁制新声。

又《释法平传》云：

释法平姓康，康居人，寓居建康。与弟法等俱出家。止白马寺。为云籥弟子。共传师业。响韵清雅，运转无方。兄弟并以元嘉末卒。

又《释僧饶传》云：

释僧饶，建康人。出家。止白马寺。偏以音声著称，擅名于宋孝武之世。响调优游，和雅哀亮，与道综齐肩。宋大明二年卒，年八十六。同寺复有超慧、明慧。少俱为梵呗。长斋时转读。亦有名于世。

又《释道慧传》云：

释道慧，姓张，浔阳柴桑人。止庐山寺。特禀自然之声，故偏好转读。后出都，止安乐寺。转读之名大盛京邑。宋大明二年卒。年五十有一。

又《释智宗传》云：

释智宗，姓周，建康人。出家，止谢寺。尤长转读。大明三年卒，年三十一。时有慧宝、道诠。虽非同时，作法相似。甚丰声而高调，制用无取焉。宋明忽赏道诠。议者谓逢时也。

又《释昙迁传》云：

释昙迁，姓支，本月支人，寓居建康。巧于转读，有无穷声韵。彭城王义康、范晔、王昙首并皆游狎。及范晔破诛，门有十二丧，无敢近者。迁抽货衣物，悉营葬送。孝武闻而叹赏，谓徐爰曰："卿着《宋书》，勿遗此士！"齐建元四年卒，年九十九。时有道场寺释法畅、瓦官寺释道琰并富声哀婉，虽不竞迁等，抑亦次之。

又《释昙智传》云：

释昙智，姓王，建康人。出家，止东安寺。既有高亮之声，雅好转读。宋孝武、萧思话、王僧虔等并深加识重。齐永明五年卒于吴国，年七十九。

又《释僧辩传》云：

释僧辩，姓吴，建康人。出家，止安乐寺。少好读经，受业于迁畅二师。初虽祖述其风，晚更措意斟酌。哀婉折衷，独步齐初。声振天下，远近知名，后来学者莫不宗事。永明七年二月十九日，司徒竟陵文宣王梦于佛前咏《维摩》一契，便觉韵声流好，著工恒日。明旦即集京师善声沙门龙光普智、新安道兴、多宝慧忍、天保超胜及僧辩等，集第作声。辩博古《维摩》一契，《瑞应》七言偈一契，最是命家之作。辩以齐永明十一年卒。

又《释昙凭传》云：

释昙凭，姓杨，犍为南安人。少游京师，学转读，止白马寺。音调甚工，而时人未之推也。于是专精规矩，更加研习。晚遂出群，翕然改观。

又《释慧忍传》云：

释慧忍，姓蒉，建康人。少出家，住北多宝寺。无余行解，止是爱好音声。初受业于安乐辩公，备得其法，而哀婉细妙，特欲过之。齐文宣感梦之后，集诸经师。乃共忍斟酌旧声，诠品新异。制《瑞应》四十二契，忍所得最为长妙。于是令慧微、僧业、僧尚、超明、僧期、超猷、慧旭、法昙、慧满、僧胤、慧象、法慈等四十余人皆就忍受学，遂传法于今。忍以隆昌元年卒，年四十余。

释法邻。释昙辩。释昙念。释昙幹。释昙进。释慧超。释道首。释昙调。

凡此诸人并齐代知名。其浙左、江西、荆陕、庸蜀亦颇有转读。然止是当时咏歌，乃无高誉，故不足而传也。

论曰：自大教东流，乃译文者众，而传声者盖寡。始有魏陈思王曹植，深爱声律，属意经音。既通般遮之瑞响，又感鱼山之神制。于是删治《瑞应》《本起》，以为学者之宗。传声则三千有余，在契则四十有二。其后帛桥、支籥亦云祖述陈思，而爱好通灵，别感神制，裁变古声，所存止一千而已。逮宋齐之间有昙迁、僧辩、太傅、文宣等，并殷勤嗟咏，曲意音律，撰集异同，斟酌科律，存于旧法，正可三百余声。天竺方俗，凡是歌咏法言，皆称为“呗”。至于此土，咏经则称为“转读”，歌赞则号为“梵呗”。原夫梵呗之起，亦肇自陈思，始著《太子颂》及《睒颂》等，因为之制声，吐纳抑扬，并法神授，今之皇皇，顾惟盖其风烈也。

据上所择要移录之《僧传》原文，有三事可以注意，即“善声沙门”最众之地，“善声沙门”最盛之时，及曹植“鱼山制契”之传说最先见于何书是也。请分别言之：

《僧传》所载“善声沙门”，几全部为居住建康之西域胡人，或建康之土著。盖建康京邑，其地既为政治之中心，而扬州又属滨海区域，故本多胡人居住，《世说新语·政事篇》“王丞相拜扬州”条即是一例。过江名士所以得知此“弹指”“兰阇”之胡俗胡语者，或亦由建康胡化之渐染，非必前居洛阳时传习而来也。夫居住建康之胡人依其本来娴习之声调，以转读佛经，则建康土著之僧徒受此特殊环境之熏习，其天赋优厚者往往成为“善声沙门”，实与今日中国都邑及商港居民善讴基督教祀天赞主之歌颂者，理无二致。此为建康所以多“善声沙门”之最要主因，而宫廷贵族之提倡尚在其次也。

又据《僧传》所记“善声沙门”之生卒年岁推之，是建康经呗之盛，实始自宋之中世，而极于齐之初年。若复取旧史及他书以为参证，则知四声说之成立，其间因缘会合，盖有物理之所必致，而非人事之偶然者也。

僧佑《出三藏记集》一二《齐竟陵文宣王法集目录》内载：

《与何祭酒赞去滋味》一卷。《赞梵呗偈文》一卷。《梵呗序》一卷。《转读法并释滞》一卷。

又《齐竟陵王世子抚军巴陵王法集目录》内载：

经声赋。

《南齐书》四〇《竟陵文宣王子良传》（《南史》四四同）云：

移居鸡笼山西邸，集学士抄五经、百家，依《皇览》例，为《四部要略》千卷。招致名僧，讲论佛法，造经呗新声。道俗之盛，江左未有也。

《梁书》一《武帝纪》（《南史》六同）云：

竟陵王子良开西邸，招文学，高祖与沈约、谢朓、王融、萧琛、范云、任昉、陆倕等并游焉。号曰“八友”。（参阅《梁书》十三《南史》五七《沈约传》。）

《南齐书》二一《文惠太子传》（《南史》四四同）云：

太子与竟陵王子良俱好释氏。

《南齐书》四一《周颙传》云：

颙音辞辩丽，出言不穷。宫商朱紫，发口成句。

《南史》三四《周颙传》云：

转国子博士，兼著作。太学诸生慕其风，争事华辩。始著《四声切韵》行于时。后卒于官。子舍。舍善诵诗书，音韵清辩。

《南齐书》四一《周颙传》云：

颙卒官时，会王俭讲《孝经》未毕，举昙济自代，学者荣之。官为给事中。（寅恪案，传文疑有讹脱。）

《南齐书》三《武帝纪》（《南史》四同）云：

永明七年五月乙巳，尚书令开府仪同三司王俭薨。

《南齐书》二三《王俭传》（《南史》二三同）云：

（永明）二年，领国子祭酒、丹阳尹，本官如故。三年，领国子祭酒，又领太子少傅。（寅恪案：《南齐书》九《礼志》建元四年太祖崩，罢国学。永明三年复立。《南齐书·王俭传》“永明二年”下“国子祭酒”四字当依《南史》删正。）

《梁书》一三《沈约传》(《南史》五七同）云：

又撰《四声谱》，以为在昔词人累千载而不寤，而独得胸衿，穷其妙旨，自谓入神之作。高祖雅不好焉。帝问周舍曰：“何谓四声？”舍曰：“‘天子圣哲’是也。”然帝竟不遵用。

《南史》四八《陆厥传》(参阅《南齐书》五二《陆厥传》)云：

（永明末）盛为文章，吴兴沈约、陈郡谢朓、琅琊王融以气类相推毂。汝南周颙善识声韵。约等文皆用宫商，以平上去入为四声，以此制韵，平头、上尾、蜂腰、鹤膝。五字之中，音韵悉异，两句之内，角徵不同，不可增减。世呼为“永明体”。沈约《宋书·谢灵运传》后又论其事。厥与约书曰：“范詹事《自序》：‘性别宫商，识清浊，特能适轻重，济艰难。古今文人多不全了斯处，纵有会此者，不必从根本中来。’《尚书》亦云：‘自灵均以来，此秘未睹，或暗与理合，非由思至。’张、蔡、曹、王，曾无先觉；潘、陆、颜、谢，去之弥远。大旨欲宫商相变，低昂舛节，若前有浮声，则后须切响，一简之内，音韵尽殊；两句之中，轻重悉异。辞既美矣，理又善焉。但观历代众贤，似都不谙此处，而云‘此秘未睹’，近于诬乎？”约答曰：“宫商之音有五，文字之别累万，以累万之繁，配五声之约，高下低昂，非思力所学，又非止若斯而已。十字之文，颠倒相配，字不过十，巧历已不能尽，何况复过于此者乎？灵均以来，未经用之于怀抱，固无从得其仿佛矣。自古辞人岂不知宫羽之殊、商徵之别？虽知五音之异，而其中参差变动，所昧实多，故鄙意所谓‘此秘未睹’者也。以此而推，则知前世文士，未悟此处。以《洛神》比陈思他赋，有似异手之作。故知天机启，则律吕自调，六情滞，则音律顿舛者也。”时有王斌者，不知何许人。着《四声论》，行于时。斌初为道人，博涉经籍，雅有才辩，善属文，能唱导。

《梁书》四九《庾肩吾传》（《南史》五〇同）云：

齐永明中，文士王融、谢朓、沈约文章始用四声，以为新变。至是转拘声韵，弥尚丽靡，复逾于往时。

钟嵘《诗品》云：

昔曹刘殆文章之圣，陆谢为体贰之才。锐精妍思，千百年中而不闻宫商之辨，四声之论。或谓前达偶然不见，岂其然乎？三祖之词，文或不工，而韵入歌唱，此重韵之义也。与世之言宫商者异矣。今既不备管弦，亦何取于声律耶？齐有王元长者，尝谓余云："宫商与二仪俱生，自古词人不知之，惟颜宪子乃云律吕音调，而其实乃大谬，唯见范晔、谢庄颇识之耳，尝欲进《知音论》，未就。"王元长创其首，谢朓、沈约扬其波。三贤或贵公子孙，幼有文辨。于是士流景慕，务为精密。故使文多拘忌，伤其真美。余谓文制本须讽读，不可蹇艾；但令清浊通流，口吻调利，斯为足矣。至于平上去入，则余病未能；蜂腰鹤膝，闾里已具。

建康为南朝政治文化之中心，故为善声沙门及审音文士共同居住之地。二者之间发生相互之影响，实情理之当然也。经声之盛，始自宋之中世，极于齐之初年。竟陵王子良必于永阴七年二月十九日以前即已娴习转读，故姑能于梦中咏诵。然则竟陵王当日之环境可以推知也。鸡笼西邸为审音文士抄撰之学府，亦为善声沙门结集之道场。永明新体之词人既在"八友"之列，则其与经呗新声制定以前之背景不能不相关涉，自无待言。周颙卒年史不记载，据传文推之，当在永明七年五月王俭薨逝以前，永明三年王俭领国子祭酒及太子少傅之后。即使不及见永明七年二月竟陵王经呗新声之制定，要亦时代相距至近。其与沈约一为文惠之东宫掾属，一为竟陵之西邸宾僚，皆在佛化文学环境陶冶之中，四声说之创始于此二人者，诚非偶然也。又颙传言："太学诸生慕颙之风，争事华辩。"其所谓"辩"者，当即颙"音辞辩丽，出言不穷。宫商朱紫，发口成句。”及其子舍“善诵诗书，音韵清辩”之“辩”。皆四声转读之问题也。梁武帝虽居“竟陵八友”之列，而不遵用四声者，据《隋书》一三《音乐志》载“帝既素善钟律，详悉旧事，遂自制定礼乐。”而《梁书》三《武帝纪》（《南史》七同）又载其“不听音声。非宗庙祭祀大会飨宴，及诸法事未尝作乐”。盖由于好尚之特异，后来简文帝之诋娸永明新体之支派者（见《梁书》四九《南史》五〇《庾肩吾传》简文与湘东王书），殆亦因其家世兴趣之关系欤？沈约《宋书》一〇〇《自序》云：“（永明）五年春又被敕撰《宋书》，六年二月毕功，表上之。”《谢灵运传论》之作正在此时。是其四声之说实已成立于此时以前，当与周颙不甚相先后，盖同是一时代之产物，俱受佛经转读之影响而已。至范晔《自序》之所言，观昙迁一传，可知其实受当时善声沙门之熏习，而自来读史者所未尝留意也。总之，四声与经声之关系，迄今千四百余年，尚未有人略能言及。故司马氏《资治通鉴》一三六于“永明二年”记竟陵王子良招致名僧，讲论佛法事，全袭用《南齐书》《南史》旧文。而删去“造经呗新声”之语。谢氏《小学考》廿九录《南史·陆厥传》亦不载王斌附传。是皆“不了此处”。兹特为发其覆如此。而今而后，庶几不致“此秘未睹”乎？

据《僧传》后论，转读与梵呗有别，竟陵王所造新声乃转读之声，非梵呗之声。盖转读之声即《诗品》所谓不备管弦，而有声律者也。梵呗问题非本篇范围，似可不论。但二者实互有关系，而又俱托始于陈思。故转读与陈思之关系，即“鱼山制契”之传说，则尤不得不先推求其起原之时代，以为“四声说史”之“前编”也。考《瑞应本起经》为支谦所译。谦事迹载《高僧传》一《康僧会传》中。据《传》，谦以汉献帝末避乱于吴。孙权召为博士，与韦昭诸人辅导太子。从吴黄武元年至建兴中先后共译出四十九经。又据《魏志》一九《陈思王植传》，植以魏明帝太和三年徙封东阿。六年封陈王，发疾薨。鱼山在东阿境。植果有“鱼山制契”之事，必在太和三年至六年之间。然当日魏朝之法制，待遇宗藩，备极严峻，而于植尤甚。若谓植能越境远交吴国，删治支谦之译本，实情势所不许。其为依托之传说，不俟详辨。此传说之记载，寅恪所知者有二：一出刘敬叔之《异苑》（在今本卷五中），一出刘义庆之《宣验记》（见唐湛然《法华文句记》五所引，但湛然误以刘义庆为梁人）。二人皆晋末宋初人，是此传说东晋之末必已流行无疑。隋费长房《历代三宝记》五载支谦译《瑞应本起经》二卷，下注云：

> 黄武年第二出，与康孟详译者（寅恪案，此即第一出）小异。陈郡谢锵、吴郡张洗等笔受，魏东阿王植详定。见《始兴录》及《三藏记》。

寅恪案，今僧佑《出三藏记集》二载有支谦译《瑞应本起经》二卷。并无“魏东阿王植详定”之语。《出三藏记集》全袭道安经录，可知道安经录中无此语。道安录成于晋孝武帝宁康二年（见《出三藏记集》五引道安经录自序），又可知晋孝武以前无曹植删定《瑞应本起经》之说也。然则此语必出于《始兴录》。此录今不传。今存之《佛藏》诸目录亦皆不言其为何时何人所作，无从详考。但《历代三宝记》九载：“晋孝武世沙门圣坚于河南国为乞伏乾归译十四经。其十经见《始兴录》。始兴即南录。”又检《三宝记》所著录之经目注出《始兴录》者，计其译述时代，下至卷十一之

> 《灰河经》一卷见《始兴录》
>
> （南齐）武帝世沙门释法度出

为止。故据此可断定《始兴录》之作者必为江左南朝之人。而其生年至早为南齐武帝之世，或即永明时人亦未可知。县《始兴录》中曹植详定《瑞应本起经》之语乃受经呗新声之影响，采用东晋末年之传说。其书晚出，远在刘敬叔《异苑》及刘义庆《宣验记》之后也。又考《高僧传》载江左“善声沙门”始于昙籥。籥于东晋孝武时梦天神授以声法，觉因裁制新声。证以成于孝武时之道安经录未有曹植详定《瑞应本起经》之语。可知东晋中晚时代经声虽已流行，而尚无“鱼山制契”之神话。逮东晋末年始有此传说。此传说实含有一善声沙门与审音文士合作之暗示，而此二种人之合作即四声之起原。然则

"四声说史"之"前编"谓在典午南迁之季世，纵或不中，亦不甚远乎？又梵呗亦肇自陈思之说，因认《太子颂》及《睒颂》等为陈思所作之故。《太子颂》姑不论。《睒颂》者即据康僧会译《六度集经》五睒菩萨本生而作之《颂》。考《高僧传》一《康僧会传》云："会以赤乌十年始达建业。"《魏志》一九《陈思王植传》云："（太和）六年发疾薨。"吴大帝赤乌十年，即魏齐王芳正始八年，上距魏明帝太和六年，即植薨之岁，已十五年之久。陈思何能于其未死之前，预为未译之本作《颂》耶？其说与删治《瑞应本起经》事同为依托，而非事实，固不待详辨也。

三问曰：读《宋书·谢灵运传》论《南史·陆厥传》所载厥与沈约问答之书及《诗品》所记王融告钟嵘之语，窃有疑焉。凡约之所论，及厥之问约，约之答厥，融之语嵘者，皆四声之问题也。然俱以宫商五声为言，而绝不及四声一语。若四声与五声同物，则约仍用五声之旧说可矣，何必又新创四声之说，别撰四声之谱乎？若四声与五声不同物，则约论非所论，融语非所语，厥问非所问，约更答非所答矣。然则四声与五声之同异究何在耶？

答曰：宫商角徵羽五声者，中国传统之理论也。关于声之本体，即同光朝士所谓"中学为体"是也。平上去入四声者，西域输入之技术也。关于声之实用，即同光朝士所谓"西学为用"是也。盖中国自古论声，皆以宫商角徵羽为言，此学人论声理所不能外者也。至平上去入四声之分别，乃摹拟西域转经之方法，以供中国行文之用。其“颠倒相配，参差变动”，如“天子圣哲”之例者，纯属于技术之方面，故可得而谱。即按谱而别声、选字而作文之谓也。然则“五声说”与“四声说”乃一中一西，一古一今，两种截然不同之系统。论理则指本体以立说，举五声而为言；属文则依实用以遣词，分四声而撰谱。苟明乎此，则知约之所论，融之所言，及厥之问约，约之答厥，所以止言五声，而不及四声之故矣。

又此第三解答之意旨实启自段（段玉裁《六书音均表·古四声说》子注）、王（王国维《观堂集林》八《五声说》）。今更借喻同光旧说，重为引申。至王氏以阴阳平上去入为三代秦汉间之五声，其言之当否，别是一事，可置不论。此解答所窃取者，止段、王同主之一谊，即“四声之说专主属文”而已。斯谊而是也，固不敢掠美于前修；斯谊而非也，则愿俟知音之新解。

（收入《金明馆丛稿初编》）

漫谈“杂种”与“杂种胡”

——释《以杜诗证唐史所谓杂种胡之义》

“杂种”一词在口语中已成骂人之语，其“混合、杂交”之本义人们反而很少想到。从历史上看，“杂种”一词最初是中原汉民族对少数民族的蔑称，语出《后汉书·西羌传》：“于是滇零等自称‘天子’于北地，招集武都、参狼、上郡、西河诸杂种，众遂大盛。”“胡”本是汉人对匈奴的专称，由于匈奴部族内成员复杂，为示区别就把匈奴单于部族之外的其他匈奴人统称为“杂胡”。不过在唐代，这称呼和“杂种胡”一样，特指唐代时西北地区胡人中的一支，又称“九姓胡”，而著名的“安史之乱”中两个反叛头目安禄山、史思明就是“杂种胡”的后裔。

陈寅恪在此文中特意引用杜甫的几首诗，证明“杂种”一词在当时除了有混杂之义外，更是专指胡人中的某一特定种族。一般在《旧唐书》中称呼这些胡人为“杂种胡”，因为《旧唐书》多保留了原始资料，没有进行很多修改。而《新唐书》的作者宋祁（子京）等可能考虑到“杂种胡”这个称呼容易让人联想到“混种、混血”之义，所以就改称为“九姓胡”。之所以称“九姓胡”是因为这一称呼包括了康、安、曹、石、米、何、史、火寻、戊地等九姓，它们皆氏昭武，故称“昭武九姓”。正因如此，陈寅恪指出在研究唐代历史时，这两部史书要互相印证，不可偏废。

那么，杜甫在诗歌中又是如何使用“杂种”或“杂种胡”这个称呼的呢？陈寅恪主要引用了这样几句：“胡尘逾太行，杂种抵京室。”“杂种虽高垒，长驱甚建瓴。”“社稷苍生计必安，蛮夷杂种错相干。”“杂虏横戈数，功臣甲第高。”

大致而言，这几句都是写“安史之乱”给社会带来的动荡不安。第一句中的“胡尘”对“杂种”，确切说明了“杂种”或“杂种胡”等词就是专门指代“胡人”中特定一族的术语，以下几句也是如此。陈寅恪之所以考证“杂种”或“杂种胡”等词，其实目的还是在于探讨社会动荡过程中的民族矛盾与民族文化问题，正如他所言“（种族与文化）二问题实李唐一代史事关键之所在，治唐史者不可忽视者也”。

此外，从汉字字源看“杂”字除有混合之义，也有不够单纯、纯粹之义，如“杂文、杂论、杂议”等，如果再与“种、虏”结合，并与“蛮夷”等词一起使用，更彰显出强烈的贬斥、侮辱色彩。这其实体现了当时部分人在语言表达上的大汉族主义，体现了他们在对抗少数民族时的一种心理优势——即便在军事上被打败、领土被侵占，他们也不过是“杂种”“蛮夷”，是落后不开化的种族。所谓“非我族类，其心必异”。故在中国历史上，除了唐代专指胡人中的一支外，“杂种”很快就转变为骂人的词汇，并一直使用至今。

对于陈寅恪此篇文章，当然也有提出异议者，不过大都是对某些细节有所匡正，而无损陈寅恪基本论断的正确。例如，陈寅恪此文中并未解释为何“九姓胡”会有“杂种”之名，对此，外籍学者蒲立本补充解释说，这是当时对与突厥人混居之粟特人的一般称呼，并引《旧唐书·地理志》中“隋末西域杂胡据之”，谓其首领史万年就是加入北突厥的粟特人，之后因与突厥通婚，在种族上与其相混而被称为“杂种胡”。

此外，需要指出的是，陈寅恪在这里使用的就是后来被人们大加赞赏的“以诗证史”方法。所谓以诗证史，就是运用古代诗歌（也包括小说等）中的叙事纪实成分，与史书记录互相佐证，以求发现历史的真相。据说最早运用以诗证史的是元好问，但一般认为是到清代黄宗羲才明确提出。而在陈寅恪的同时代人中，公认陈寅恪在这方面成就最为突出，不仅在很多研究中都有运用，而且取得了丰硕成果，至于其晚年巨著《柳如是别传》更是以诗证史的集大成之作，对此我们将在后面再详细阐述。中国诗歌可以用来以诗证史，说明中国诗歌即便是在抒情诗中，也有一定的纪实成分，这也与我们这个民族崇尚实用、缺少幻想有一定关系。陈寅恪早在1919年留学美国哈佛大学时，就在和好友吴宓的谈话中指出过这一缺陷，应该说是慧眼独具。

陈寅恪在考察历史事件时，始终坚持大中华文化的概念，即把汉族与周边少数民族的冲突及文化交流置于整个中国文化系统的发展演变进程中来考察。必须注意在当时历史条件下的具体环境，不可以简单地以今天的标准要求古人，如此才能正确解释历史上汉族与周边少数民族的矛盾，以及正确阐释历史人物的言行和政治立场（诸如“爱国”抑或“卖国”之类），这一点对于历史研究者有着极为重要的意义。

以杜诗证唐史所谓杂种胡之义

陈寅恪

拙著《唐代政治史述论稿·上篇》论《旧唐书》二〇〇《安禄山传》(可参照姚汝能《安禄山事迹》上“安禄山营州杂种胡也”之语)云:

安禄山，营州柳城杂种胡人也。

及同书同卷《史思明传》略云:

史思明，宁夷州突厥杂种胡人也。

证以《新唐书》二一七《回鹘传》(参《通鉴》二二六“建中元年八月甲午”条。但今通行本《通鉴》“突董”作“董突”)云:

始回纥至中国，常参以九姓胡，往往留京师，至千人，居赀殖产甚厚。会酋长突董翳蜜施大小梅录等还国，装橐系道。

所言与《旧唐书》一二七《张光晟传》云:

建中元年，回纥突董梅录领众并杂种胡等自京师还国，舆载金帛，相属于道。

实同为一事。故“杂种胡”即中亚昭武九姓胡。唐人当日习称“九姓胡”为“杂种胡”。“杂种”之目非仅混杂之通义，实专指某一类种族而言也。凡杜工部诗中涉及安史之种族，除羯胡、柘羯等名已详于拙著前书者外，其有关杂种之字句，亦可与此互相发明。兹移录于下，或可为鄙说之一补证欤?

《杜工部集》二《留花门》云：

胡尘逾太行，杂种抵京室。

同书十《秦州见敕目三十韵》云：

杂种虽高垒，长驱甚建瓴。

同书一五《承闻河北诸道节度入朝欢口号绝句十二首》之二云：

社稷苍生计必安，蛮夷杂种错相干。

又同书十《收京三首》之三云：

杂虏横戈数，功臣甲第高。

此“杂虏”即“杂种”之互称也。总括言之，杜少陵与安、史为同时人，其以“杂种”目安、史，实当时称中亚九姓胡为杂种胡之明证。旧唐书多保存原始材料，不多改易词句。故在《旧唐书》为《杂种胡》，在《新唐书》则易为《九姓胡》。考宋子京改字之由，其意恐“杂种胡”一词颇涉通常混种之义，易启误会，遂别用“九姓胡”之名。史家遣辞明审，殊足令人钦服。然则唐史新旧两书，一则保存当时名称，一则补充其他解释。各有所长，未可偏废。观此一例，即可推知。后人往往轻议子京，亦由不明此义，因特为标出而论证之如此。

（收入《金明馆丛稿二编》）

《几何原本》——从利玛窦、徐光启到陈寅恪

——释《〈几何原本〉满文译本跋》

只要多少接触过平面几何的读者，当都知道欧几里得的《几何原本》，此书在世界文化史上地位之重要、对人类文明发展影响之深远，似乎怎么评价也不过分。

1607年，徐光启与利玛窦合译《几何原本》前六卷，这是首部译成汉语的西方数学名著，也被认为是西方科学传入中国的象征之一。此外，在康熙年间还有一部《几何原本》由法国耶稣会士翻译后传入中国，并收入《御制数理精蕴》中。对于这两部译本的异同，不少学者有所关注，陈寅恪就是其中之一。

作为文史学者的陈寅恪，为何会对这部西方数学经典的传播产生兴趣呢？回答这个问题之前，有必要先介绍一下利玛窦此人。

利玛窦是意大利耶稣会传教士，明万历年间来中国传教，是天主教在中国最早的传教者之一，也是第一位认真学习中国传统经典的西方学者。但他在历史上最重要的贡献不是传教活动，也不是向西方介

绍中国文化，而是向中国绍介了大量西方近代科学知识，为中国士大夫阶层以及统治者打开了一个认识西方、了解西方的窗口。

据史书记载，利玛窦于1577年5月离开罗马，1583年2月来到中国，8月在广东省肇庆建立“仙花寺”开始传教。为了传教，利玛窦从西方带来了许多用品如圣母像、地图、星盘和三棱镜等，其中就有欧几里得的《几何原本》。在传教的过程中，利玛窦发现单纯传教收获不大，而借助于介绍西方自然科学知识的机会，反倒容易激起中国人特别是士大夫阶层了解西方的好奇心。他发现中国士大夫对数学特别感兴趣，即产生了翻译《几何原本》的想法。对此，利玛窦这样说：“中国人最喜欢的莫过于欧几里得的《几何原本》一书。原因或许是没有人比中国人更重视数学了，虽则他们的教学方法与我们的不同；他们提出了各种各样的命题，却都没有证明。这样一种体系的结果是任何人都可以在数学上随意驰骋自己最狂诞的想象力而不必提供确切的证明。欧几里得则与之相反，其中承认某种不同的东西；亦即，命题是依序提出的，而且如此确切地加以证明，即使最固执的人也无法否认它们。”不过由于利玛窦汉语水平有限，只能找对此有兴趣的中国文人合作，也就在这时徐光启走进他的视野。徐光启是南直隶松江府（今上海）人，曾在南京与利玛窦会面，之后加入了天主教。当利玛窦在北京萌生翻译《几何原本》念头时，徐光启正供职于翰林院，这大概是冥冥之中的天意，让他们合作翻译《几何原本》，因为在此之前利玛窦也曾找过他人合作，均未成功。

由于是利玛窦口授，徐光启笔译，因此他们合译的《几何原本》卷首署名为“泰西利玛窦口译，吴淞徐光启笔受”。该书虽然没有全部翻译完，但翻译的前六卷已经组成比较完整的平面几何体系，其中第一卷论直边形，第二卷论面积、体积，第三卷论圆，第四卷论圆的内接形和外接形，第五卷论比例的一般原理，第六卷论比例的应用即相似形。由于《几何原本》演绎清晰、逻辑严谨，这个中文本刻印后，且不说对中国数学界、科学界影响极大，也不说其特有的思维方式和逻辑体系对中国文化发展产生深远影响，仅就利玛窦和徐光启在翻译过程中创造的一些中文几何术语而言，诸如点、线、直线、平面、曲线、多边形、平行线、对角线、直角、钝角等术语一直沿用至今，足证他们的翻译功莫大焉。

《几何原本》前六卷翻译完后，徐光启首先代利玛窦撰写了《几何原本引》，以利玛窦的口吻解释《几何原本》的价值，同时讲述了翻译此书的过程。然后徐光启又撰写了《刻几何原本序》和《几何原本杂议》等文，阐述了数学的重要性，赞扬欧氏几何的重要作用，指出他们是为推广算学，才“偕二三同志刻而传之”。

至于他们为什么仅仅翻译了前六卷，至今有多种说法。其实在前六卷翻译完成后，徐光启曾要求继续将后面的九卷也翻译出来，但遭到利玛窦的拒绝。第一种说法是利玛窦根本不想翻译，因为他的目的是在中国传教而非传播科学，翻译完前六卷他就感到没必要继续下去。第二种说法是后面九卷涉及立体几何和数论等更加高深的知识，利玛窦水平有限，所以就此罢手。第三种说法是利玛窦想先看看发行之后的效果如何，然后决定是否翻译后面几卷。第四种说法是利玛窦根本不懂后面的内容，因此他宁可翻译其他著作也不会再继续翻译《几何原本》。

陈寅恪在此文中比较了他所看过的两部译本后，认为它们都比原本简单且大同小异，应是同出一源，但都不是根据利玛窦和徐光启所译之本，而很可能是出于其他耶稣会士之手。陈寅恪据此想到他在欧洲留学时获知“欧罗巴洲十六七世纪，欧几里得之书屡经编校刊行，颇有纂译简易之本，以资浅学实习之用者”。例如，德意志人浩尔资曼（Wilhelm Holtzmann）所译德文《几何原本》前六卷之本，其《自序》就说是：“此本为实用者而作。实用者仅知当然已足，不必更示以所以然之理。故凡关于证明之文，概从芟略。”由此陈寅恪推论说，看来他所看到的两部译本也很可能是根据来自欧洲的简易本所翻译而成，因为直接从利玛窦、徐光启译本进行删改要做很大改动才行。为了普及应用，在当时有这样简易的译本，无论如何还是必要的。

不过，陈寅恪慧眼如炬，指出这样翻译的缺陷在于：“夫欧几里得之书，条理统系，精密绝伦，非仅论数论象之书，实为希腊民族精神之所表现。此满文译本及《数理精蕴》本皆经删改，意在取便实施，而不知转以是失其精意。”这一段论述确实击中了简易译本的要害——如果失掉对欧几里得之书中所蕴含之思维方法和希腊民族精神的介绍，则对中国文化建设无疑是巨大的损失。本来过于强调实用就是中国文化的特点，需要用对纯粹形而上精神的探索来弥补，如果还是只在实用和应用层面介绍外来文化，虽然有短期效用，但从长远看则不利于中国文化和科学的发展。

从中国近代以来对外来文化特别是西方文化的介绍看，确实存在有过于注重实用和应用的倾向，诚如陈寅恪所言："中国之哲学、美术远不如希腊，不特科学为逊泰西也。但中国古人，素擅长政治及实践伦理学，与罗马人最相似。其言道德。唯重实用，不究虚理，其长处短处均在此。长处，即修齐治平之旨。短处，即实事之利害得失观察过明，而乏精深远大之思……至若天理人事之学，精深博奥者，亘万古、横九亥而不变，凡时凡地，均可用之。而救国经世尤必以精神之学问（谓形而上之学）为根基。乃吾国留学生不知研究，且鄙弃之。不自伤其愚陋，皆由偏重实用积习未改之故。”陈寅恪此言是在1919年，彼时他和吴宓均在哈佛留学，作为留学生而又如此深刻见解，且他对此观点一直坚持，诚难能可贵也。时至今日，国人依然有急功近利、过于注重实用的倾向，而忽视纯粹精神之研究，在此意义上，再次回顾陈寅恪对《几何原本》诸译本的评价，当有鲜明的现实意义。诚如陈寅恪所言："则其事之关系于我国近世学术史及中西交通史者至大，尤不可以寻常满文译籍等视之矣。”

最后，陈寅恪此文给我们的启示是，阅读外来经典时无论自然科学还是人文科学，都不能仅仅满足于读译本甚至是读简写本，而是一定要读原典。阅读文学经典也是不能满足于读简写本、改编本，至于那些所谓的戏说作品更是不能当真，至多是娱乐性作品，与原著其实已经没有关系。窃以为这一点，在今天的青少年教育中格外重要。另外，在绍介外来文化过程中不可避免会有意无意对原著进行改动，以适应本国文化传统及国人道德伦理，但即便是要进行改造，也应注意不要丢失其精华，也就是不要犯买椟还珠的错误。

《几何原本》满文译本跋

陈寅恪

《几何原本》满文译本写本七卷，旧藏景阳宫，盖欧几里得书前六卷之译本也。戊辰仲冬，寅恪始得北海图书馆影本读之。此本不依欧氏原文移译，故与利泰西、徐文定共译本迥异。寅恪取《数理精蕴》中十二卷之《几何原体》校之，其体制内容适与之相符。惟满文本所分卷数间有不同，所列条款及其数目之多寡亦往往与《数理精蕴》本不合。如满文本之第六卷即《数理精蕴》本之第六卷至第十卷。然《数理精蕴》本第六卷至第十卷共为六十四条，而满文本之第六卷则为九十条。又满文本之文复有轶出《数理精蕴》本之外者，如满文本之第一卷首《序论》即不载《数理精蕴》本中，此二本之互异者也。二本之文字详略及各卷所附图式，则大抵符合，此二本之相同者也。今综校二本之异同，姑不论满文本译自《数理精蕴》本，抑《数理精蕴》本译自满文本，要之此二本同出于一源，则无疑义。尝读《数理精蕴》本，怪其与利、徐共译本体裁绝异。复与清初杜临甫之《几何论约》及方位伯之《数度衍》所附《几何约》诸书，仅就利、徐共译本删节者，皆不相类，颇致疑于清圣祖及诸臣删改之说。往岁游学海外，偶于图书馆检夏鸟氏（Sommer Vogel）《耶稣教会著述目录》见有满文《几何原本》之名。考法兰西人□□学书目（H. Cordier：*Bibliotheca Sinica,* Vol.II, P.1092），《天学初函》于乾隆二十三年译为满文，但彼为利、徐共译本，非景阳宫七卷本也。今此七卷本既非利、徐共译本，又不似利、徐共译本之删节本，殊不知其所从出。然《数理精蕴》中之割圆术，本西说也，而诡称御制（据李俨君所言）。《数理精蕴》中之《几何原本》与景阳宫之《几何原本》满文译本原为一书，殆出于耶稣教会诸子之手，而夏鸟氏《目录》所载者，当亦即此书也。夫欧几里得之书，条理统系，精密绝伦，非仅论数论象之书，实为希腊民族精神之所表现。此满文译本及《数理精蕴》本皆经删改，意在取便实施，而不知转以是失其精意。耶稣教会诸子号称通达权变，折衷中西，虽于东土旧传拜死敬天之礼，亦有不妨宽假之意。然专门名家之学，与应世之术不同，若一无依据，未必能尽易原书体裁。考欧罗巴洲十六七世纪时，欧几里得之书屡经编校刊行，颇有簒译简易之本，以资浅学实习之用者，如德意志人浩尔资曼（Wilhelm Holtzmann）所译德文《几何原本》前六卷之本，其《自序》略谓"此本为实用者而作。实用者仅知当然已足，不必更示以所以然之理。故凡关于证明之文，概以芟略"云云。（见Thomas L. Heath英译《几何原本》第二版第一册第一〇七页）即其一例也。寅恪因之疑此满文译本及《数理精蕴》本皆间接出于与浩氏相类似之本，而《数理精蕴》本恐非仅就利、徐共译本所能删改而成者。惜局处中土，无从广征欧书旧刊，为之证明耳。然则此七卷之满文译本者，盖景陵当日几暇格物之书，西海畴人重译颛门之业，迄乎兹世，犹在人间，即此一段因缘，已足特加珍护。况复借以得知欧几里得前六卷之书，赤县神州自万历至康熙百年之间已一译再译，则其事之关系于我国近世学术史及中西交通史者至大，尤不可以寻常满文译籍等视之矣。

（收入《金明馆丛稿二编》）

一封家书胜万字论文

——释《与妹书》(节选)

1925年陈寅恪以无任何学位和无任教经历之身份，竟然被清华大学国学院聘为教授，成为著名的“四大导师”之一，一时成为美谈。要知道其他三位都是大名鼎鼎，梁启超自不必说，无论名气还是学问都居学术界第一流之位。王国维彼时硕果累累，仅凭《宋元戏曲史》和《人间词话》两部开山之作就可傲视群雄，更不必说其甲骨文研究等方面的成就。赵元任虽然年轻，却早在1918年就获得美国哈佛大学博士学位，后在美国康奈尔和哈佛大学任教，罗素访问中国时他担任翻译，彼时已是著名的语言学家。而陈寅恪1919年才到哈佛大学留学，后又去欧洲，辗转留学多年，却未获得任何学位，唯一的文凭就是当年上海复旦公学的毕业证，按今天观念看充其量也就是高中水平。至于论文和学术专著，更是空白。

那么，既无名气又无学术成就的陈寅恪，凭什么被清华大学认可并被聘为教授呢？据说就是凭此处要介绍的这封寥寥数百字的家书。

传说当年梁启超介绍陈寅恪到清华任教，但校长曹元祥发现陈寅恪既没有学位也没有科研成果，就很犹豫。当时的情形是：他问梁启超："陈寅恪是哪国博士？"梁答："他不是学士，也不是博士。"曹又问："他有没有著作？"梁答："也没有。"曹摇头道："既不是博士，又没有著作，这就难了！"梁大怒："我梁某算是著作等身了，但总共还不如陈先生寥寥数百字有价值！"如此曹只好答应。就这样，既无名望又无学位的陈寅恪，才得以被聘任为清华大学国学院教授。

不过这只是一个传说，并未得到证实。与此相近的，倒是陈寅恪的好友吴宓在日记中说陈寅恪是经他介绍进清华，因为彼时吴宓正负责筹备成立清华国学院。吴宓日记中相关内容如下：

彼时清华一开始想聘请胡适，胡适说自己不够格，转而建议清华聘请章太炎、梁启超、王国维、赵元任四人为导师。当时其他三人都同意了但却遭到章太炎拒绝。如此吴宓便推荐此时仍在欧洲留学的陈寅恪。但教务长张彭春认为陈寅恪学问虽好，但一无学位二无著作，不符合聘任教授条件，不同意聘请。吴宓说："陈先生先后留学十八年，他人不过四五年。陈先生学问渊博，能与外国教授进行学术讨论。虽无正式著作发表，仅就一九二三年八月《学衡》杂志第二十期所节录的《与妹书》，寥寥数百字，已足见其学问之广而深，识解之高而远。学校已聘定三教授，为院荐贤，职责所在，安能荐一人而不得？"但张彭春仍然不同意聘请陈寅恪。不过吴宓并不甘心，就在一次宴会时他中途悄悄退席，去见校长曹云祥，再次建议聘请陈寅恪，并且以自己的去留相要挟，曹云祥只好同意。吴宓马上用铅笔拟了一份电报稿，经曹签字后立即发出。后来张彭春得知很是不满，但木已成舟他也无可奈何。也因此，吴宓在日记中曾对介绍陈寅恪一事大发牢骚，说“费尽力气”。而陈寅恪在接到聘请后竟然还不愿马上就赴任，不但说要在欧洲再待一年，还要学校预支部分经费用于买参考书。好在清华大学爱才心切，还是以宽容大度态度满足了陈寅恪的要求。

那么，无论是梁启超还是吴宓，他们口中所说的那篇数百字的短文就是这里要介绍的《与妹书》。这封书信究竟写了什么，会让外界有如此高的评价呢？

纵观信中大部分内容，首先，是陈寅恪要求其妹帮他购买《大藏经》一书的事情。《大藏经》系佛教经典汇编全集，古时也叫作《一切经》，又称《藏经》。内容主要由经、律、论三部分组成，又称为《三藏经》。1923年，上海商务印书馆涵芬楼曾以《大藏经》为名，影印日本刻《正续藏》五百部出版，陈寅恪想买的就是这个版本。陈寅恪说他之所以多年在海外留学，就是因为国内看不到他所需要的书。他如回国，至少要购买上万元的书才勉强够用，这样一笔巨款显然很难获得。

其次，陈寅恪谈到彼时他的学术兴趣在比较语言学方面：“我今学藏文甚有兴趣，因藏文与中文，系同一系文字。如梵文之与希腊、拉丁及英、俄、德、法等之同属一系。以此之故，音韵训诂上，大有发明。因藏文数千年已用梵音字母拼写，其变迁源流，较中文为明显。如以西洋语言科学之法，为中藏文比较之学，则成效当较乾嘉诸老，更上一层。”事实上陈寅恪回国任教清华后一段时间，确实把研究的重点集中在比较语言学方面，发表了不少这方面的论文。但他后来改变了研究方向，原因就是他意识到不能简单地以西方的语言理论来套汉藏语言研究，因为它们分属于不同的语言体系，其音韵、语法构成等方面截然不同，也因此他讽刺《马氏文通》为“不通”，也就有以后以“对对子”为试题来考学生的做法。对此《从陈寅恪考对对子说起》已有论述。

最后就是从这封家书中已可看出陈寅恪对佛教与中土文化关系的关注，这也是后来陈寅恪学术研究中的一个重要领域。他注意到佛教在翻译为汉语过程中有各种谬误，有些是无意的，有些则是人为。以大名鼎鼎的《金刚经》为例，从古至今注家甚多，仍然是“误解不知其数”。为此，陈寅恪举了“悉檀”这一术语为例，后来他特意写了《大乘义章书后》一文，批评天台宗智者大师把“悉檀”之“檀”，跟“檀施”之“檀”混为一谈：“悉檀”乃梵语siddhânta之对音，（楞伽注）之言是也。其字从语根sidh衍出，“檀施”之“檀”乃dâna之对音，其字从语根dâ衍出，二语绝无关涉，而中文译者偶以同一之“檀”字对音，遂致智者大师有此误释，殊可笑也！”自然，对于陈寅恪的观点学术界也有不同看法。

总之，陈寅恪在这封家书中谈到了自己正在关注和之后会关注的学术问题，也提到彼时学术界研究方面的一些失误，说明陈寅恪虽在海外留学，但对于国内学术研究的状况很熟悉，且有自己的独到见解。这篇短短的书信其实就是一篇高质量的学术论文，对于人们了解陈寅恪的学术研究基本框架和学术方法，有着重要的启示意义。

与妹书（节选）

陈寅恪

我前见中国报纸告白，商务印书馆重印日本刻《大藏经》出售，其预约券价约四五百元。他日恐不易得，即有，恐价亦更贵。不知何处能代我筹借一笔款，为购此书。因我现必需之书甚多，总价约万金。最要者即西藏文《正续藏》两部，及日本印中文《正续大藏》，其他零星字典及西洋类书百种而已。若不得之，则不能求学，我之久在外国，一半因外国图书馆藏有此项书籍，一归中国，非但不能再研究，并将初着手之学亦弃之矣。我现甚欲筹得一宗巨款购书，购就即归国。此款此时何能得，只可空想，岂不可怜。我前年在美洲写一信与甘肃宁夏道尹，托其购藏文《大藏》一部，此信不知能达否。即能达，所费太多，渠知我穷，不付现钱，亦不肯代垫也。西藏文《藏经》，多龙树马鸣著作而中国未译者。即已译者，亦可对勘异同。我今学藏文甚有兴趣，因藏文与中文，系同一系文字。如梵文之与希腊拉丁及英俄德法等之同属一系。以此之故，音韵训诂上，大有发明。因藏文数千年已用梵音字母拼写，其变迁源流，较中文为明显。如以西洋语言科学之法，为中藏文比较之学，则成效当较乾嘉诸老，更上一层。然此非我所注意也。我所注意者有二：一历史（唐史西夏），西藏即吐蕃，藏文之关系不待言。一佛教，大乘经典，印度极少，新疆出土者亦零碎。及小乘律之类，与佛教史有关者多。中国所译，又颇难解。我偶取《金刚经》对勘一过，其注解自晋唐起至俞曲园止，其间数十百家，误解不知其数。我以为除印度、西域外国人外，中国人则晋朝、唐朝和尚能通梵文，当能得正确之解，其余多是望文生义，不足道也。隋智者大师天台宗之祖师，其解"悉檀"二字，错得可笑（见《法华玄义》）。好在台宗乃儒家《五经正义二疏》之体，说佛经，与禅宗之自成一派。与印度无关者相同，亦不要紧也。（禅宗自谓由迦叶传心，系据《护法因缘传》。现此书已证明为伪造。达摩之说我甚疑之。）旧藏文既一时不能得，中国大藏，吾颇不欲失此机会，惟无可如何耳。又蒙古满洲回文书，我皆欲得。可寄此函至北京，如北京有满蒙回藏文书，价廉者，请大哥五哥代我收购，久后恐益难得矣。

（收入《金明馆丛稿二编》）

“曾经沧海难为水”与“多情女子负心汉”
——释《读〈莺莺传〉》《艳诗与悼亡诗》（节选）

曾经沧海难为水，除却巫山不是云。

取次花丛懒回顾，半缘修道半缘君。

这是唐代大诗人元稹的一首悼亡诗，《离思五首》之一，诗人以感人的言辞抒写对亡妻韦丛忠贞不渝的爱情和刻骨铭心的思念，古往今来不知多少读者为之潸然泪下。不过，元稹除了写这些感情真挚的悼亡诗外，其实是一个风流多情的公子哥。他并未像这首诗所写那样“曾经沧海难为水”，而是在妻子亡故后风流韵事不断。不仅如此，元稹还把自己的经历写成小说《莺莺传》，后来的《西厢记》就是改编自《莺莺传》（又叫《会真记》，“会真”的意思就是遇仙或游仙，如唐代有名之小说《游仙窟》）。

《莺莺传》主要讲述的是贫寒书生张生对没落贵族女子崔莺莺始乱终弃的悲剧故事，其人物原型就是作者元稹自己。鲁迅曾在《中国小说史略》中对元稹的始乱终弃行为和狡辩之词给予痛斥：“元稹以张生自寓，述其亲历之境，虽文章非上乘，而时有情致，固亦可观，惟篇末文过饰非，遂堕恶趣。”这里张生的狡辩之词即下面一段“忍情”说：

> 大凡天之所命尤物也，不妖其身，必妖于人。使崔氏子遇合富贵，乘宠娇，不为云为雨，则为蛟为螭，吾不知其变化矣。昔殷之辛，周之幽，据百万之国，其势甚厚，然而一女子败之，溃其众，屠其身，至今为天下僇笑，余之德不足以胜妖孽，是用忍情。

这段话主要内容就是宣扬“红颜祸水”论，认为文人士大夫对这些女子不能用情专一，而是要“忍情”，显然是为自己始乱终弃行为的狡辩之词。对于元稹的道德品行，陈寅恪自然也给予严厉批评，说元稹善于利用彼时社会风尚“纵其一生行迹，巧宦固不待言，而巧婚尤为可恶也。岂其多情哉？实多诈而已矣”。不过陈寅恪并未止步于此，且进一步从当时社会风气出发对元稹之所以如此的原因进行深入剖析。原来在元稹那个时代，评判个人的人品就是看其婚姻和仕宦二事。“凡婚而不娶名家女，与仕而不由清望官，俱为社会所不齿”，因此文人之娶妻，最看重女方出身门第，至于相貌才识倒不重要。按照陈寅恪的分析，莺莺家出身并不高贵，崔莺莺之“崔”姓很可能是假冒的，即假托为北朝隋唐第一高门崔氏之后。而韦丛却是名门之女，相比之下元稹自然舍莺莺而娶韦氏为妻。重要的是，元稹这样的做法在当时不但不会被认为是始乱终弃，反而会被认为是正当行为。不了解这一点，就不好理解元稹正在谋求仕途升迁之时，为何不怕让人抓自己把柄，反而写《莺莺传》为自己的“忍情”辩护了。

元稹和白居易为好友，世人称之为“元白”，他们之间的密切关系，可以用白居易的一段话概括：“与足下小通，则以诗相戒。小穷，则以诗相勉。索居，则以诗相慰。同处，则以诗相娱。”陈寅恪认为“元白二人作诗，相互之密切关系，此数语已足以尽之，不必更别引其他事实以为证明。然元白二人之作诗，亦各受他一人之影响，自无待论。”所以对好友抛弃崔莺莺一事，白居易也是不以为意，在其诗歌中比喻为一场梦而已，而对元稹最后娶韦丛为妻倒是大加赞扬，说韦氏是“韦门女清贵”。相比之下，白居易虽然风流韵事也不少，却不像元稹那样还要假惺惺为自己辩护。陈寅恪曾在《元白诗笺证稿》中对他们的诗歌创作及两人关系做了详尽的考证与阐释，其中不少论断已成经典，此处所选即为部分精彩内容。

首先，陈寅恪在阐述元白二人的诗歌与他们所处时代之关系后，对历史变迁之际文人士大夫如何为人处世做出了一个经典的判断：

纵览史乘，凡士大夫阶级之转移升降，往往与道德标准及社会风习之变迁有关。当其新旧蜕嬗之间际，常呈一纷纭综错之情态，即新道德标准与旧道德标准，新社会风习与旧社会风习并存杂用。各是其是，而互非其非也。斯诚亦事实之无可如何者。虽然，值此道德标准社会风习纷乱变易之时，此转移升降之士大夫阶级之人，有贤不肖拙巧之分别，而其贤者拙者，常感受苦痛，终于消灭而后已。其不肖者巧者，则多享受欢乐，往往富贵荣显，身泰名遂。其故何也？由于善利用或不善利用此两种以上不同之标准及习俗以应付此环境而已。譬如市肆之中，新旧不同之度量衡并存杂用，则其巧诈不肖之徒，以长大重之度量衡购入，而以短小轻之度量衡售出。其贤而拙者所为适与之相反。于是两者之得失成败，即决定于是矣。

这是陈寅恪不仅从元白那个时代，而且从漫长中国历史发展过程中得出之深刻而沉痛的结论，对于理解中国知识分子的特点及命运，不仅有着重要的历史意义而且有着鲜明的现实意义。时至今日，可以说这一判断仍未过时。

其次，通过对《莺莺传》等作品的分析，陈寅恪指出是元稹“以古文试作小说，而真能成功者也”的例证。彼时韩愈曾模拟《史记》中文字，创作了小说《毛颖传》，但从艺术成就看，《毛颖传》不如《莺莺传》，因为韩愈创作纯为游戏之笔，而《莺莺传》带有自叙性质，作者有真情实感，当然更有艺术魅力。陈寅恪指出，《莺莺传》中张生“忍情”说一段，既然极为可厌，元稹又不是初学写作者，为什么还要写这一段“迂矫议论”呢，难道真的是想为自己辩护？其实他完全没有必要，因为正如我们前面所说，他的负心汉行径在当时极为常见，世人并不认为不当，所以他写这一段必有缘故。对此，陈寅恪首先引用了赵彦卫的《云麓漫钞》中一段文字：

唐之举人先藉当世显人，以姓名达之主司，然后以所业投献，逾数日又投，谓之温卷。如《幽怪灵》《传奇》等皆是也。盖此等文备众体，可以见史才、诗笔、议论。

最后陈寅恪指出，小说这一体裁可以包括各种表述形式，《莺莺传》中的“忍情”一段其实就是作品中的“议论”，小说中的诗作就是“诗笔”，而叙述悲欢离合的内容就是“史才”，这都是当时小说中必须有的成分，如此才可能让“主司”充分了解投献者即考生的各方面写作才华。无独有偶，鲁迅在《中国小说史略》也引述了赵彦卫关于唐传奇的这一段经典论述，可谓英雄所见略同。之后，有关唐传奇“文备众体，可以见史才、诗笔、议论”这一问题得到更多的关注和探讨。因此我们可以说，陈寅恪和鲁迅都善于见微知著，他们在这方面的考证和论述，为后来的中国古典小说研究开启了一条正确的道路。

读《莺莺传》（节选）

陈寅恪

若莺莺果出高门甲族，则微之无事更婚韦氏。惟其非名家之女，舍之而别娶，乃可见谅于时人。盖唐代社会承南北朝之旧俗，通以二事评量人品之高下。此二事，一曰婚，二曰宦。凡婚而不娶名家女，与仕而不由清望官，俱为社会所不齿。此类例证甚众，且为治史者所习知，故兹不具论。但明乎此，则微之所以作《莺莺传》，直叙其自身始乱终弃之事迹，绝不为之少惭，或略讳者，即职是故也。其友人杨巨源、李绅、白居易亦知之，而不以为非者，舍弃寒女，而别婚高门，当日社会所公认之正当行为也。否则微之为极热中巧宦之人，值其初具羽毛，欲以直声升朝之际，岂肯作此贻人口实之文，广为流播，以自阻其进取之路哉？

复次，此《传》之文词亦有可略言者，即唐代贞元、元和时小说之创造，实与古文运动有密切关系是也。其关于韩退之者，已别有论证，兹不重及。其实当时致力古文，而思有所变革者，并不限于昌黎一派。元白二公亦当日主张复古之健者。不过宗尚稍不同，影响亦因之有别，后来遂湮没不显耳。……

寅恪案，《旧唐书》之议论，乃代表通常意见。观于韩愈，虽受裴度之知赏，而退之之文转不能满晋公之意。及《旧唐书》一六〇《韩愈传》，于其为文，颇有贬词者，其故可推知矣。是以在当时一般人心目中，元和一代文章正宗，应推元白，而非韩柳，与欧宋重修《唐书》时，其评价迥不相同也。……

寅恪案，今《白氏长庆集》中书制诰有“旧体”“新体”之分别。其所谓“新体”，即微之所主张，而乐天所从同之复古改良公式文字新体也。

《唐摭言》五“切磋”条略云：

> 韩文公著《毛颖传》，好博簺之戏。张水部以书劝之曰：“比见执事多尚驳杂无实之说，使人陈之于前以为欢。此有累于令德。”

《毛颖传》者，昌黎摹拟《史记》之文，盖以古文试作小说，而未能甚成功者也。微之《莺莺传》，则似摹拟《左传》，亦以古文试作小说，而真能成功者也。盖《莺莺传》乃自叙之文，有真情实事；《毛颖传》则纯为游戏之笔，其感人之程度本应有别。夫小说宜详，韩作过简。《毛颖传》之不及《莺莺传》，此亦为一主因。观《昌黎集》中尚别有一篇以古文作小说而成功之绝妙文字，即《石鼎联句诗序》。……

据此，微之之文繁，则作小说正用其所长，宜其优出退之之上也。

唐代古文运动巨子，虽以古文试作小说而能成功，然公式文字，六朝以降，本以骈体为正宗。西魏北周之时，曾一度复古，旋即废除。在昌黎平生著作中，《平淮西碑》文（《昌黎集》三〇）乃一篇极意写成之古文体公式文字，诚可称勇敢之改革，然此文终遭废弃。夫段墨卿之改作（《唐文粹》五九），其文学价值较原作如何及韩文所以磨易之故，乃属于别种问题，兹不必论。唯就改革当时公式文字一端言，则昌黎失败，而微之成功，可无疑也。至于北宋继昌黎古文运动之欧阳永叔为翰林学士，亦不能变公式文之骈体。司马君实竟以不能为四六文辞知内制之命。然则朝廷公式文体之变革，其难若是。微之于此，信乎卓尔不群矣。

复次，《莺莺传》中张生忍情之说一节，今人视之既为最可厌，亦不能解其真意所在。夫微之善于为文者也，何为著此一段迂矫议论耶？考赵彦卫《云麓漫钞》八云：

> 唐之举人先藉当世显人，以姓名达之主司，然后以所业投献，逾数日又投，谓之温卷。如《幽怪录》《传奇》等皆是也。盖此等文备众体，可以见史才、诗笔、议论。

据此，小说之文宜备众体。《莺莺传》中忍情之说，即所谓议论。

《会真》等诗，即所谓诗笔。叙述离合悲欢，即所谓史才。皆当日小说文中，不得不备具者也。

至于传中所载诸事迹经王性之考证者外，其他若普救寺，寅恪取道宣《续高僧传》二九《兴福篇·唐蒲州普救寺释道积传》，又浑瑊及杜确事，取《旧唐书》一三德宗纪“贞元十五年十二月庚午”及“丁酉”诸条参校之，信为实录。然则此《传》亦是贞元朝之良史料，不仅为唐代小说之杰作已也。

（收入《元白诗笺证稿》）

艳诗与悼亡诗（节选）

陈寅恪

《元氏长庆集》三〇《叙诗寄乐天书》云：

不幸少有伉俪之悲，抚存感往，成数十诗，取潘子悼亡为题。又有以干教化者，近世妇人晕淡眉目，绾约头鬟，衣服修广之度及匹配色泽尤剧怪艳，因为艳诗百余首。词有今古，又两体。

寅恪案，今存《元氏长庆集》为不完残本。其第九卷中《夜闲》至《梦成之》等诗，皆为悼亡诗，韦縠《才调集》第五卷所录微之诗五十七首，虽非为一人而咏，但所谓艳诗者大抵在其中也。微之自编诗集，以悼亡诗与艳诗分归两类。其悼亡诗即为元配韦丛而作。其艳诗则多为其少日之情人所谓崔莺莺者而作。微之以绝代之才华，抒写男女生死离别悲欢之情感。其哀艳缠绵，不仅在唐人诗中不可多见，而影响及于后来之文学者尤巨。如《莺莺传》者，初本微之文集中附庸小说，其后竟演变流传成为戏曲中之大国巨制，即是其例。夫此二妇人与微之之关系，既须先后比较观察之，则微之此两类诗，亦不得不相校并论也。

夫此两类诗本为男女夫妇而作。故于（一）当日社会风习、道德观念。（二）微之本身及其家族在当日社会中所处之地位。（三）当日风习、道德二事影响及于微之之行为者。必先明其梗概，然后始可了解。寅恪前着《读〈莺莺传〉》一文，已论及之。此文即附于后幅，虽可取而并观，然为通晓元氏此两类诗，故不惮重复烦悉之讥，仍为总括序论于此，以供读此两类诗者之参考焉。

纵览史乘，凡士大夫阶级之转移升降，往往与道德标准及社会风习之变迁有关。当其新旧蜕嬗之间际，常呈一纷纭综错之情态，即新道德标准与旧道德标准、新社会风习与旧社会风习并存杂用。各是其是，而互非其非也。斯诚亦事实之无可如何者。虽然，值此道德标准、社会风习纷乱变易之时，此转移升降之士大夫阶级之人，有贤不肖拙巧之分别，而其贤者拙者，常感受苦痛，终于消灭而后已。其不肖者巧者，则多享受欢乐，往往富贵荣显，身泰名遂。其故何也？由于善利用或不善利用此两种以上不同之标准及习俗，以应付此环境而已。譬如市肆之中，新旧不同之度量衡并存杂用，则其巧诈不肖之徒，以长大重之度量衡购入，而以短小轻之度量衡售出。其贤而拙者之所为适与之相反。于是两者之得失成败，即决定于是矣。

人生时间约可分为两节，一为中岁以前，一为中岁以后。人生本体之施受于外物者，亦可别为情感及事功之二部。若古代之士大夫阶级，关于社会政治者言之，则中岁以前，情感之部为婚姻；中岁以后，事功之部为仕宦。故《白氏长庆集》一四和《梦游春诗一百韵序》略云：

> 微之既到江陵，又以《梦游春七十韵》寄予，且题其序曰："斯言也，不可使不知吾者知，知吾者亦不可使不知。乐天知吾（者）也，不敢不使吾子知。"故广足下七十韵为一百韵，重为足下陈梦游之中所以甚感者，叙婚仕之际所以至感者。微之微之，予斯文也，尤不可使不知吾者知。幸藏之云尔。

夫婚仕之际，岂独微之一人之所至感，实亦与魏晋南北朝以来士大夫阶级之一生得失成败至有关系。而至唐之中叶，即微之乐天所生值之世，此二者已适在蜕变进行之程途中，其不同之新旧道德标准社会风习并存杂用，正不肖者用巧得利，而贤者以拙而失败之时也。故欲明乎微之之所以为不肖为巧为得利成功，无不系于此仕婚之二事。以是欲了解元诗者，依论世知人之旨，固不可不研究微之之仕宦与婚姻问题，而欲明当日士大夫阶级之仕宦与婚姻问题，则不可不知南北朝以来，至唐高宗、武则天时，所发生之统治阶级及社会风习之变动。请略述之，以供论证焉。

南北朝之官有清浊之别，如《隋书》二六《百官志》中所述者，即是其例。至于门族与婚姻之关系，其例至多，不须多举。故士大夫之仕宦苟不得为清望官，婚姻苟不结高门第，则其政治地位、社会阶级、即因之而低降沦落。兹仅引一二事于下，已足资证明也。

《晋书》八四《杨佺期传》云：

> 自云门户承籍，江表莫比。有以其门第比王珣者犹恚恨。而时人以其晚过江，婚宦失类，每排抑之。恒慷慨切齿，欲因事际，以逞其志。

《南史》三六《江夷传》附敩传云：

中书舍人纪僧真幸于（齐）武帝，稍历军校，容表有士风。谓帝曰："臣小人，出自本县武吏，邀逢圣时，阶荣至此。为儿婚得荀昭光女，实时无复所须，唯就陛下乞作士大夫。"帝曰："由江敩、谢瀹。我不得措此意。可自诣之。"僧真承旨诣敩，登榻坐定，敩便命左右曰："移吾床让客。"僧真丧气而退，告武帝曰："士大夫故非天子所命。"

据此，可知当时人品地位，实以仕宦、婚姻二事为评定之标准。唐代政治社会虽不尽同于前代，但终不免受此种风习之影响。故婚仕之际，仍为士大夫一生成败得失之所关也。

若以仕之一事言之，微之虽云为隋兵部尚书元岩之六世孙，然至其身式微已甚，观其由明经出身一事可证。如康骈《剧谈录》（参《唐语林》六《补遗》。）略云：

元和中李贺善为歌篇，为韩愈所知，重于缙绅。时元稹年少，以明经擢第，亦工篇什。尝交结于贺，日执贽造门。贺览刺不答。遽入，仆者谓曰，明经及第，何事看李贺？稹惭恨而退。

裴廷裕《东观奏记》上（参《新唐书》一八二《李珏传》《唐语林》三《识鉴类》。）略云：

李珏，赵郡赞皇人。早孤，居淮阴，举明经。李绛为华州刺史，一见谓之曰："日角珠庭，非常人也。当掇进士科，明经碌碌，非子发迹之路。"

《新唐书》一八三《崔彦昭传》(参尉迟偓《中朝故事》)云：

彦昭与王凝外昆弟也。凝大中初先显，而彦昭未仕。尝见凝，凝倨不冠带，慢言曰："不若从明经举。"彦昭为憾。

王定保《摭言》一"序进士"条云：

其艰难谓之"三十老明经，五十少进士"。

据此得见唐代当日社会风尚之重进士轻明经。微之年十五以明经擢第，而其后复举制科者，乃改正其由明经出身之途径，正如其弃寒族之双文，而婚高门之韦氏。于仕于婚，皆不惮改辙，以增高其政治社会之地位者也。

（收入《元白诗笺证稿》）

举杯邀明月，对影成三人

——释《陶渊明之思想与清谈之关系》

提起大诗人李白，很多读者都知道他的不少名篇佳句，而且李白的诗歌很多都是通俗易懂，且不说那首脍炙人口的《静夜思》，只说“两人对酌山花开，一杯一杯复一杯。我醉欲眠卿且去，明朝有意抱琴来”，也是那么亲切自然。李白仿佛带着醉意和好友对谈，然后佳句脱口而出，这才是真正的“诗仙”。不过，诗句中的“我醉欲眠卿且去”脱胎于陶渊明诗，再如“举杯邀明月，对影成三人”所表现的孤独感等，其实也带有鲜明的陶渊明思想痕迹，李白还有很多诗作也体现出其所受陶渊明的深刻影响。至于李白之后，历代文人中受陶渊明影响者更是不胜枚举，苏轼就是其中一位。

对于陶渊明的文学创作很多读者都比较熟悉，“采菊东篱下，悠然见南山”早已是脍炙人口的名句，其不为五斗米折腰的气节更是令人敬佩。至于他的《归去来兮辞》和《桃花源记》等名篇，更是中国文学史上的经典篇章。不过，如果说陶渊明不仅是大文学家还是中古时代的大思想家，可能有些读者就不是很清楚了。那么，陶渊明有哪些独创性的思想，他的思想观念和他所处时代又有什么关系呢？

对此，陈寅恪特意撰写了《陶渊明之思想与清谈之关系》一文，对陶渊明的思想观念之由来，以及代表性作品《形影神》组诗进行了深入细致的分析，其学术价值受到后人高度重视。

在《陶渊明之思想与清谈之关系》中，陈寅恪首先指出，古今论陶渊明之文学创作者多，但讨论其思想者少，其实如果不探讨其思想，则对其文学作品的理解也就很困难。然后指出："渊明著作文传于世者不多，就中最可窥见其宗旨者，莫如《形影神》赠答释诗，至《归去来辞》《桃花源记》《自祭文》等尚未能充分表示其思想，而此三首诗之所以难解亦由于是也。此三首诗实代表自曹魏末至东晋时士大夫政治思想人生观演变之历程及渊明己身创获之结论。即依据此结论以安身立命者也。"陈寅恪如此强调《形影神》组诗，与其主要从历史哲学角度论述有关，但此组诗是否如其所言，代表了陶渊明之哲学思想和人生观呢？

从文学史角度看，《形影神》可能不是陶渊明的代表作，但陈寅恪显然是把陶渊明及其思想放在中国思想史发展进程中予以考察，才会强调《形影神》组诗的重要及陶氏思想的承前启后作用，特别是在"旧义革新"方面，陶渊明之独创性堪称"孤明先发"，据此陈寅恪才称之为"中古时代之大思想家"。就此，当代学者如夏中义、钱志熙等人对陈寅恪观点的评价较为准确，但多少有些拔高。看来问题在于，首先，陈寅恪主要根据此组诗界定陶氏思想是否准确？假如不够准确，那么是陈寅恪论证有误还是他在某种程度上有意如此？其次，无论陈寅恪所界定陶渊明思想是否准确，但陶氏确实依赖其“新自然说”得以安身立命，而不必如早期之“旧自然说”那样“积极抵触名教”，也不必如阮籍、刘伶那样佯狂任诞，只需融合精神于运化之中，与大自然融为一体，也即《神释》中最后所言：“甚念伤吾生，正宜委运去。纵浪大化中，不喜亦不惧。应尽便须尽，无复独多虑。”这确为事实。陈寅恪这样概括陶渊明思想，是否在为陶渊明之后的中国文人特别是与陈寅恪同时代的中国知识分子，指明一条安身立命之路径呢？这种用意的背后是否还隐藏有陈寅恪对现实生活中某些知识分子言行的不满？

让我们按照陈寅恪的思路，稍微分析一下《形影神》这一组诗。该诗共三首，分别是《形赠影》《影答形》和《神释》，前面还有一小段序：

贵贱贤愚，莫不营营以惜生，斯甚惑焉。故极陈形影之苦，言神辨自然以释之。好事君子，共取其心焉。

形赠影

天地长不没，山川无改时。

草木得常理，霜露荣悴之。
谓人最灵智，独复不如兹。
适见在世中，奄去靡归期。
奚觉无一人，亲识岂相思。
但余平生物，举目情凄洏。
我无腾化术，必尔不复疑。
愿君取吾言，得酒莫苟辞。

影答形

存生不可言，卫生每苦拙。
诚愿游昆华，邈然兹道绝。
与子相遇来，未尝异悲悦。
憩荫若暂乖，止日终不别。
此同既难常，黯尔俱时灭。
身没名亦尽，念之五情热。
立善有遗爱，胡为不自竭？
酒云能消忧，方此讵不劣！

神　释

大钧无私力，万理自森著。
人为三才中，岂不以我故。

与君虽异物，生而相依附。

结托善恶同，安得不相语。

三皇大圣人，今复在何处？

彭祖寿永年，欲留不得住。

老少同一死，贤愚无复数。

日醉或能忘，将非促龄具。

立善常所欣，谁当为汝誉？

甚念伤吾生，正宜委运去。

纵浪大化中，不喜亦不惧。

应尽便须尽，无复独多虑。

序言的意思是大千万物无论贵贱，都珍惜生命，为生存之意义所困惑，所以他设置了“形”与“影”进行对答，试图寻找正确答案，最后却只有请出“神”来指点迷津。这组诗中的“形”与“影”为互相依存、互相影响的两个存在，诗先写“形”“影”互赠互答，最后引发“神”辨进行综合，分别写出“形”“影”“神”各自的人生观和哲学观。

第一首写“形”对“影”的赠言：天地、山川等大自然之形体可以永存，只有人的形体必然死亡消失，所以应该及时饮酒行乐。对此，陈寅恪指出此为“渊明非旧自然说之言也”。

第二首诗写“影”对“形”的回答：追求长生是不可能的，成仙之路也走不通。既然如此，不如积德行善，这比及时行乐要好得多。对此，陈寅恪指出此首“托为是名教者非旧自然说之言也”。

第三首诗则由“神”出面，对“形”和“影”的观点进行分析。认为人终将一死，但饮酒使人短寿，行善也无真正的意义，过分担忧生死反而会不利于生命。因此最终的解脱之道就是顺应自然，以达观态度看破生死。诚如陶渊明在《归去来兮辞》中所言：“聊乘化以归尽，乐夫天命复奚疑。”

陈寅恪对《神释》一首的解释是：“此首之意谓形所代表之旧自然说与影所代表之名教说之两非，且互相冲突，不能合一，但己身别有发明之新自然说，实可以皈依，遂托于神之言，两破旧义，独申创解，所以结束二百年学术思想之主流，政治社会之变局，岂仅渊明一人安身立命之所在而已哉！”诗中“形”“影”“神”的对话其实反映了陶渊明思想中的矛盾冲突，其最终的解决方式就是崇尚自然、顺应自然的“新自然说”。陶渊明凭借此“新自然说”不仅解决了自己安身立命的问题，而且为后世之文人找到了精神上的出路。说陶渊明为中古时代的大思想家，就是因为这一点。

这里有必要解释一下“旧自然说”和“名教说”。“旧自然说”就是求长生学神仙者也，“名教说”则相反，因为长生不可得，则只有立名即立善可以不朽，所以追求精神上之长生。但陶渊明认为它们都有问题，所以提出了“新自然说”，也即：“甚念伤吾生，正宜委运去。纵浪大化中，不喜亦不惧。应尽便须尽，无复独多虑。”

陈寅恪认为陶渊明的“新自然说”依然来自道教的“旧自然说”，与道教后来受佛教影响后的教义“冥合”，但陶渊明早在千年之前即提出“新自然说”，足见其思想的超越性，也可证明他确实是中古时代的大思想家。

当然，纵观陶渊明所有作品，确实很难说陶渊明已经建立较为完整的哲学体系，但可以说大致构建了被陈寅恪称之为“新自然说”的人生哲学观。这不仅是陶氏对中国思想史的一大贡献，也是陶氏据以安身立命的根本之所在。固然，自古以来中国士大夫阶层就有可以安身立命之观念，诸如“岁寒，然后知松柏之后凋也”“穷则独善其身，达则兼济天下”“士为知己者死”之类，足以让不少文人墨客在遭遇巨大事变时作为个人坚定的信仰。但这些不过是一种道德规范而非根植于哲学的人生观，而陶渊明的“甚念伤吾生，正宜委运去。纵浪大化中，不喜亦不惧”则确实已发展为较为完整的人生哲学观，至少可称为一种人生态度而非简单的道德约束。

且看陈寅恪的论述：“东晋之末叶宛如曹魏之季年，渊明生值其时，既不尽同嵇康之自然，更有异何曾之名教，且不主名教自然相同之说如山、王辈之所为。盖其己身之创解乃一种新自然说，与嵇、阮之旧自然说殊异，惟其仍是自然，故消极不与新朝合作，虽篇篇有酒

（昭明太子陶渊明集序语），而无沈湎任诞之行及服食求长生之志。夫渊明既有如是创辟之胜解，自可以安身立命，无须乞灵于西土远来之学说，而后世佛徒妄造物语，以为附会，抑何可笑之甚耶？”值得注意的是，此段最后一句，仍似若有所指，或意在暗讽现实？俟考。为了证明陶渊明的确已经建构了自己的人生哲学观，陈寅恪还以陶氏诗歌作为辅证：“又归去来辞结语‘聊乘化以归尽，乐夫天命复奚疑’乃一篇主旨，亦即《神释》诗所谓‘甚念伤吾生，正宜委运去。纵浪大化中，不喜亦不惧。应尽便须尽，无复独多虑’之意，二篇主旨可以互证。又《自祭文》中‘乐天委分，以至百年’亦即《神释》诗‘正宜委运去’及‘应尽便须尽’之义也。”

此外，欲理解陶氏思想及陈寅恪论述之出发点，有一个词汇极为关键，就是“安身立命”。陈寅恪一般是在中性意义上使用该词，既可以指责不肖不良之文人曲解“名教”“自然”获取名利，也可以称赞嵇康、陶渊明等依仗“自然说”（无论新旧）安身立命。例如，他这样评价何曾之流：“寅恪案，天地四时即所谓自然也。犹有消息者，即有阴晴寒暑之变易也。出仕司马氏，所以成其名教之分义，即当日何曾之流所谓名教也。自然既有变易，则人亦宜仿效其变易，改节易操，出仕父仇矣。斯实名教与自然相同之妙谛，而此老安身立命一生受用之秘诀也。呜呼！今晋书以山涛传、王戎及衍传先后相次，列于一卷（第四三卷）。此三人者，均早与嵇、阮之徒同尚老庄自然之说，后则服遵名教，以预人家国事，致身通显，前史所载，虽贤不肖互殊，而获享自然与名教相同之大利，实无以异也。其传先后相次於一卷之中，谁谓不宜哉！”

今天看来，陈寅恪对陶渊明思想在中国思想史上地位的界定可能不够严谨甚至有拔高之嫌，但陈寅恪的论述重点并非在判定陶渊明在中国思想史上之地位应该多高，而是一再强调：只要后世文人能够像陶渊明那样找到可以安身立命之学说——尽管这学说可能还不是真正具有独创性或还有缺陷，就可任凭社会动荡而不被其迷惑，各种纷扰打击也都可以抵抗——尽管这抵抗可能只是一种看似消极的归隐。

而最终陈寅恪强调的仍然还是他在王国维纪念碑铭上所说“惟此独立之精神，自由之思想，历千万祀，与天壤而同久，共三光而永光”。

陶渊明之思想与清谈之关系（节选）

陈寅恪

古今论陶渊明之文学者甚众，论其思想者较少。至于魏晋两朝清谈内容之演变与陶氏族类及家传之信仰两点以立论者，则浅陋寡闻如寅恪，尚未之见，故兹所论即据此二端以为说，或者可略补前人之所未备欤!

关于渊明血统之属于溪族及家世宗教信仰为天师道一点，涉及两晋南朝史事甚多，寅恪已别著论文专论之，题曰《〈魏书·司马睿传〉“江东民族”条释证及推论》，故于此点不欲重复考论，然此两点实亦密切联系，愿读此文者一并参阅之也。

兹请略言魏晋两朝清谈内容之演变：当魏末西晋时代即清谈之前期，其清谈乃当日政治上之实际问题，与其时士大夫之出处进退至有关系，盖借此以表示本人态度及辩护自身立场者。非若东晋一朝即清谈后期，清谈只为口中或纸上之玄言，已失去政治上之实际性质，仅作名士身份之装饰品者也。

记载魏晋清谈之书今存《世说新语》一种，其书所录诸名士，上起汉代，下迄东晋末刘宋初之谢灵运，及渊明同时之人而止。此时代之可注意者也。其书分别门类，以孔门四科即德行、言语、政事、文学，及识鉴、赏誉、品藻等为目，乃东汉名士品题人伦之遗意。此性质之可注意者也。大抵清谈之兴起，由于东汉末世党锢诸名士遭政治暴力之摧压，一变其指实之人物品题，而为抽象玄理之讨论，启自郭林宗，而成于阮嗣宗，皆避祸远嫌，消极不与其时政治当局合作者也。此义寅恪已于民国二十六年《清华学报》所著《〈逍遥游〉义探原》一文略发之，今可不必远溯其源，及备论其事。但从曹魏之末、西晋之初所谓“竹林七贤”者述起，亦得说明清谈演变历程之概况也。

大概言之，所谓“竹林七贤”者，先有“七贤”，即取《论语》“作者七人”之事数，实与东汉末“三君”“八厨”“八及”等名同为标榜之义。迨西晋之末僧徒比附内典外书之“格义”风气盛行，东晋初年乃取天竺“竹林”之名加于“七贤”之上，至东晋中叶以后，江左名士孙盛、袁宏、戴逵辈遂著之于书（《魏氏春秋》《竹林名士传》《竹林名士论》），而河北民间亦以其说附会地方名胜，如《水经注》九《清水篇》所载东晋末年人郭缘生撰著之《述征记》中嵇康故居有遗竹之类是也。“七贤”诸人虽为同时辈流，然其中略有区别。以嵇康、阮籍、山涛为领袖，向秀、刘伶次之，王戎、阮咸为附属。王戎从弟衍本不预“七贤”之数，但亦是气类相同之人，可以合并讨论者也。

《晋书》四九《阮籍传》附瞻传云：

> 见司徒王戎，戎问曰：“圣人贵名教，老庄明自然，其旨同异？”瞻曰：“将无同。”戎谘嗟良久，即命辟之。世人谓之“三语掾”。

《世说新语·文学类》亦载此事，乃作王衍与阮修问对之词，（余可参《艺文类聚》一九、《北堂书钞》六八、《卫玠别传》等。）其实问者之为王戎或王衍，答者之为阮瞻或阮修皆不关重要，其重要者只是老庄自然与周孔名教相同之说一点，盖此为当时清谈主旨所在。故王公举以问阮掾，而深赏其与己意符合也。

夫老庄自然之旨固易通解，无取赘释。而所谓周孔名教之义则须略为诠证。按《老子》云：

> 朴散则为器，圣人用之则为官长。

又云：

> 始制有名。

王弼注云：

始制，为朴散始为官长之时也。始制官长，不可不立名分以定尊卑，故始制有名也。

《庄子·天下篇》云：

春秋以道名分。

故“名教”者，依魏晋人解释，以名为教，即以官长君臣之义为教，亦即入世求仕者所宜奉行者也。其主张与崇尚自然即避世不仕者适相违反，此两者之不同，明白已甚。而所以成为问题者，在当时主张自然与名教互异之士大夫中，其崇尚名教一派之首领如王祥、何曾、荀顗等三大孝，即佐司马氏欺人孤儿寡妇，而致位魏末晋初之三公者也。（参《晋书》二三《王祥传》《何曾传》，三九《荀顗传》。）其眷怀魏室不趋赴典午者，皆标榜老庄之学，以自然为宗。“七贤”之义即从《论语》“作者七人”而来，则“避世”“避地”固其初旨也。然则当时诸人名教与自然主张之互异即是自身政治立场之不同，乃实际问题，非止玄想而已。观嵇叔夜《与山巨源绝交书》，声明其不仕当世，即不与司马氏合作之宗旨，宜其为司马氏以其党于不孝之吕安，即坐以违反名教之大罪杀之也。“七贤”之中应推嵇康为第一人，即积极反抗司马氏者。康娶魏武曾孙女，本与曹氏有连（见《魏志》二〇《沛穆王林传》裴《注》引《嵇氏谱》）。与杜预之缔婚司马氏，遂忘父仇，改事新主，（依焦循沈钦韩之说），癖於圣人道名分之《左氏春秋》者，虽其人品绝不相同，而因姻戚之关系，以致影响其政治立场则一也。《魏志》二一《王粲传》裴《注》引嵇喜撰《嵇康传》云：

少有俊才，旷迈不群，高亮任性，不修名誉，宽简有大量。学不师授，博洽多闻，长而好老、庄之业。性好服食，常采御上药。善属文论，弹琴咏诗，自足于怀抱之中。以为神仙者，禀之自然，非积学所致。至于导养得理，以尽性命，若安期、彭祖之伦，可以善求而得也。著《养生篇》。知自厚者，所以丧其所生，其求益者必失其性，超然独达，遂放世事，纵意于尘埃之表。撰录上古以来圣贤、隐逸、遁心、遗名者，集为传赞，自混沌至于管宁，凡百一十有九人，盖求之于宇宙之内，而发之乎千载之外者矣。故世人莫得而名焉。

裴《注》又引《魏氏春秋》略云：

康寓居河内之山阳县，与陈留阮籍、河内山涛、河南向秀、籍兄子咸、琅琊王戎、沛人刘伶相与友善，游于竹林，号为“七贤”。大将军尝欲辟康。康既有绝世之言，又从子不善，避之河东，或云“避世”。及山涛为选曹郎，举康自代，康答书拒绝，因自说不堪流俗，而非薄汤、武。大将军闻而怒焉。初，康与东平吕昭子巽及巽弟安亲善。会巽淫安妻徐氏，而诬安不孝，囚之。安引康为证，康义不负心，保明其事。安亦至烈，有济世志力。钟会劝大将军因此除之，遂杀安及康。

据此，可知嵇康在当时号为主张老庄之自然，即避世，及违反周礼之名教，即不孝不仕之人，故在当时人心中自然与名教二者不可合一，即义而非同无疑也。

夫主张自然最激烈之领袖嵇康，司马氏以“不孝不仕、违反名教”之罪杀之。（俞正燮《癸巳存稿·书〈文选·幽愤诗〉后》云：“乍观之，一似司马氏以名教杀康也者，其实不然也。”寅恪案，司马氏实以当时所谓名教杀康者，理初于此犹未能完全了解。）其余诸主张自然之名士如向秀，据《世说新语·言语类》（参《晋书》四九《向秀传》）云：

嵇中散既被诛，向子期举郡计入洛，（司马）文王引进，问曰：“闻君有箕山之志，何以在此？”对曰：“巢许狷介之士，不足多慕。”王大谘嗟。

刘《注》引《向秀别传》略云：

（秀）少为同郡山涛所知，又与谯国嵇康、东平吕安友善，并有拔俗之韵，其进止无不同，而造事营生业亦不异。常与嵇康偶锻於洛邑，与吕安灌园于山阳，不虑家之有无，外物不足怫其心，弱冠著《儒道论》。后康被诛，秀遂失图，乃应岁举到京师，诣大将军司马文王。文王问曰："闻君有箕山之志，何能自屈？"秀曰："尝谓彼人不达尧意，本非所慕也。"一坐皆说。随次转至黄门侍郎散骑常侍。

则完全改图失节，弃老庄之自然，尊周孔之名教矣。故自然与名教二者之不可合一，即不相同，在当日名士心中向子期前后言行之互异，乃一具体之例证也。

若阮籍则不似嵇康之积极反晋，而出之以消极之态度，虚与司马氏委蛇，遂得苟全性命。据《魏志》二一《王粲传》(参《晋书》四九《阮籍传》)云：

籍才藻艳逸，而倜傥放荡，行己寡欲，以庄周为模则。官至步兵校尉。

裴《注》引《魏氏春秋》略云：

籍旷达不羁，不拘礼俗。性至孝，居丧虽不率常检，而毁几至灭性。后为尚书郎、曹爽参军，以疾归田里。岁余，爽诛，太傅及大将军乃以为从事中郎。后朝论以其名高，欲显崇之，籍以世多故，禄仕而已。闻步兵校尉缺，厨多美酒，营人善酿酒，求为校尉，遂纵酒昏酣，遗落世事。籍口不论人过，而自然高迈，故为礼法之士何曾等深所仇疾。大将军司马文王常保持之，卒以寿终。

《世说新语·任诞类》云：

阮籍遭母丧，在晋文王坐进酒肉，司隶何曾亦在坐，曰：“明公方以孝治天下，而阮籍以重丧显于公坐，饮酒食肉，宜流之海外，以正风教。”文王曰：“嗣宗毁顿如此，君不能共忧之，何谓？且有疾而饮酒食肉，固丧礼也。”籍饮啖不辍，神色自若。

《魏志》一八《李通传》裴《注》引王隐《晋书》所载李秉《家诫》略云：

（司马文王）曰：“天下之至慎，其惟阮嗣宗乎？吾每与之言，言及玄远，未曾评论时事，臧否人物，真可谓至慎矣。”

可知阮籍虽不及嵇康之始终不屈身司马氏，然所为不过“禄仕”而已，依旧保持其放荡不羁之行为，所以符合老庄自然之旨，故主张名教身为司马氏佐命元勋如何曾之流欲杀之而后快。观于籍于曾之不能相容，是当时人心中自然与名教不同之又一例证也。夫自然之旨既在养生遂性，则嗣宗之苟全性命仍是自然而非名教。又其言必玄远，不评论时事、臧否人物，则不独用此免杀身之祸，并且将东汉末年党锢诸名士具体指斥政治表示天下是非之言论，一变而为完全抽象玄理之研究，遂开西晋以降清谈之风派。然则世之所谓清谈，实始于郭林宗，而成于阮嗣宗也。

至于刘伶，如《世说新语·任诞类》云：

> 刘伶恒纵酒放达，或脱衣裸形在屋中。

亦不过有托而逃，借此不与司马氏合作之表示，与阮籍之苟全性命同是老庄自然之旨。乐广以为“名教中自有乐地”，非笑此类行为（见《世说新语·德行类》“王平子、胡母彦国诸人，皆以任放为达，或有裸体者”条及《晋书》四三《乐广传》），足证当时伯伦之放纵乃主张自然之说者，是又自然与名教不同之一例证也。

又若阮咸，则《晋书》四九《阮籍传》附咸传略云：

> 咸任达不拘，与叔父籍为竹林之游，当世礼法者讥其所为。居母丧，纵情越礼。素幸姑之婢，姑当归于夫家，初云留婢，既而自从去。时方有客，咸闻之，遽借客马追婢，既及，与婢累骑而还。（参《世说新语·任诞类》“阮仲容先幸姑家鲜卑婢”条。）

考《世说新语·任诞类》“阮仲容、步兵居道南”条刘《注》引《竹林七贤论》云：

诸阮前世皆儒学，善居室，惟咸一家尚道弃事，好酒而贫。

所谓“儒学”即遵行名教之意，所谓“尚道”即崇尚自然之意，不独证明阮咸之崇尚自然，亦可见自然与名教二者之不能合一也。

……

兹取《形影神》赠答释诗略释之于下：

形影神（并序）

贵贱贤愚，莫不营营以惜生，斯甚惑焉。故极陈形影之苦，言神辨自然以释之。好事君子，共取其心焉。

寅恪案，“惜生”不独指旧日自然说者之服食求长生，亦兼谓名教说者孜孜为善，立名不朽，仍是重视无形之长生，故所以皆苦也。兹言“神辨自然”，可知神之主张即渊明之创解，亦自然说也。今以“新自然说”名之，以别于中散等之“旧自然说”焉。

形赠影

寅恪案，此首渊明非旧自然说之言也。

天地长不没，山川无改时。草木得常理，霜露荣悴之。谓人最灵智，独复不如兹。适见在世中，奄去靡归期。奚觉无一人。亲识岂相思。但余平生物，举目情凄洏。

寅恪案：此节言人生不如大自然之长久也。

诗又云：

我无腾化术，必尔不复疑。愿君取吾言，得酒莫苟辞。

寅恪案，此诗结语谓主张旧自然说者求长生学神仙（主旧自然说者大都学神仙，至嵇叔夜以神仙非积学所致，乃一例外也。）为不可能。但主旧自然说者如阮籍、刘伶诸人借沉湎于酒，以图苟全性命，或差可耳。此非旧自然说之言也。

影答形

寅恪案，托为是名教者非旧自然说之言也。

存生不可言，卫生每苦拙。诚愿游昆华，邈然兹道绝。

寅恪案，此数句承形赠影诗结语，谓长生不可期，神仙不可求也。

诗又云：

与子相遇来，未尝异悲悦。憩荫若暂乖，止日终不别。此同既难常，黯尔俱时灭。

寅恪案，此节申言旧自然说之非也。

诗又云：

> 身没名亦尽，念之五情热。立善有遗爱，胡为不自竭？

寅恪案，此托为主张名教者之言，盖长生既不可得，则惟有立名即立善可以不朽，所以期精神上之长生，此正周孔名教之义，与道家自然之旨迥殊，何曾、乐广所以深恶及非笑阮籍、王澄、胡母辅之辈也。

神释

寅恪案，此首之意谓形所代表之旧自然说与影所代表之名教说之两非，且互相冲突，不能合一，但己身别有发明之新自然说，实可以皈依，遂托于神之言，两破旧义，独申创解，所以结束二百年学术思想之主流，政治社会之变局，岂仅渊明一人安身立命之所在而已哉！

> 大钧无私力，万理自森著。人为三才中，岂不以我故。与君虽异物，生而相依附。结托善恶同，安得不相语。

寅恪案，此节明神之所以特贵于形影，实渊明之所自托，宜其作如是言也。或疑渊明之专神至此，殆不免受佛教影响，然观此首结语“应尽便须尽。无复独多虑”之句，则渊明固亦与范缜同主神灭论者。缜本世奉天师道，而渊明于其家传之教义尤有所创获，此二人同主神灭之说，必非偶然也。

又子真所著《神灭论》云：“若知陶甄禀于自然，森罗均于独化，忽焉自有，恍尔而无，来也不御，去也不追，乘乎天理，各安其性。”则与渊明《神释》诗所谓“纵浪大化中，不喜亦不惧。应尽便须尽，无复独多虑。”及《归去来辞》所谓“聊乘化以归尽，乐夫天命复奚疑”等语旨趣符合。惟渊明生世在子真之前，可谓“孤明先发”（慧皎《高僧传》赞美道生之语）耳。陶、范俱天师道世家，其思想冥会如此，故治魏晋南北朝思想史，而不究家世信仰问题，则其所言恐不免皮相，此点斯篇固不能详论，然即依陶、范旨趣符同一端以为例论而推之，亦可以思过半矣。

或疑陶公《乞食》诗“冥报以相贻”之句与释氏之说有关，不知老人结草之物语实在佛教入中国之前，且释氏冥报之义复由后世道家采入其教义，故渊明此语无论其为词汇问题，抑或宗教问题，若果涉宗教，则当是道教，未必为佛教也。

诗又云：

> 三皇大圣人，今复在何处？

寅恪案，此反诘影所谓“身没名亦尽，念之五情热。立善有遗爱，胡为不自竭？”之语，乃非名教之说也。

诗又云：

彭祖寿永年，欲留不得住。老少同一死，贤愚无复数。

寅恪案，此非主旧自然说者长生求仙之论，兼非主名教说者立善不朽及遗爱之言也。

诗又云：

日醉或能忘，将非促龄具。

寅恪案，此驳形“得酒莫苟辞”之语，意谓主旧自然说者沉湎于酒，欲以全生，岂知其反伤生也。

诗又云：

立善常所欣，谁当为汝誉？

寅恪案，此驳影“立善有遗爱，胡为不自竭”之语，盖既无誉者，则将何所遗耶？此非名教之言也。

诗又云：

甚念伤吾生，正宜委运去。纵浪大化中，不喜亦不惧。应尽便须尽，无复独多虑。

寅恪案，此诗结语意谓旧自然说与名教说之两非，而新自然说之要旨在委运任化。夫运化亦自然也，既随顺自然，与自然混同，则认己身亦自然之一部，而不须更别求腾化之术，如主旧自然说者之所为也。但此委运任化，混同自然之旨，自不可谓其非自然说，斯所以别称之为新自然说也。考陶公之新解仍从道教自然说演进而来，与后来道士受佛教禅宗影响所改革之教义不期冥合，是固为学术思想演进之所必致，而渊明则在千年以前已在其家传信仰中达到此阶段矣，古今论陶公者旨未尝及此，实有特为指出之必要也。

又《归去来辞》结语“聊乘化以归尽，乐夫天命复奚疑”，乃一篇主旨，亦即《神释》诗所谓“甚念伤吾生，正宜委运去。纵浪大化中，不喜亦不惧。应尽便须尽，无复独多虑”之意，二篇主旨可以互证。又《自祭文》中“乐天委分，以至百年”亦即《神释》诗“正宜委运去”及“应尽便须尽”之义也。至文中“惟此百年，夫人爱之。惧彼无成，愒日惜时。存为世珍，没亦见思”，乃《影答形》诗“身没名亦尽，念之五情热。立善有遗爱，胡为不自竭”之意，盖主名教说者之言，其下即接以“嗟我独迈，曾是异兹。宠非己荣，涅岂吾缁？捽兀穷庐，酣饮赋诗。识运知命，畴能罔眷？余今斯化，可以无恨”。则言己所为异趣，乃在“识运知命”，即“乘化归尽，乐夫天命”之旨，实以名教说为非，可知渊明始终是天师教信徒，而道教为自然主义。渊明虽异于嵇、阮之旧自然说，但仍不离自然主义，殊无可疑也。

又《弘明集》五释慧远《沙门不敬王者论·出家二》云：

> 其为教也，达患累缘於有身，不存身以息患，知生生由于禀化，不顺化以求宗。

是则与渊明所得持任生委运乘化乐天之宗旨完全相反，陶令绝对未受远公佛教之影响益可证明矣。

又远公此论之《在家一》中“是故因亲以教爱，使民知有自然之恩，因严以教敬，使民知有自然之重”。及《体极不兼应四》中“常以为道法之与名教，如来之与尧孔，发致虽殊，潜相影响，出处诚异，终期则同”等语，仍是东晋名士自然与名教相同之流行言论，不过远公以释迦易老庄耳。渊明宗旨实有异于此，斯又陶令思想与远公无关之一证也。

复次，《桃花源记》为描写当时坞壁之生活，而加以理想化者，非全无根据之文也。详见拙著《〈桃花源记〉旁证》及《〈魏书·司马睿叡传〉“江东民族”条释证及推论》，兹不备及。惟有一事特可注意者，即渊明理想中之社会无君臣官长尊卑名分之制度，王介甫《桃源行》“虽有父子无君臣”之句深得其旨，盖此文乃是自然而非名教之作品，借以表示其不与刘寄奴新政权合作之意也。

又《五柳先生传》为渊明自传之文。文字虽甚短，而述性嗜酒一节最长。嗜酒非仅实录，如见于诗中饮酒止酒述酒及其关涉酒之文字，乃远承阮、刘之遗风，实一种与当时政权不合作态度之表示，其是自然非名教之意显然可知，故渊明之主张自然，无论其为前人旧说或己身新解，俱与当日实际政治有关，不仅是抽象玄理无疑也。

取魏晋之际持自然说最著之嵇康及阮籍与渊明比较，则渊明之嗜酒禄仕，及与刘宋诸臣王弘、颜延之交际往来，得以考终牖下，固与嗣宗相似，然如《咏荆轲》诗之慷慨激昂及《读山海经》诗精卫刑天之句，情见乎词，则又颇近叔夜之元直矣。总之，渊明政治上之主张，沈约《宋书》渊明传所谓"自以曾祖晋世宰辅，耻复屈身异代，自〔宋〕高祖王业渐隆，不复肯仕"，最为可信。与嵇康之为曹魏国姻，因而反抗司马氏者，正复相同。此嵇、陶符同之点实与所主张之自然说互为因果，盖研究当时士大夫之言行出处者，必以详知其家世之姻族联系及宗教信仰二事为先决条件，此为治史者之常识，无待赘论也。近日梁启超氏于其所撰《陶渊明之文艺及其品格》一文中谓"其实渊明只是看不过当日仕途浑浊，不屑与那些热官为伍，倒不在乎刘裕的王业隆与不隆""若说所争在甚么姓司马的，未免把他看小了"，及"宋以后批评陶诗的人最恭维他耻事二姓，这种论调我们是最不赞成的"。斯则任公先生取己身之思想经历，以解释古人之志尚行动，故按诸渊明所生之时代，所出之家世，所遗传之旧教，所发明之新说，皆所难通，自不足据之以疑沈休文之实录也。

又渊明虽不似主旧自然说者之求长生学神仙，然其天师道之家传信仰终不能无所影响，其《读〈山海经〉》诗云：“泛览《周王传》，流观《山海图》。”盖《穆天子传》《山海经》俱属道家秘籍，而为东晋初期人郭璞所注解，景纯不是道家方士，故笃好之如此，渊明于斯亦习气未除，不觉形之吟咏，不可视同偶尔兴怀，如《咏荆轲》《咏三良》《读史述》《扇上画赞》之类也。兹论渊明思想，因并附及之，以求教于读陶诗者。

今请以数语概括渊明之思想如下：

渊明之思想为承袭魏晋清谈演变之结果及依据其家世信仰道教之自然说而创改之新自然说。惟其为主自然说者，故非名教说，并以自然与名教不相同。但其非名教之意仅限于不与当时政治势力合作，而不似阮籍、刘伶辈之佯狂任诞。盖主新自然说者不须如主旧自然说之积极抵触名教也。又新自然说不似旧自然说之养此有形之生命，或别学神仙，惟求融合精神於运化之中，即与大自然为一体。因其如此，既无旧自然说形骸物质之滞累，自不致与周孔入世之名教说有所触碍。故渊明之为人实外儒而内道，舍释迦而宗天师者也。推其造诣所极，殆与千年后之道教采取禅宗学说以改进其教义者，颇有近似之处。然则就其旧义革新，“孤明先发”而论，实为吾国中古时代之大思想家，岂仅文学作品节居古今之第一流，为世所共知者而已哉！

（收入《金明馆丛稿初编》）

“文起八代之衰”与“古文运动”

——释《论韩愈》

这作为题目的“文起八代之衰”一句，是苏轼在《潮州韩文公庙碑》中对韩愈的赞誉之词，赞美他发起古文运动、重振文坛雄风的功绩。“八代”指的是东汉、魏、晋、宋、齐、梁、陈、隋，也有说“八代”是指东汉、宋、齐、梁、陈、魏、周、隋，这几个朝代正是骈文由形成到鼎盛的时代。不过无论哪种说法，都是肯定韩愈提倡古文运动以及他的文学创作等在中国文学史上的重要贡献。“衰”者，系针对八代中的骈文而言，表达了唐宋古文家对骈文的批判。骈文的产生和发展曾经推动了中国文学的发展，但至后期，就因过于注重形式和审美音律之美而走向衰落，而韩愈正是为扫除骈文之弊而提倡古文运动，故一呼而天下应，古文运动在唐宋时期成为文学史上一大潮流，而“唐宋八大家”即为杰出之代表者。

众所周知，“唐宋八大家”是以韩愈为首，这充分证明了韩愈之中国文学大师的地位，那么苏轼对其高度尊崇也就毫不奇怪。可以说自古以来研究韩愈者众多，陈寅恪这一篇《论韩愈》即为其中很有代表性的一篇。在《论韩愈》中，陈寅恪故意模仿僧侣诠释佛经之方法，从六个方面论述韩愈的功绩，称之为“六门”。佛经中多用“六”诠释佛法，如《六妙法门》《六门陀罗尼经》等，还有“六根清净”之说，“六根”也可以说是“六门”，“六门关闭一门开”，就是远离俗世的六尘而打开佛门，也就是“六根清净”之意。此外，“六门”也可指“六妙门”即数息门、随息门、止门、观门、还门和净门，大致指的是个人修炼的进程和境界之提升。

韩愈虽然受到苏轼的高度评价，却不像苏轼那样认同佛教，而是坚定反对佛教，特别是反对唐代统治者对佛教的尊崇。例如他曾撰写过有名的《谏迎佛骨表》，极力批判佛教。他认为佛教为夷狄之法，非中国自古而有。他说自黄帝以来，尧、舜、禹等皆无佛教庇佑一样可以国泰民安，彼时并无佛教传入，当然不是佛教的功劳。而自从佛教传入中土后，带来的则是社会的动荡和个人的悲剧，最关键的是佛教不知君臣之义和父子之情，其教义有悖于传统伦理道德，当然要予以摈弃。对于韩愈这样极力排斥佛教者，陈寅恪偏偏用佛教的“六门”来赞美他，其用意为何，且看此文内容再说。

陈寅恪认为韩愈至少有六个方面的功绩，我们先列出来再予以解释：

一曰：建立道统，证明传授之渊源。

二曰：直指人伦，扫除章句之繁琐。

三曰：排斥佛、老，匡救政俗之弊害。

四曰：呵诋释迦，申明夷夏之大防。

五曰：改进文体，广收宣传之效用。

六曰：奖掖后进，期望学说之流传。

这第一点中“道统”，一般认为最早是指儒家的传承之道，如孟子所言：“由尧舜至于汤，由汤至于文王，由文王至于孔子，各五百有余岁，由孔子而来至于今，百有余岁，去圣人之世，若此其未远也，近圣人之居，若此其甚也。”而他自己也俨然以孔子继承者自居。“道”者本指天道、自然之道，但儒家和道家在本初都认同炎黄尧舜直至周文王，但之后各有各的根本大“道”也即儒家思想和道家思想。“统”即统系或系统，即相对完整、承接有序的一个系统思想体系。

韩愈本人所说的“道统”当然是指儒家的思想。在韩愈看来，自孟子之后这一“道统”就乱了，“轲之死，不得其传焉”，而需要有人把这个“道统”再接续上，他韩愈为此就要当仁不让。至于他采取的方式则为吸收佛教中有用的成分，“退之自述其道统传授渊源固由《孟子》卒章所启发，亦从新禅宗所自称者摹袭得来也”。仅此一点，看来就不能简单地认为韩愈是全盘反对佛教思想。陈寅恪指出，韩愈因自幼与哥嫂生活在一起，而所居住之处韶州又为禅宗之发祥地，所以他当深受禅宗思想影响：“然则退之道统之说表面上虽由《孟子》卒章之言所启发，实际上乃因禅宗教外别传之说所造成，禅学于退之之影响亦大矣哉！”总之，韩愈为儒家自孟子之后中断的“道统”做了关键的接续工作，他本人其实就起到孟子之后维系此一“道统”的作用，并下启宋儒之新儒家思想体系的建构，实际上为维系中国传统文化的延续做出了重要贡献，也因此陈寅恪把这方面列为第一。

第二点“直指人伦，扫除章句之繁琐”，陈寅恪大致是说唐代统治者虽然尊崇儒学，但“其所谓儒学，亦不过承继南北朝以来正义义疏繁琐之章句学耳”，也就是仅仅满足于字句的考证解释之类，而之后的科举考试中的明经一科，更是“止限于记诵章句，绝无意义之发明，故明经之科在退之时代，已全失去政治社会上之地位矣”。总之，儒家思想在韩愈之前既未得到真正的继承，遑论有发扬光大之说。而韩愈看到佛教诸子特别是新禅宗为了普及佛教教义特别提出“直指人心、见性成佛之旨”，就是扫除一切繁琐程序和修行之道，直指内心，从而成就了新禅宗的辉煌，这是中国佛教史上的一大事变。有感于此，韩愈即想到儒学思想的发扬光大也应向佛教学习，摈弃一切繁琐程式，而强调继承儒家思想的核心，这集中体现在他的《原道》一文的这一段文字之中：

传曰："古之欲明明德于天下者，先治其国；欲治其国者，先齐其家；欲齐其家者，先修其身；欲修其身者，先正其心；欲正其心者，先诚其意。"然则古之所谓正心诚意者，将以有为也。今也欲治其心，而外天下国家，灭其天常，子焉而不父其父，臣焉而不君其君，民焉而不事其事。

韩愈先是引用了《礼记·大学》中这一段经典文字，然后解释说古人所谓正心和诚意，都是为了要有所作为。如今那些所谓讲修身养性的人，想抛开天下国家，灭绝天性，做儿子的不把父亲当作父亲，做臣子的不把君主当作君主，做百姓的不做他们该做的事。这当然是错误的，必须予以纠正。然而由于传统的儒学思想已经没有自我纠错和更新改造的能力，故只能从佛教那里汲取新的活力，也即韩愈所谓称赞卢仝"《春秋》三传束高阁，独抱遗经究终始"之义。至于具体方式，就是韩愈发现传统儒家的"中庸"等思想已经不适应时代变化，特别是不能做到佛教与儒家思想的融合，而《礼记·大学》一篇倒是可以使"抽象之心性与具体之政治社会组织可以融会无碍"，即既可以修身养性，又可以济世安民。这就是以"天竺为体，华夏为用"，因此奠定了韩愈为后来宋代新儒学之基础，他当然是一位伟大的思想家。但如果不是受到新禅宗之影响，他也不会有此成就。

既然韩愈从佛教特别是新禅宗那里借鉴到很多，为何他还是要反对佛教呢？这就是第三点要讨论的问题。对此陈寅恪认为，在历史上对于韩愈反对佛教的原因固然已有注意和研究，但有所忽略。其实韩愈之所以持反对态度，是因为彼时佛教徒人数过多，以致对国家财政及社会经济产生不良影响，故应予以限制乃至摒弃。为此，陈寅恪列举了很多史料，证明彼时佛教的盛行已经极大增加民众赋税负担，造成很大社会问题。而且，由于李唐王朝视道教为本教（老聃姓李），一直对道教青睐有加，统治者沉溺于妖妄之宗教，致使民众深受其害。如今再加上尊崇佛教，只能造成社会更大负担。陈寅恪指出，韩愈对于道教其实反对态度更甚，只是有时不好明言，“退之之力诋道教，其隐痛或有更甚于诋佛者，特未昌言之耳”。指出这一点，也是陈寅恪的一大发现。

至于第四点更是陈寅恪的独创性观点。自古以来，“夷夏之防”一直是汉族统治者必须正视的大问题，即汉族如何处理与周边少数民族特别是西北边疆的冲突问题。“夷夏之防”出自《汉书》，班固总结历史上御夷的经验，形成完整的“夷夏之防”理论。班固认为夷狄之人贪而好利，与中国习俗、饮食不同，言语不通。“是故圣王禽兽畜之，不与约誓，不就攻伐；约之则费赂而见欺，攻之则劳师而招寇。”班固认为华夷之间自然地理的阻隔和经济文化的差距，使得汉族统治者对“四夷”只能“备而守之”，把“夷狄”排除于华夏之外。由于“安史之乱”首领为安禄山、史思明两个胡人，所以韩愈彼时的文人都自觉或不自觉有蛮夷多会乱华之印象，而“尊王攘夷”即成为古文运动的中心思想。对此，与韩愈同辈的一些古文大家如柳宗元、刘禹锡、白居易等，虽然对此问题有所思考，但并未达到韩愈的深度，所以“不敢也不能因释迦为夷狄之人，佛教为夷狄之法，抉其根本，力排痛斥，若退之之所言所行也”。而韩愈之所以成为唐代古文运动的领袖，即在于其远见卓识和大无畏的勇气。

第五点则注意到韩愈在文学方面的贡献。一般人们对于韩愈在散文方面的贡献较为熟悉，而陈寅恪指出其实韩愈的诗歌成就更值得注意。通常人们以为韩愈的“以文为诗”是缺点，其实不然。因为韩愈凭借自己的才华和从佛经翻译历史中获得之借鉴，“虽不译经偈，但独运其天才，以文为诗，若持较华译佛偈，则退之之诗词皆声韵无不谐当，既有诗之优美，复具文之流畅，韵散同体，诗文合一，不仅空前，恐亦绝后，决非效颦之辈所能企及者矣”。陈寅恪对韩愈诗歌的评价确实极高，也是符合事实的评价。后世的苏轼、辛弃疾等以文为词而成为豪放派大家，就是受到了韩愈的影响。

至于第六点，则更是韩愈对后世影响极大之方面，即对于“师道”和“韩门”的强调：“退之所以得致此者，盖亦由其平生奖掖后时，开启来学，为其他诸古文运动家所不为，或偶为之而不专其意者，故‘韩门’遂因此而建立，‘韩学’亦更缘此而流传也。”为了阐释师道之重要，韩愈特意撰写了《师说》一文，开头就义正词严地声称“古之学者必有师。师者，所以传道受业解惑也”。然后韩愈批判了那种耻于从师的不良风气，并以孔子为例说明从师的必要性和重视师道的意义，最后得出“弟子不必不如师，师不必贤于弟子”的结论，为后世师道之尊严和流传之意义奠定了坚实基础。虽然韩愈此说多少出于其提倡古文运动的动机，但却极大有益于传统教育制度的延续，中国古代教育历史之所以重视师道、强调师传弟承，与韩愈有很大关系。自然，后来的过分强调师道尊严和传承而忽视思想的独创性，也就走向另一个极端。其实韩愈已经告诉我们“弟子不必不如师，师不必贤于弟子”，并未一味强调保守式的继承。

韩愈不仅重视“师道”，为人处世也是如此，对门下弟子极为关心。据《新唐书》所载，韩愈“成就后进士，往往知名。经愈指授，皆称韩门弟子”。彼时诗人李贺因为其父名晋肃，“晋”与“进”同音，故为避家讳而不得参加进士考试。韩愈获知后特意写了一篇《讳辩》，文中怒斥道：父亲名“晋肃”，儿子就不能考进士；父亲要是叫“仁”，难道儿子就不能做人了？尽管李贺迫于压力还是没有考进士，但韩愈拍案而起、为青年鸣不平之态度却令人敬佩。至于他和贾岛、孟郊的友谊更是文学史上佳话，例如“推敲”故事之广为流传，几乎世人皆知。

综上可知，陈寅恪认为韩愈是“唐代文化学术史上承先启后转旧为新关捩点之人物也”，当然要予以大赞特赞。至于他故意采用佛教“六门”之名论述韩愈的功绩，其实是说明韩愈不是简单地反对佛教，相反，他从佛教中吸收借鉴了很多有益成分，才成就了他的丰功伟业。陈寅恪如此做法不单是为了批评那些攻击韩愈者，更是为了批评那些赞美韩愈而不得要领者，即那些“即誉之者亦未中肯綮”之人，因为他们不懂得韩愈的真正价值所在。这与陈寅恪批评那些不懂得陶渊明之伟大者，其实是一个道理。

论韩愈

陈寅恪

古今论韩愈者众矣，誉之者固多，而讥之者亦不少。讥之者之言则昌黎所谓“蚍蜉撼大树，可笑不自量”者（《昌黎集》五《调张籍》诗），不待赘辩，即誉之者亦未中肯綮。今出新意，仿僧徒诠释佛经之体，分为六门，以证明昌黎在唐代文化史上之特殊地位。至昌黎之诗文为世所习诵，故略举一二，藉以见例，无取详备也。

一曰：建立道统，证明传授之渊源。

华夏学术最重传授渊源，盖非此不足以徵信于人，观两汉经学传授之记载，即可知也。南北朝之旧禅学已采用《阿育王经传》等书，伪作《付法藏因缘传》，已证明其学说之传授。至唐代之新禅宗，特标教外别传之旨，以自矜异，故尤不得不建立一新道统，证明其渊源之所从来，以压倒同时之旧学派。此点关系吾国之佛教史，人所共知，又其事不在本文范围，是以亦可不必涉及，唯就退之有关者略言之。

《昌黎集》一一《原道》略云：

曰："斯道也，何道也？"曰："斯吾所谓道也，非向所谓老与佛之道也。"尧以是传之舜，舜以是传之禹，禹以是传之汤，汤以是传之文武周公，文武周公传之孔子，孔子传之孟轲；轲之死，不得其传焉。

退之自述其道统传授渊源固由《孟子》卒章所启发，亦从新禅宗所自称者摹袭得来也。

《新唐书》一七六《韩愈传》略云：

愈生三岁而孤，随伯兄会贬官岭表。

《昌黎集》一《复志赋》略云：

当岁行之未复兮，从伯氏以南迁。凌大江之惊波兮，过洞庭之漫漫。至曲江而乃息兮，逾南纪之连山。嗟日月其几何兮，携孤嫠而北旋。值中原之有事兮，将就食于江之南。

同书二三《祭十二郎文》略云：

呜呼！吾少孤，及长，不省所怙，惟兄嫂是依。中年，兄殁南方，吾与汝俱幼，从嫂归葬河阳。既又与汝就食江南。零丁孤苦，未尝一日相离也。

李汉《昌黎先生集序》略云：

> 先生于大历戊申，幼孤，随兄播迁韶岭。

寅恪案，退之从其兄会谪居韶州，虽年颇幼小，又历时不甚久，然其所居之处为新禅宗之发祥地，复值此新学说宣传极盛之时，以退之之幼年颖悟，断不能于此新禅宗学说浓厚之环境气氛中无所接受感发，然则退之道统之说表面上虽由《孟子》卒章之言所启发，实际上乃因禅宗教外别传之说所造成，禅学于退之之影响亦大矣哉！宋儒仅执退之后来与大颠之关系，以为破获赃据，欲夺取其道统者，似于退之一生经历与其学说之原委犹未达一间也。

二曰：直指人伦，扫除章句之繁琐。

唐太宗崇尚儒学，以统治华夏。然其所谓儒学，亦不过承继南北朝以来正义义疏繁琐之章句学耳。又高宗、武则天以后，偏重进士词科之选，“明经”一目仅为中材以下进取之途径。盖其所谓明经者，止限于记诵章句，绝无意义之发明，故明经之科在退之时代，已全失去政治社会上之地位矣（详见拙著《唐代政治史述论稿·上篇》）。南北朝后期及隋唐之僧徒亦渐染儒生之习，诠释内典，袭用儒家正义义疏之体裁，与天竺诂解佛经之方法殊异（见拙著《杨树达〈论语疏证〉序》），如禅学及禅宗最有关之三论宗大师吉藏、天台宗大师智颢等之著述与贾公彦、孔颖达诸儒之书其体制适相冥会。新禅宗特提出直指人心见性成佛之旨，一扫僧徒繁琐章句之学，摧陷廓清，发聋振聩，固吾国佛教史上一大事也。退之生值其时，又居其地，睹儒家之积弊，效禅侣之先河，直指华夏之特性，扫除贾、孔之繁文，《原道》一篇中心旨意实在于此，故其言曰：

> 传曰："古之欲明明德于天下者，先治其国；欲治其国者，先齐其家；欲齐其家者，先修其身；欲修其身者，先正其心；欲正其心者，先诚其意。"然则古之所谓正心诚意者，将以有为也。今也欲治其心，而外天下国家，灭其天常，子焉而不父其父，臣焉而不君其君，民焉而不事其事。

同书五《寄卢仝》诗云：

> 《春秋》三传束高阁，独抱遗经究终始。

寅恪案，《原道》此节为吾国文化史中最有关系之文字，盖天竺佛教传入中国时，而吾国文化史已达甚高之程度，故必须改造，以蕲适合吾民族、政治、社会传统之特性，六朝僧徒"格义"之学（详见拙著《支愍度学说考》），即是此种努力之表现。儒家书中具有系统易被利用者，则为《小戴记》之《中庸》，梁武帝已作尝试矣（《隋书》三二《经籍志·经部》有梁武帝撰《中庸讲疏》一卷，又《私记制旨中庸义》五卷）。然《中庸》一篇虽可利用，以沟通儒、释心性抽象之差异，而于政治社会具体上华夏、天竺两种学说之冲突，尚不能求得一调和贯彻，自成体系之论点。退之首先发见《小戴记》中《大学》一篇，阐明其说，抽象之心性与具体之政治社会组织可以融会无碍，即尽量谈心说性，兼能济世安民，虽相反而实相成，天竺为体，华夏为用，退之于此以奠定后来宋代新儒学之基础，退之固是不世出之人杰，若不受新禅宗之影响，恐亦不克臻此。又观退之《寄卢仝》诗，则知此种研究经学之方法亦由退之所称奖之同辈中人发其端，与前此经诗著述大意，而开启宋代新儒学家治经之途径者也。

三曰：排斥佛、老，匡救政俗之弊害。

《昌黎集》一一《原道》略云：

古之为民者四，今之为民者六；古之教者处其一，今之教者处其三。农之家一，而食粟之家六。工之家一，而用器之家六。贾之家一，而资焉之家六。奈之何民不穷且盗也。

是故君者，出令者也；臣者，行君之令而致之民者也。民者，出粟米麻丝，作器皿，通货财，以事其上者也。君不出令，则失其所以为君。臣不行君之令而致之民，则失其所以为臣。民不出粟米麻丝，作器皿，通货财，以事其上，则诛。

人其人，火其书，庐其居，明先王之道以道之，鳏寡孤独废疾者有养也。其也庶乎其可也。

同书二《送灵师》诗略云：

佛法入中国，尔来六百年。齐民逃赋役，高士著幽禅。官吏不之制，纷纷听其然。耕桑日失隶，朝署时遗贤。

同书一《谢自然》诗略云：

人生有常理，男女各有伦。寒衣及饥食，在纺绩耕耘。下以保子孙，上以奉君亲。苟异于此道，皆为弃其身。噫乎彼寒女，永托异物群。感伤遂成诗，昧者宜书绅。

寅恪案，上引退之诗文，其所排斥佛教之论点，此前已有之，实不足认为退之之创见，特退之所言更较精辟，胜于前人耳。《原道》之文微有语病，不必以辞害意可也。《谢自然》诗乃斥道教者，以其所持论点与斥佛教者同，故亦附录于此。今所宜注意者，乃为退之所论实具有特别时代性，即当退之时佛教徒众多，于国家财政及社会经济皆有甚大影响，观下引彭偃之言可知也。

《唐会要》四七《议释教上》（参《旧唐书》一二七《彭偃传》）略云：

大历十三年四月，剑南东川观察使李叔明奏请澄汰佛、道二教，下尚书省集议。都官员外郎彭偃献议曰："王者之政，变人心为上，因人心次之，不变不因，循常守故者为下，故非有独见之明，不能行非常之事。今陛下以维新之政，为万代法，若不革旧风，令归正道者，非也。当今道士，有名无实，时俗鲜重，乱政犹轻。惟有僧尼，颇为秽杂。自西方之教，被于中国，去圣日远，空门不行五浊，比邱但行粗法。爰自后汉，至于陈隋，僧之教灭，其亦数四，或至坑杀，殆无遗余，前代帝王岂恶僧道之善，如此之深耶？盖其乱人亦已甚矣。且佛之立教，清净无为，若以色见，即是邪法。开示悟入，惟有一门，所以三乘之人，比之外道。况今出家者皆是无识下劣之流，纵其戒行高洁，在于王者，已无用矣。今叔明之心甚善，然臣恐其奸吏诋欺，而去者未必非，留者不必是，无益于国，不能息奸。既不变人心，亦不因人心，强制力持，难致远耳。臣闻天生蒸民，必将有职，游行浮食，王制所禁。故有才者受爵禄，不肖者出租税，此古之常道也。今天下僧道不耕而食，不织而衣，广作危言险语，以惑愚者。一僧衣食，岁计约三万有余，五丁所出，不能致此。举一僧以计天下，其费可知。陛下日旰忧勤，将去人害，此而不救，奚其为政？臣伏请僧道未满五十者，每年输绢四匹，尼及女道士未满五十者，输绢二匹。其杂色役，与百姓同。有才智者，令入仕，请还俗为平人者听。但令就役输课，为僧何伤？臣窃料其所出，不下今之租赋三分之一，然则陛下之国富矣，苍生之害除矣。其年过五十者，请皆免之。夫子曰：'五十而知天命。'列子曰：'不斑白，不知道。'人生五十岁，嗜欲已衰，纵不出家，心已近道，况戒律检其性情哉？臣以为此令既行，僧尼规避还俗者，固已大半，其年老精修者，必尽为人师，则道、释二教益重明矣。"上深嘉之。

寅恪案，彭偃为退之同时人，其所言如此，则退之之论自非剿袭前人空言，为无病之呻吟，实匡世正俗之良策。盖唐代人民担负国家直接税及劳役者为"课丁"，其得享有免除此种赋役之特权者为"不课丁"。"不课丁"为当日统治阶级及僧尼道士女冠等宗教徒，而宗教徒之中佛教徒最占多数，其有害国家财政、社会经济之处在诸宗教中尤为特著，退之排斥之亦最力，要非无因也。

至道教则唐皇室以姓李之故，道教徒因缘傅会。自唐初以降，即逐渐取得政治社会上之地位，至玄宗时而极盛，如以道士女冠隶属宗正寺（见《唐会要》六五"宗正寺崇玄署"条），尊崇老子以帝号，为之立庙，祀以祖宗之礼。除老子为《道德经》外，更名庄、文、列、庚桑诸子为《南华》《通玄》《冲虚》《洞灵》等经，设崇玄学，以课徒生，同于国子监。道士女冠有犯，准道格处分诸端（以上均见《唐会要》五〇《尊崇道教门》），皆是其例。尤可笑者，乃至提《汉书·古今人表》中之老子，自三等而升为一等（见《唐会要》五〇

《尊崇道教门》)，号老子妻为“先天太后”。作孔子像，侍老子之侧(以上二事见《唐会要》五〇《尊崇道教杂记门》)。荒谬幼稚之举措，类此尚多，无取详述。退之排斥道教之论点除与排斥佛教相同者外，尚有二端，所应注意：一为老子乃唐皇室所攀认之祖宗，退之以臣民之资格痛斥力诋，不稍讳避，其胆识已自超其侪辈矣；二为道教乃退之稍前或同时之君主宰相所特提倡者，蠹政伤俗，实是当时切要问题。据《新唐书》一〇九《王屿传》(参《旧唐书》一三〇《王屿传》)略云：

玄宗在位久，推崇老子道，好神仙事，广修祠祭，靡神不祈。屿上言，请筑坛东郊祀青帝。天子入其言，擢太常博士、侍御史，为祠祭使。屿专以祠解中帝意，有所禳祓，大抵类巫觋。汉以来葬丧皆有瘗钱，后世里俗稍以纸寓钱为鬼事，至是屿乃用之。肃宗立，累迁太常卿，又以祠祷见宠。乾元三年，拜蒲、同、绛等州节度使，俄以中书侍郎同中书门下平章事。时大兵后，天下愿治，屿望轻，无它才，不为士议谐可，既骤得政，中外怅骇。乃奏置太一坛，劝帝身见九宫祠。帝由是专意，它议不能夺。帝尝不豫，太卜建言祟在山川。屿遣女巫乘传，分祷天下名山大川，巫皆盛服，中人护领，所至干托州县，赂遗狼藉。时有一巫美而蛊，以恶少年数十自随，尤憸狡不法，驰入黄州。刺史左震晨至馆请事，门鐍不启。震怒，破鐍入，取巫斩廷下，悉诛所从少年，籍其赃，得十馀万，因遗还中人。既以闻，屿不能诘，帝亦不加罪。明年，罢屿为刑部尚书，又出为淮南节度使，犹兼祠祭使。始，屿托鬼神致位将相，当时以左道进者纷纷出焉。

《旧唐书》一三〇《李泌传》略云：

泌颇有谠直之风，而谈神仙诡道，或云尝与赤松子、王乔、安期、羡门游处，故代为所轻，虽诡道求容，不为时君所重。德宗初即位，尤恶巫祝怪诞之士。初，肃宗重阴阳祠祝之说，用妖人王屿为宰相，或命巫媪乘驿行郡县以为厌胜。凡有所兴造功役，动牵禁忌。而黎幹用左道位至尹京，尝内集众工，编刺珠绣为御衣，既成而焚之，以为禳禬，且无虚月。德宗在东宫颇知其事，即位之后，罢集僧于内道场，除巫祝之祀。有司言宣政内廊坏，请修缮。而大卜云："孟冬为魁冈，不利穿筑，请卜他月。"帝曰："春秋之义，启塞从时，何魁冈之有？"卒命修之。又代宗山陵灵驾发引，上号送于承天门，见辒辌不当道，稍指午未间。问其故，有司对曰："陛下本命在午，故不敢当道。"上号泣曰："安有枉灵驾而谋身利？"卒命直午而行。及建中末，寇戎内梗，桑道茂有城奉天之说，上稍以时日禁忌为意，而雅闻泌长于鬼道，故自外征还，以至大用，时论不以为惬。

及《国史补》上“李泌任虚诞”条（参《太平广记》二八九《妖妄类》“李泌”条）云：

> 李相泌以虚诞自任。尝对客曰：“令家人速洒扫，今夜洪崖先生来宿。”有人还美酒一榼，会有客至，乃曰：“麻姑送酒来，与君同倾。”倾之未毕，阍者云：“某侍郎取榼子。”泌命倒还之，略无怍色。

则知退之当时君相沉迷于妖妄之宗教，民间受害，不言可知。退之之力诋道教，其隐痛或有更甚于诋佛教者，特未昌言之耳。后人昧于时代性，故不知退之之言有物意有指，遂不加深察，等闲以崇正辟邪之空文视之，故特为标出如此。

四曰：呵诋释迦，申明夷夏之大防。

《昌黎集》三九《论佛骨表》略云：

> 臣某言，伏以佛者，夷狄之一法耳。自后汉时流入中国，上古未尝有也。假如其身至今尚在，奉其国命，来朝京师，陛下容而接之，不过宣政一见，礼宾一设，赐衣一袭，卫而出之于境，不令惑众也。

《全唐诗》一二函韩愈一〇《赠经僧》诗云：

万里休言道路赊，有谁教汝度流沙。只今中国方多事，不用无端更乱华。

寅恪案，退之以谏迎佛骨得罪，当时后世莫不重其品节，此不待论者也。今所欲论者，即唐代古文运动一事，实出安史之乱及藩镇割据之局面引起。安史为西胡杂种，藩镇又是胡族或胡化之汉人（详见拙著《唐代政治史述论稿·上篇》），故当时特出之文士自觉或不自觉，其意识中无不具有远则周之四夷交侵，近则晋之五胡乱华之印象，“尊王攘夷”所以为古文运动中心之思想也。在退之稍先之古文家如萧颖士、李华、独孤及、梁肃等，与退之同辈之古文家如柳宗元、刘禹锡、元稹、白居易等，虽同有此种潜意识，然均不免认识未清晰，主张不彻底，是以不敢也不能因释迦为夷狄之人，佛教为夷狄之法，抉其根本，力排痛斥，若退之之所言所行也。退之之所以得为唐代古文运动领袖者，其原因即在于是，此意已见拙著《元白诗笺证稿·新乐府章·法曲篇》末，兹不备论。

五曰：改进文体，广收宣传之效用。

关于退之之文，寅恪当详论之矣（见拙著《元白诗笺证稿·长恨歌》章）。其大旨以为退之之古文乃用先秦、两汉之文体，改作唐代当时民间流行之小说，欲借之一扫腐化僵化不适用于人生之骈体文，作此尝试而能成功者，故名虽复古，实则通今，在当时为最便宣传，甚合实际之文体也。至于退之之诗，古今论者亦多矣，兹仅举一点，以供治吾国文学史者之参考。

陈师道《后山居士诗话》云：

> 退之以文为诗，子瞻以诗为词，如教坊雷大使（娘?）之舞，虽极天下之工，要非本色。今代词手唯秦七、黄九尔，唐诸人不迨也。

寅恪案，退之以文为诗，诚是确论，然此为退之文学上之成功，亦吾国文学史上有趣之公案也。据《高僧传》二《译经（中）·鸠摩罗什传》略云：

> 初，沙门慧睿才识高明，常随什传写。什每为睿论西方辞体，商略同异，云："天竺国俗甚重文制，其宫商体韵以入弦为善。凡觐国王，必有赞德，见佛之仪以歌叹为贵，经中偈颂皆其式也。但改梵为秦，失其藻蔚，虽得大意，殊隔文体，有似嚼饭与人，非徒失味，乃令呕秽也。"什尝作颂《赠沙门法和》云："心山育明德，流薰万由延。哀鸾孤桐上，清音彻九天。"凡为十偈，辞喻皆尔。

盖佛经大抵兼备"长行"即散文及偈颂即诗歌两种体裁。而两体辞意又往往相符应。考"长行"之由来，多是改诗为文而成者，故

"长行"乃以诗为文，而偈颂亦可视为以文为诗也。天竺偈颂音缀之多少，声调之高下，皆有一定规律，唯独不必叶韵。六朝初期四声尚未发明，与罗什共译佛经诸僧徒虽为当时才学绝伦之人，而改天竺为华，以文为诗，实未能成功。惟仿偈颂音缀之有定数，勉强译为当时流行之五言诗，其他不遑顾及，故字数虽一定，而平仄不调，音韵不叶，生吞活剥，似诗非诗，似文非文，读之作呕，此罗什所以叹恨也。如马鸣所撰《佛所行赞》，为梵文佛教文学中第一作品。寅恪昔年与钢和泰君共读此诗，取中文二译本及藏文译本比较研究，中译似尚逊于藏译，当时亦引为憾事，而无可如何者也。自东汉至退之以前，此种以文为诗之困难问题迄未能有解决者。退之虽不译经偈，但独运其天才，以文为诗，若持较华译佛偈，则退之之诗词皆声韵无不谐当，既有诗之优美，复具文之流畅，韵散同体，诗文合一，不仅空前，恐亦绝后，决非效颦之辈所能企及者矣。后来苏东坡、辛稼秆之词亦是以文为之，此则效法退之而能成功者也。

六曰：奖掖后进，期望学说之流传。

唐代古文家多为才学卓越之士，其作品如《唐文粹》所选者足为例证，退之一人独名高后世，远出余子之上者，必非偶然。据《旧唐书》一六〇《韩愈传》云：

> 大历、贞元之间，文字多尚古学，效杨雄、董仲舒之述作，

而独孤及、梁肃最称渊奥，儒林推重。愈从其徒游，锐意钻仰，欲自振于一代。

及《新唐书》一七六《韩愈传》云：

愈成就后进士，往往知名。经愈指授，皆称“韩门弟子”。

则知退之在当时古文运动诸健者中，特其承先启后作一大运动领袖之气魄与人格，为其他文士所不能及。退之同辈胜流如元微之、白乐天，其著作传播之广，在当日尚过退之。退之官之低于元，寿复短于白，而身殁之后，继续其文其学者不绝于世，元白之遗风虽或尚流传，不至断绝，若与退之相较，诚不可同年而语矣。退之所以得致此者，盖亦由其平生奖掖后进，开启来学，为其他诸古文运动家所不为，或偶为之而不甚专意者，故“韩门”遂因此而建立，“韩学”亦更缘此而流传也。世传隋末王通讲学河汾，卒开唐代贞观之治，此固未必可信，然退之发起光大唐代古文运动，卒开后来赵宋新儒学新古文之文化运动，史证明确，则不容置疑者也。

综括言之，唐代之史可分前后两期，前期结束南北朝相承之旧局面，后期开启赵宋以降之新局面，关于政治社会经济者如此，关于文化学术者亦莫不如此。退之者，唐代文化学术史上承先启后转旧为新关捩点之人物也。其地位价值若是重要，而千年以来论退之者似尚未能窥其蕴奥，故不揣愚昧，特发新意，取证史籍，草成此文，以求当世论文治史者之教正。

（收入《金明馆丛稿初编》）

杭州才女陈端生，毫端戏写《再生缘》

——释《论〈再生缘〉》

有“人间天堂”之称的杭州，一年四季都是游人如织。不过大部分游客只满足于欣赏西湖美丽的自然风景，对散布于西湖沿岸的众多名人故居却常常忽略。例如在“西湖十景”之一的“柳浪闻莺”南山路入口对面，有一座小山，据说是吴山的一脉，名为句山，又名紫竹山，当地人俗称为狗儿山，亦称勾山。山上有一所名为“句山樵舍”的故居遗迹，就是那位以写《再生缘》知名的才女陈端生（1751—约1796）的故居。更准确些说，“句山樵舍”应该是陈端生祖父陈句山（兆仑）的故居。陈句山为清雍正年间进士，是桐城派领袖方苞的得意门生，著有《紫竹山房集》等。他为官后看上句山这地方，便在此建院筑宅，其住宅即命名为“句山樵舍”。然而，人们之所以还提起陈句山倒不是因为他的著作，而是因为他的孙女陈端生。

陈端生，浙江杭州人，清代大才女，著有长篇弹词小说《再生缘》。该书可以说与《红楼梦》齐名，被郭沫若称为“南缘北梦”。原作共17卷，近60万字，但未完成，后来由杭州女诗人梁德绳续作3卷，但艺术性不及原著。很多读者可能没有看过《再生缘》，但凡是熟悉古典戏剧的人大概都知道那个女扮男装、考中状元并被皇帝选作驸马的奇女子孟丽君，而《孟丽君》这出戏就是根据陈端生的《再生缘》改编的。

说起来郭沫若如此推崇《再生缘》，还是受到陈寅恪的启发。陈寅恪是在20世纪50年代初研究《再生缘》并出版了《论〈再生缘〉》这一长篇论文，20世纪60年代初郭沫若偶然看到此文，由此对《再生缘》大感兴趣，一连写了很多篇相关论文，还想把《再生缘》重新整理后出版，但直到20世纪末该书才得以出版。

陈寅恪之所以要研究《再生缘》，源于他很早就开始的系列研究“颂红妆”，这里的“红妆”指的是历代文学史上那些有名的才女和作品中的才女形象，例如崔莺莺、杜丽娘、柳如是等，所以“颂红妆”研究就是才女研究。在《论〈再生缘〉》中，陈寅恪从思想、结构和文辞三个方面均给予《再生缘》高度评价，甚至认为把它和古希腊史诗相比也并不差。对此，郭沫若也同意，只是在一些具体的史实考证方面和陈寅恪有不一致之处。

时至今日，如果以冷静、客观态度去重读陈寅恪的《论〈再生缘〉》，会感到这不是单纯的学术论文，对陈端生及其《再生缘》的评价有情感压倒理智之嫌，但也必须承认陈寅恪的评价还是基本正确，对此，郭沫若的观点可以成为佐证。陈寅恪和郭沫若，如今已经成为两类中国知识分子的代表，他们在1949年后走的是截然不同的两条道路，但在给陈端生和《再生缘》以高度评价方面却达到基本一致，这颇耐人寻味。春风得意的郭沫若和心态悲凉的陈寅恪，怎么都会被《再生缘》所深深打动？陈寅恪以盲目之躯，居然在三个月之内以口授方式撰写成长达近七万字的《论〈再生缘〉》，其中有大量的考证内容，其工作量之大令人惊叹。而郭沫若则是在繁忙的事务性工作之余，在一年内把《再生缘》读了四遍，自称“每读一遍都感觉到津津有味”，并接连发表了七篇讨论《再生缘》的论文，有的长达一万余字。当然，《再生缘》能够打动他们的具体内容和缘由可能不同，但这种文本内容的丰富性以及对不同读者均能产生深刻艺术感染力的特征，不正是伟大作品的标志？

看来《再生缘》的确值得关注，它在文学史上的地位应当被重新认识。可惜，即使在从事陈寅恪研究者当中也有不少人不曾通读过《再生缘》，更遑论普通读者。

人们不愿或不能欣赏《再生缘》的主要因素如陈寅恪所言，是其繁复冗长的语言和才子佳人大团圆的内容，但这并不能成为人们拒绝接受它的理由。印度和希腊之史诗诚然为经典，但其“繁复冗长”较之《再生缘》当有过之而无不及，我相信除少数研究者外，能通读《荷马史诗》者也很寥寥。就中国古代文学而言，《离骚》当然是经典，但我相信除了专门的研究者外，很少有人真正通读过。原因很简单，经典名著与可读性并不总能画等号。至于《再生缘》的内容，现在通行的20卷本《再生缘》之最后3卷是梁德绳续补，是一个大团圆结局，而按照陈端生原来的构思应该是悲剧结局，郭沫若为此还发挥自己的想象力，描述了这个悲剧结局的具体情节。因此，以大团圆结局为由指责《再生缘》之俗不可耐至少对陈端生而言是不公平的。当然，《再生缘》在宗教性、哲理性方面稍差也是事实，但这是中国古典文学作品的通病，假如以此为衡量标准则古代作品中能被视为经典者恐怕没有几部，就连“四大名著”也许只有《红楼梦》还算勉强合格吧。

说到古代作品中的大团圆结局，由于受“五四”以来特别是鲁迅对“国民劣根性”批判的影响，似乎只要是大团圆结局，就必定不深刻，就不会是伟大的作品。鲁迅曾经感叹中国文学中缺少悲剧，并归结于民族素质问题。对此，陈寅恪则另有见解：“相传世俗小说中，才子佳人状元宰相之鄙恶结构，固极可厌可笑，但亦颇能反映当日社会这一部分真相也。”因为才子佳人之大团圆结局，实际上从一个侧面表达了下层劳动人民追求美好生活的愿望，毕竟对他们而言，走科举之路是唯一有可能到达成功的机会，对此，不能一味地予以否定和批判。陈寅恪指出这一观念的形成其实与佛教文化的引进有关。佛教本有深刻哲理性，但因中华民族注重实用、轻视玄学，故对佛教中玄妙之思弃之不顾，而接受了那些宣扬轮回报应的故事，最后遂演变为“善有善报、恶有恶报”“好人终有好结局”的大团圆思想。因此，这一大团圆思想的形成，实与中外文化交流关系甚大，其利弊得失也非简单判断即可得知，而需进行细致的分析。鲁迅等批判大团圆结局，是出于思想启蒙的目的，而陈寅恪取的是文化视角，二者出发点不同，结论自然不同。

至于陈寅恪为何赞美《再生缘》，主要还是看重其思想性，他极力推崇的，正是陈端生以惊世骇俗之思想为女性大唱赞歌、视“三纲五常”如弃履的叛逆精神：“又观第一七卷第六七回中孟丽君违抗皇帝御旨，不肯代为脱袍；第一四卷第五四回中孟丽君在皇帝之前，面斥孟士元及韩氏，以致其父母招受责辱……第六卷第二二回、第二三回、第二四回，及第一五卷第五八回中皇甫少华（即孟丽君之夫）向丽君跪拜诸例……则知端生心中于吾国当日奉为金科玉律之君父夫三纲，皆欲藉此等描写以摧破之也。端生此等自由及自尊即独立之思想，在当日及其后百余年间，俱足惊世骇俗，自为一般人所非议。”即使是《再生缘》之续作者梁德绳也在续作时借书中人物之口，对陈端生大加责备。显而易见，孟丽君之言行在那个时代已经被陈端生赋予到最彻底的程度，而且具有超越时代的性质（对此郭沫若也承认），因此陈端生才为《再生缘》设计了一个在人间只能为悲剧、在仙界才为大团圆的结局。

此外，陈寅恪在评价《再生缘》时有一段对“智识界之女性”的分析颇耐人寻味：“咦！中国当日智识界之女性，大别之，可分为三类。第一类为专议中馈酒食之家主婆。第二类为忙于往来酬酢之交际花。至于第三类，则为端生心中之孟丽君，即其本身之写照，亦即杜少陵所谓‘世人皆欲杀’者。前此二类滔滔皆是，而第三类恐止端生一人或极少数人而已。”笔者一直认为，陈寅恪晚年“红妆”研究的一个特点，就在于他是把“红妆”与文人（即智识阶层）置于同一层面进行比较研究的。而前者通常是赞颂的主体，后者中之优秀者，如陈子龙、钱谦益等至多成为前者的陪衬，而劣者如陈文述、谢三宾等，则是被贬斥的对象，此为一层关系。另一层则为直接将文人比之为“红妆”，言“红妆”即为言文人，如其诗句“低垂粉颈言难尽，右袒香肩梦未成。原与汉皇聊戏约，那堪唐殿便要盟”等。倘结合上面陈寅恪对“智识界之女性”的分析，当对此有更真切的理解。

至于《再生缘》在艺术上的成就，陈寅恪主要强调了两点即结构和语言，这也是一直被学术界重视不够的地方。他认为中国古代文学中短篇结构甚佳而长篇甚差，但从整体言“则其结构远不如西洋小说之精密”，他拿来用作例证的，恰恰是《红楼梦》《水浒传》和《儒林外史》等古典名著。认为结构胜于《红楼梦》而大加称赞者，则是为一般文学史所不够重视的《儿女英雄传》。《水浒传》《儒林外史》之结构有缺陷是显而易见的，但《红楼梦》之结构向来为人称道，为何陈寅恪却认为有问题？原来陈寅恪的衡量标准为看其是否“有系统”，所谓系统是指“不枝蔓”“有重点中心，结构无夹杂骈枝”等，按照此标准衡量，则《再生缘》当为“弹词中第一部书也”。看来如何理解陈寅恪所说的“有系统”，对理解中国古典小说的结构意义重大，限于篇幅此处不能展开。但无论陈寅恪的结论是否片面，我以为从结构入手，可能会成为一个重新评价中国古代文学名著艺术性的新话题。

总之，《再生缘》之所以胜于其他弹词，正在于作者之思想自由。相对于陈寅恪，郭沫若对《再生缘》的语言评价比较简单，只是认为是一部长篇的七言排律，对仗工整、转韵自然而已，并没有由此得出作者之思想自由的结论——他是对此感到不以为然，还是不敢说出？其实，不仅郭沫若，学术界有不少人认为陈寅恪对汉语之对偶、音韵等特点的分析过于牵强，但我却认为陈寅恪的分析值得认真探讨。例如中国古代文学中哲理性与宗教性不够之缺陷以及实用理性过重等问题，为何在白话文中依然没有得到很好的解决，而白话文有异于文言的，不正是由于过分追求通俗易懂而基本上抛弃了用典和骈词俪语吗？

1961年，郭沫若来杭州，曾特地去句山樵舍参观，写下了“莺归余柳浪，雁过胜松风。樵舍句山在，伊人不可逢”的诗句，表达了对陈端生的怀念与仰慕之情。而陈寅恪对陈端生的那种“异代知己”之感无疑要超过郭沫若，但他从写《论〈再生缘〉》起，就没有机会再来杭州，尽管他的父亲陈三立就葬在钱塘江边六和塔下不远的山坡上，尽管他晚年多次表露过愿到杭州安度余生的想法。

不过今天我们的读者还是比较幸运，如果来杭州至少可以看到句山樵舍的外部以及郭沫若的题词，至于内部好像还是不能参观。历史诚然如此，也就只有如陈寅恪所言“怅望千秋泪湿巾”而已，而已。

论《再生缘》（节选）

陈寅恪

（一）思想。今人所以不喜读此书之原因颇多，其最主要者，则以此书思想陈腐，如女扮男装、中状元、作宰相等俗滥可厌之情事。然此类情事之描写，固为昔日小说弹词之通病，其可厌自不待言。寅恪往日所以不喜读此等书者，亦由此故也。年来读史，于知人论事之旨稍有所得，遂取《再生缘》之书，与陈端生个人身世之可考见者相参会，钩索乾隆朝史事之沉隐，玩味《再生缘》文词之优美，然后恍然知《再生缘》实弹词体中空前之作，而陈端生亦当日无数女性中思想最超越之人也。夫当日一般人所能取得之政治上最高地位为宰相，社会上最高地位为状元，此两事通常皆由科举之途径得之。而科举则为男性所专占之权利。当日女子无论其才学如何卓越，均无与男性竞争之机会，即应试中第，作官当国之可能。此固为具有才学之女子心中所最不平者，而在端生个人，尤别有更不平之理由也。当清代乾隆之时，特崇奖文学，以笼络汉族，粉饰太平，乾隆初年博学鸿词科之考试，即是一例。（此科之发起虽在雍正时，而高宗即位后，继续于乾隆元年二月谕，给发先期到京应试者膏火银两。又于临试之期，以天气渐寒，着在保和殿内考试。此皆足表示特重是科之意，其借文词科试，以笼络汉人之用心，亦可窥见矣。）此科试题较康熙十八年博学鸿词科特难，其得中式者，不过十五人。当时以文章知名之士，如袁简斋之流，虽预试，而未获选，其难可以推见也。端生之祖句山，即由此华选，望重当世。端生在幼年之时，本已敏慧，工于吟咏，自不能不特受家庭社会之薰习及反应。其父玉敦、伯父玉万辈之才学似非卓越。（寅恪未能多见玉敦作品，自不敢确言。然丁申、丁丙《杭郡诗辑三辑》一〇载有玉敦《挽天都汪复斋先生（五古）》一首。观其诗，仍是紫竹山房之派，与绘影、绘声姊妹之作才华绵丽者，固区以别矣。）至于其弟安生、春生、桂生等，当时年尚幼稚，（《耆献类征》一九七《疆臣》四九《陈桂生传》止载桂生卒于道光二十年，而不言其寿至何岁。但据《紫竹山房文集》一五《冢妇吴氏行略》所述，玉万纳妾林氏即桂生母事，推计之，则端生于乾隆三十三年初撰《再生缘》时，桂生之年龄至多不过十岁上下耳。）亦未有所表见，故当日端生心目中，颇疑彼等之才性不如己身及其妹长生。然则陈氏一门之内，句山以下，女之不劣于男，情事昭然，端生处此两两相形之环境中，其不平之感，有非他人所能共喻者。职此之故，端生有意无意之中造成一骄傲自尊之观念。此观念为他人所不能堪，在端生亦未尝不自觉，然固不屑顾及者也。如《再生缘》第三卷第九回云：

已废女工徒岁月，因随母性学痴愚。芸窗纸笔知多贵，秘室词章得久遗。不愿付刊经俗眼，惟怜（寅恪案，坊间铅印本“怜”作“将”，似更佳）存稿见闺仪。（此节谭正璧《中国女性文学史》下册第七章第四节已论及。）

可见端生当戏写《再生缘》时，他人已有不安女子本分之议论。故端生著此一节，以示其不屑顾及之意。“因随母性学痴愚”之语，殆亦暗示不满其母汪氏未能脱除流俗之见也。

《再生缘》一书之主角为孟丽君，故孟丽君之性格，即端生平日理想所寄托，遂于不自觉中极力描绘，遂成为己身之对镜写真也。

观《再生缘》第十卷第三九回述皇甫少华迎娶刘燕玉一节云：

皇甫家忠孝王的府第造于外廊营内，阮京兆大人的私衙却在烂面胡同。这边迎亲的花轿转来，正从米市胡同孟家龙图相国的衙门前经过。

及同书第十一卷第四一回中，述刘燕玉至孟丽君之父母孟士元韩氏家，拜认为孟韩之继女时，士元送燕玉至厅院前，其言曰：

吼！人夫们，轿子抬稳呵！

连日晴明雪水流，泥泞一路是车沟。小心仔细休轻忽，外廊营，进口艰难我却愁。

然则皇甫少华家在外廊营，即是孟丽君终身归宿之夫家在外廊营。据上引《陈句山年谱》“乾隆三十五年”条，知陈兆仑亦寓外廊营。端生乾隆三十三年秋间初写《再生缘》时，即在外廊营宅也。端生无意中漏出此点，其以孟丽君自比，更可确定证明矣。至端生所以不将孟丽君之家，而将皇甫少华之家置于外廊营者，非仅表示其终身归宿之微旨，亦故作狡狯，为此颠倒阴阳之戏笔耳。又观第一七卷第六七回中孟丽君违抗皇帝御旨，不肯代为脱袍；第一四卷第五四回中孟丽君在皇帝之前，面斥孟士元及韩氏，以致其父母招受责辱；第一五回第五七回中孟丽君夫之父皇甫敬欲在丽君前屈膝请行，又亲为丽君挽轿；第八卷第三十回中皇甫敬撩衣向丽君跪拜；第六卷第二二回、第二三回、第二四回，及第一五卷第五八回中皇甫少华（即孟丽君之夫）向丽君跪拜诸例，（寅恪案：端生之祖兆仑于雍正十三年乙卯考取内阁中书一等一名，又于乾隆元年丙辰考取博学鸿词科。至乾隆十七年壬申，副兵部侍郎观保典顺天武乡试。此科解元顾麟即于是年中式会元状元，为武三元。可参《紫竹山房文集》八《顺天武乡试录后序》、一九《顺天武乡试策问》，及《陈句山先生年谱》有关诸年等条。《再生缘》中述孟丽君中文状元，任兵部尚书，考取皇甫少华为武状元。岂端生平日习闻其祖门下武三元之美谈，遂不觉取此材料，入所撰书，以相影射欤？）则知端生心中于吾国当日奉为金科玉律之君父夫三纲，皆欲藉此等描写以摧破之也。端生此等自由及自尊即独立之思想，在当日及其后百余年间，俱足惊世骇俗，自为一般人所非议。故续《再生缘》之梁德绳于第二十卷第八十回中，假皇甫敬之口斥孟丽君，谓其“习成骄傲凌夫子，目无姑舅乱胡行”，作笔生花之邱心如于其书第一卷第一回中，论孟丽君之失，谓其“竟将那，劬劳天性一时捐。阅当金殿辞朝际，辱父欺君太觉偏”，可为例证也。噫！中国当日智识界之女性，大别之，可分为三类。第一类为专议中馈酒食之家主婆。第二类为忙于往来酬酢之交际花。至于第三类，则为端生心中之孟丽君，即其本身之写照，亦即杜少陵所谓“世人皆欲杀”者。前此二类滔滔皆是，而第三类恐止端生一人或极少数人而已。抱如是之理想，生若彼之时代，其遭逢困厄，声名湮没，又何足异哉！又何足异哉！至于神灵怪诞之说、地理历史之误，本为吾国小说通病，《再生缘》一书，亦不能免。然自通识者观之，此等瑕疵，或为文人狡狯之寓言，固不可泥执；或属学究考据之专业，更不必以此苛责闺中髫龄戏笔之小女子也。

（二）结构。综观吾国之文学作品，一篇之文，一首之诗，其间结构组织，出于名家之手者，则甚精密，且有系统。然若为集合多篇之文多首之诗而成之巨制，即使出自名家之手，亦不过取多数无系统或各处独立之单篇诗文，汇为一书耳。其中固有例外之作，如刘彦和之《文心雕龙》，其书或受佛教论藏之影响，以轶出本文范围，故不置论。又如白乐天之新乐府，则拙著《元白诗笺证稿·新乐府》章中言之已详，亦不赘论。至于吾国小说，则其结构远不如西洋小说之精密。在欧洲小说未经翻译为中文以前，凡吾国著名小说，如《水浒传》《石头记》与《儒林外史》等书，其结构皆甚可议。寅恪读此类书甚少，但知有《儿女英雄传》一种，殊为例外。其书乃反《红楼梦》之作，世人以其内容不甚丰富，往往轻视之。然其结构精密，颇有系统，转胜于曹书，在欧西小说未输入吾国以前，为罕见之著述也。哈葛德者，其文学地位在英文中，并非高品。所著小说传入中国后，当时桐城派古文名家林畏庐深赏其文，至比之史迁。能读英文者，颇怪其拟于不伦。实则琴南深受古文义法之薰习，甚知结构之必要，而吾国长篇小说，则此缺点最为显著，历来文学名家轻视小说，亦由于是。（桐城派名家吴挚甫序严译《天演论》，谓文有三害，小说乃其一。文选派名家王壬秋鄙韩退之、侯朝宗之文，谓其同于小说。）一旦忽见哈氏小说，结构精密，遂惊叹不已，不觉以其平日所最崇拜之司马子长相比也。今观《再生缘》为续《玉钏缘》之书，而《玉钏缘》之文冗长支蔓殊无系统结构，与《再生缘》之结构精密，系统分明者，实有天渊之别。若非端生之天才卓越，何以得至此乎？总之，不支蔓有系统，在吾国作品中，如为短篇，其作者精力尚能顾及，文字剪裁，亦可整齐。若是长篇巨制，文字逾数十百万言，如弹词之体者，求一叙述有重点中心，结构无夹杂骈枝等病之作，以寅恪所知，要以《再生缘》为弹词中第一部书也。端生之书若是，端生之才可知，在吾国文学史中，亦不多见。但世人往往不甚注意，故特标出之如此。韩退之云："发潜德之幽光。"寅恪之草此文，犹退之之意也。

（三）文词。《紫竹山房文集》七《才女说》略云：

> 世之论者每云，女子不可以才名，凡有才名者，往往福薄。余独谓不然。福本不易得，亦不易全。古来薄福之女，奚啻千万亿，而知名者，代不过数人，则正以其才之不可没故也。又况才福亦常不相妨。娴文事，而享富贵以没世者，亦复不少，何谓不可以才名也。
>
> 诚能于妇职余闲，流览坟素，讽习篇章，因以多识故典，大启性灵，则于治家相夫课子，皆非无助。以视郡姑野媪惑溺于盲子弹词，乞儿说谎，为之啼笑者，譬如一龙一猪，岂可以同日语哉？又《经解》云：温柔敦厚，《诗》教也。由此思之，则女教莫诗为近，才也而德即寓焉矣。

寅恪案，句山此文殊可注意，吾国昔时社会惑于"女子无才便是德"之谬说，虽士大夫之家，亦不多教女子以文字。今观端生、长生姊妹，俱以才华文学著闻当世，则句山家教之力也。句山所谓"娴文事，享富贵"者，长生庶几近之。至若端生，则竟不幸如世论所谓

“女子不可以才名，凡有才名者，往往福薄”。悲夫！句山虽主以诗教女子，然深鄙弹词之体。此老迂腐之见囿于时代，可不深论。所可笑者，端生乘其回杭州之际，暗中偷撰《再生缘》弹词。逮句山反京时，端生已挟其稿往登州以去。此老不久病没，遂终生不获见此奇书矣。即使此老三数年后，犹复健在，孙女辈日侍其侧者，而端生亦必不敢使其祖得知其有撰著邨姑野媪所惑溺之弹词之事也。不意人事终变，“天道能还”，(《再生缘》第一七卷第六五回首节云：“问天天道可能还。”)《紫竹山房诗文集》若存若亡，仅束置图书馆之高阁，博雅之目录学者，或略知其名，而《再生缘》一书，百余年来吟诵于闺帏绣闼之间，演唱于书摊舞台之上。近岁以来虽稍衰歇，不如前此之流行，然若一较其祖之诗文，显著隐晦，实有天渊之别，斯岂句山当日作才女说痛斥弹词之时所能料及者哉！今寅恪殊不自量，奋其谫薄，特草此文，欲使《再生缘》再生，句山老人泉底有知，以为然耶？抑不以为然耶？

《再生缘》之文，质言之，乃一叙事言情七言排律之长篇巨制也。关于天竺希腊及西洋之长篇史诗，与吾国文学比较之问题，以非本文范围，兹不置论。仅略论吾国诗中之排律，以供读《再生缘》者之参考。

《元氏长庆集》五六《唐故工部员外郎杜君墓系铭（并序）》略云：

山东人李白亦以奇文取称，时人谓之李杜。予观其壮浪纵恣，摆去拘束，模写物象，及乐府歌时，诚亦差肩与子美矣。至若铺陈终始，排比声韵，大或千言，次犹数百，词气豪迈，而风调清深，属对律切，而脱弃凡近，则李尚不能历其藩翰，况堂奥乎？

姚鼐《今体诗抄·序目》略云：

杜公今体四十字中包涵万象，不可谓少。数十韵百韵中运掉变化如龙蛇，穿贯往复如一线，不觉其多。读五言至此，始无余憾。余往昔见（钱）蒙叟笺，于其长律，转折意绪都不能了，颇多谬说，故详为全释之。

同书《五言》六“杜子美”下注略云：

杜公长律有千门万户开阖阴阳之意。元微之论李杜优劣，专主此体。见虽少偏，然不为无识。自来学杜公者，他体犹能近似，长律则逾邈矣。（元）遗山《论诗绝句》云：“（排比辅张特一途，文章如此亦区区。）少陵自有连城璧，争奈微之识珷玞。”有长律如此，而目为珷玞，此成何论耶？杜公长律旁见侧出，无所不包，而首尾一线，寻其脉络，转得清明。他人指成褊隘，而意绪或反不逮其整晰。

寅恪案，微之惜抱之论精矣，兹不必再加引申，以论杜诗。然观吾国佛经翻译，其偈颂在六朝时，大抵用五言之体，唐以后则多改用七言。盖吾国语言文字逐渐由短简而趋于长烦，宗教宣传，自以符合当时情状为便，此不待详论者也。职是之故，白香山于作《秦中吟》外，更别作新乐府。《秦中吟》之体乃五言古诗，而新乐府则改用七言，且间以三言，蕲求适应于当时民间歌咏，其用心可以推见也（可参拙著《元白诗笺证稿·新乐府》章）。弹词之文体即是七言排律，而间以三言之长篇巨制。故微之惜抱论少陵五言排律者，亦可以取之以论弹词之文。又白香山之乐府及后来摹拟香山，如吴梅村诸人之七言长篇，亦可适用微之惜抱之说也。弹词之作品颇多，鄙意《再生缘》之文最佳，微之所谓“辅陈终始，排比声韵”“属对律切”，实足当之无愧，而文词累数十百万言，则较“大或千言，次犹数百”者，更不可同年而语矣。世人往往震矜于天竺希腊及西洋史诗之名，而不知吾国亦有此体。外国史诗中宗教哲学之思想，其精深博大，虽远胜吾国弹词之所言，然止就文体立论，实未有差异。弹词之书，其文词之卑劣者，固不足论。若其佳者，如《再生缘》之文，则在吾国自是长篇七言排律之佳诗。在外国亦与诸长篇史诗，至少同一文体。寅恪四十年前常读希腊梵文诸史诗原文，颇怪其文体与弹词不异。然当时尚不免拘于俗见，复未能取《再生缘》之书，以供参证，故噤不敢发。

荏苒数十年，迟至暮齿，始为之一吐，亦不顾当世及后来通人之讪笑也。

抑更有可论者，中国之文学与其他世界诸国之文学，不同之处甚多，其最特异之点，则为骈词俪语与音韵平仄之配合。就吾国数千年文学史言之，骈俪之文以六朝及赵宋一代为最佳。其原因固甚不易推论，然有一点可以确言，即对偶之文，往往隔为两截，中间思想脉络不能贯通。若为长篇，或非长篇，而一篇之中事理复杂者，其缺点最易显著，骈文之不及散文，最大原因即在于是。吾国昔日善属文者，常思用古文之法，作骈俪之文。但此种理想能具体实行者，端系乎其人之思想灵活，不为对偶韵律所束缚。六朝及天水一代思想最为自由，故文章亦臻上乘，其骈俪之文遂亦无敌于数千年之间矣。若就六朝长篇骈俪之文言之，当以庾子山《哀江南赋》为第一。若就赵宋四六之文言之，当以汪彦章《代皇太后告天下手书》（《浮溪集》一三）为第一。此文篇幅虽不甚长，但内容包涵事理既多，而文气仍极通贯。又此文之发言者，乃先朝被废之皇后。以失去政权资格之人，而欲建立继承大统之君主，本非合法，不易立言。但当日女真入汴，既悉数俘虏赵姓君主后妃宗室北去，舍此仅遗之废后外，别无他人，可藉以发言，建立继统之君，维系人心，抵御外侮。情事如此，措词极难，而彦章文中"虽举族有北辕之衅，而敷天同左袒之心"两句即足以尽情达旨。至于"汉家之厄十世，宜光武之中兴。献公之子九人，惟重耳之尚在”。古典今事比拟适切，固是佳句。然亦以语意较显，所以特为当时及后世所传诵。职是之故，此文可认为宋四六体中之冠也。庾汪两文之词藻固甚优美，其不可及之处，实在家国兴亡哀痛之情感，于一篇之中，能融化贯彻，而其所以能运用此情感，融化贯通无所阻滞者，又系乎思想之自由灵活。故此等之文，必思想自由灵活之人始得为之。非通常工于骈四俪六，而思想不离于方罫之间者，便能操笔成篇也。今观陈端生《再生缘》第一七卷中《自序》之文（上文已引），与《再生缘》续者梁楚生第二十卷中自述之文，两者之高下优劣立见。其所以至此者，鄙意以为楚生之记诵广博，虽或胜于端生，而端生之思想自由，则远过于楚生。撰述长篇之排律骈体，内容繁复，如弹词之体者，苟无灵活自由之思想，以运用贯通于其间，则千言万语，尽成堆砌之死句，即有真实情感，亦堕世俗之见矣。不独梁氏如是，其他如邱心如辈，亦莫不如是。《再生缘》一书，在弹词体中，所以独胜者，实由于端生之自由活泼思想，能运用其对偶韵律之词语，有以致之也。故无自由之思想，则无优美之文学，举此一例，可概其余。此易见之真理，世人竟不知之，可谓愚不可及矣。

（收入《寒柳堂集》）

“念畴昔风流，暗伤如许”
——释《柳如是别传》

一

这作为题目的诗句，取自明清之际著名才女柳如是的名篇《金明池·咏寒柳》，陈寅恪的三部论文集《寒柳堂集》《金明馆丛稿初编》和《金明馆丛稿二编》之“寒柳”“金明”就出自此词，可见陈寅恪对此词的激赏。

陈寅恪从1954年开始从事柳如是与陈子龙及柳如是与钱谦益姻缘的考证，并在20世纪60年代完成了《柳如是别传》这一巨著的写作工作。对此，其晚年时期的助手黄萱称之为“惊天地泣鬼神”，因为晚年的陈寅恪不仅目盲而且膑足，所有的研究和写作都要依赖助手协助以口授方式才能进行。对于这部“颂红妆”的集大成之作学术界一直给予极高评价，只是对于这部巨著的意义和陈寅恪为何写作此书的缘由有不同观点。在此，我们无意对这些观点一一进行辨析，而是对《柳如是别传》的大致内容和陈寅恪在书中体现出的复杂思想情感进行解读，以便帮助读者初步了解这部巨著。如果真想进入这部巨著构建的世界，恐怕要耐住性子阅读原著才成，然后你就会惊喜发现进入了那个地覆天翻的特殊历史时期，柳如是、陈子龙、钱谦益等古代名人正在向你走来，他们的内心世界仿佛为你打开，通过这样一次“灵魂的冒险”，你在和这些古代人物的对话中逐渐开始懂得他们，最终你的内心可以和他们相通。从他们那里你懂得什么是生活，什么是人生的意义，在滚滚红尘之中又该保持怎样的处世态度，如何做到宠辱不惊。

那么，《柳如是别传》主要内容是什么呢？

顾名思义，当然是为柳如是歌功颂德、树碑立传。中国历史上很少有女性扬眉吐气的时代，而明清之交也许是个例外，只因那是一个才女辈出的时代，柳如是则是她们当中杰出的一位。

让我们先简单介绍一下柳如是（1618—1664），这位中国文化史上的奇女子、多情美丽的大才女和明末清初女诗人。柳如是又号河东君、蘼芜君。她本是浙江嘉兴人，与马湘兰、卞玉京、李香君、董小宛、顾横波、寇白门、陈圆圆等合称为“秦淮八艳”。根据陈寅恪先生的考证，柳如是本姓杨名爱，后改姓柳名隐。后又改名是，因特别喜欢宋朝辛弃疾《贺新郎》中“我见青山多妩媚，料青山见我应如是”一句，故自号如是。柳如是一弱女子，从无数诗词佳作中单单赏识此篇，也可谓非同寻常。在此不妨把这首词引在下面：

贺新郎

辛弃疾

甚矣吾衰矣。怅平生、交游零落，只今余几。白发空垂三千丈，一笑人间万事。问何物、能令公喜？我见青山多妩媚，料青山见我应如是。情与貌，略相似。

一尊搔首东窗里。想渊明、停云诗就，此时风味。江左沉酣求名者，岂识浊醪妙理。回首叫、云飞风起。不恨古人吾不见，恨古人不见吾狂耳。知我者，二三子。

显而易见，让柳如是特别欣赏这首词的原因，在于词中弥漫的世间知音难觅的慨叹和人生无常的怅惘感。对于青春年少的柳如是而言，空有绝世美貌和才华却无真正的知音赏识，不但个人的爱情婚姻处于无可预料状态，而且人生的目标何在也无法确定，这才是让柳如是迷惘失意的原因吧。可以说，在这一层面柳如是和辛弃疾的内心是相通的。在这个意义上，陈寅恪倾晚年心力考证钱、柳姻缘，为柳如是大唱颂歌，也是由于他和柳如是等无数命运坎坷的才女内心相通——这世界过于寒冷，他们只有相互温暖。

柳如是的童年是不幸的，幼年即被卖到盛泽归家院名妓徐佛家为养女，从此受徐氏教养。因为聪慧过人，柳如是很早就会作诗，其诗风格清新别致，用词大胆奇特。同历史上那些红颜女子的命运一样，柳如是虽不幸流落青楼，但她不甘堕落，始终在寻找可以托付终身的男子以挣脱苦海。她以绝世才貌与复社、几社、东林党人相交往，常着儒服男装与众文人雅集，纵谈天下大势，并多有诗歌唱和。在此期间，她曾与明末清初爱国诗人陈子龙相爱，因陈之家人反对被迫分手。明崇祯十四年（1641年），她饰男装拜访东林领袖、大文豪钱谦益，钱氏一见柳如是即为其才华所折服，两人感情也迅速加深。后几经周折，两人不顾世人反对，终于结为秦晋之好。为此，钱谦益还专门为她建造了一座名为“绛云楼”的住所。由于柳如是之文采风流，大有巾帼不让须眉之势，钱谦益曾戏称柳如是为“柳儒士”。明代倾覆之际，柳如是曾劝钱谦益投水殉节，但钱谦益竟然以水太冷为由拒绝，柳如是即奋身跳入荷花池，以身殉明未遂。可怜钱谦益缺少应有的骨气，最终还是降清，自然从此受到柳氏的鄙视。但由于柳如是内心还爱钱谦益，才没有离开他，并一直鼓励钱谦益从事反清复明的活动。

这里对钱谦益要多说几句，因为学术界在研究《柳如是别传》时有观点认为陈寅恪有把自己比作钱谦益。钱谦益虽然降清却没有真正受到清廷重用，加之他受柳如是鼓励，遂开始暗暗从事反清活动，最终遭到猜忌被逐回乡，郁郁而死。可悲的是钱谦益去世后，因身为贰臣名声受辱，后竟被列入清廷所编辑的《贰臣传》，而且是在更低一等的“乙编”。钱谦益降清后任礼部侍郎，其实官位很高，但因他所著《初学集》《有学集》中有对清朝不敬乃至批判内容，所以遭到清廷统治者的反感。乾隆就曾评价钱谦益是“有才无形之人”，认为钱谦益如果是为明朝死节，那么写文章批评清朝尚有情可原，但既然已经降清，还要把“狂吠之语刊入集中，其意不过欲借此掩其失节之羞，尤为可鄙可耻”。因此，钱谦益之流被乾隆点名编入“乙编”。

再说钱谦益去世后，钱氏家人见柳如是已无靠山，遂乘机向柳如是逼索财物，柳如是抗争不过只得投缳自尽。

就是这样一位有胆有识、有才有貌的奇女子，本应受到人们的尊敬和怀念，但是由于传统思想的束缚，人们对她有“红颜祸水”之类的指责，自明末清初以来直到20世纪末，近四百年间对她褒贬不一。最为常见的指责，就是说她无论怎样有才终究不过一烟花女子，诚如陈寅恪所说“为当时迂腐者所深诋，后世轻薄者所厚诬”。而只有如陈寅恪这样的大学者才认为她是一位真正的才女，其见识远远超过很多男性，更让当时很多所谓的文人高士汗颜。至于其诗词不仅文采一流，内容更可以当作“诗史”来读。等到陈寅恪先生的《柳如是别传》一出，关于柳如是的争论似乎才暂时告一段落。

不过，对于陈寅恪晚年特意为柳如是撰写专著，还是有学者表示不同意见，其中最有代表性的就是钱锺书了，具体不赘。显然，关于柳如是今天人们还是有很多话要说，而且意见还是没有一致。原因自然也很简单：柳如是虽才貌双全、能诗善画，但是由于出身于青楼，社会地位卑微，还受后来丈夫钱谦益降清的牵累，所以她的诗文、事迹长久被湮没甚至她本人也被误会。此外，人们受“红颜祸水”论影响很深，所以凡是遇到此类才女事迹都多少戴着有色眼镜分析，既有成见在前，结论就不会公正。而陈寅恪先生耗费十年心血撰写《柳如是别传》，剔隐发微，诗史互证，终于为柳氏争得她应有的文学和历史地位，也为钱谦益从事反清复明活动做出确凿论证，澄清了若干历史的误会。所以如果真想理解柳如是，不仅要看《柳如是别传》，还要欣赏柳如是的诗文和她的画作，并建议结合陈子龙和钱谦益的诗文对照起来阅读。事实上，这两位明清之交江南文人的领袖人物的诗文有时的确比不上柳如是呢。

按照陈寅恪的说法，柳如是诗词中最佳就是这首《金明池·咏寒柳》：

有怅寒潮，无情残照，正是萧萧南浦。更吹起，霜条孤影，还记得，旧时飞絮。况晚来，烟浪斜阳，见行客，特地瘦腰如舞。总一种凄凉，十分憔悴，尚有燕台佳句。

春日酿成秋日雨。念畴昔风流，暗伤如许。纵饶有，绕堤画舸，冷落尽，水云犹故。忆从前，一点东风，几隔着重帘，眉儿愁苦。待约个梅魂，黄昏月淡，与伊深怜低语。

其中最后一句，陈寅恪先生最为赞赏。

这首词大概作于崇祯十二三年间，柳如是已二十三四岁，按当时风俗女子过二十岁出嫁就算是晚了，柳如是当时还只能以歌妓身份为生计四处奔波，内心愁苦可想而知。此词抒发的正是美人迟暮、人生怅惘之感，词中所咏之寒柳正是她自身之写照。欣赏这首词，当与前面所引辛弃疾的词对照阅读。柳如是写作此词时，已与著名词人陈子龙被迫分手数年，她在寂寞独处之时触景伤情、睹物思人，眼中的世界对自己来说真可谓“风霜刀剑严相逼”。而且柳如是虽然才貌出众，得到很多名士之赞誉，但在一般人眼里依然不过是风尘女子，不仅为人轻视而且常被那些纨绔子弟欺侮，鄞县的谢三宾就是其中一人。据陈寅恪在《柳如是别传》中之考证，谢三宾人品卑下，为官之时就因贪赃枉法而臭名昭著。明亡以后，他时而降清时而反正，又时而归顺，反复无常，甚至为求得清廷赏识不惜杀害本乡抗清人士，仅此一点其人品就可想而知。这谢三宾虽然不学无术，却喜欢附庸风雅，有一次还出钱来帮“嘉定四先生”（即明末居住在嘉定的程嘉燧、唐时升、李流芳、娄坚四人，彼时他们的诗文书画名声极大，世人称之为“嘉定四先生”）刻印诗集，从此竟然以名士自居。他看柳如是才貌双全，欲将柳氏霸为己有。但柳如是如此高洁之女子，怎会看上谢三宾这样的小人？谢三宾一再无耻地威逼利诱，柳如是一时竟无法摆脱。好在柳如是极为聪慧，知道想彻底摆脱谢三宾的纠缠，最好还是找一个他不敢惹的人作为终身寄托。柳如是想来想去，当时的江南文人之中能够镇得住谢三宾并能保护自己的，恐怕也只有钱谦益一人。此外，柳如是之所以最后决定依附快六十岁的钱谦益，关键原因还在于谢三宾是当年钱谦益典试浙江时所取的门生。如果柳如是日后成为师母，则谢三宾自然不敢再有邪念。况且钱谦益之才学、声望和文人领袖的身份，在江南首屈一指，谢三宾肯定不得不放弃对柳如是的痴心妄想。不过，由此钱、柳二人成为谢三宾的眼中钉、肉中刺，倒是他们没有想到的，此为后话。

还有那句“春日酿成秋日雨。念畴昔风流，暗伤如许”读来令人胆战心惊，无数历史竟然在此一句中被生动概括。“春日酿成秋日雨”此句造语新颖，暗藏禅机。按照陈寅恪的说法，“酿成者，事理所必致之意，实悲剧中主人翁结局之原则”。君不见，杨柳在春日摇曳自得之时，即已埋伏下“无边落木萧萧下”之结局。柳如是因其坎坷的人生经历和敏锐的心灵，捕捉到了人世间的无常与命定，正如林黛玉的感慨“天下没有不散的筵席”，所谓好梦易醒、盛筵必散。自古红颜多薄命，柳如是如此，林黛玉也是如此，倘不“如是”，又该如何，又能如何？

柳如是虽然是风尘女子，但其气节凛然，尤明民族大义，其言行足令很多文人羞愧，其文采风流更是巾帼不让须眉。对于柳如是与钱谦益以及同时代一些文人的高下差异，后人早有定评，如袁枚《题柳如是画像》诗（见《小仓山房诗集》卷十三）云：

……

一朝九庙烟尘起，手握刀绳劝公死。

百年此际盍归乎？万论从今都定矣。

可惜尚书寿正长，丹青让与柳枝娘。

自然，对柳如是最“了解之同情”者还是陈寅恪。他之所以对柳如是情有独钟，是因为他发现每逢改朝换代之际，当很多文人不能坚持精神独立、思想自由的时候，那些一贯被歧视的“红妆”们却往往表现出远见卓识和大无畏的气概，其精神之高洁和人格之独立，简直要让无数文人墨客汗颜。在20世纪中叶，亲身经历知识分子出现大规模软骨病的陈寅恪撰写了一系列讴歌才女的论著，其实大有深意，在他的心目中这些女子才是他的异代知己，所以他要向陈端生致敬，所以他要赞美柳如是。

二

下面再介绍一下《柳如是别传》，这部著作八十余万字，分为五章，第一章“缘起”介绍写作此书的原因，第二章考证柳如是最初的姓氏名字、家世以及附带问题，第三章考证柳如是与陈子龙等交往问题，第四章考证柳如是与钱谦益交往及相关问题，第五章考证他们夫妇如何从事“复明运动”及钱氏家难。

对于撰写此书之目的及其学术价值，陈寅恪自己坦承其最初的萌动在于抗战期间，他随清华大学南迁到昆明，一次在昆明一家旧书店中无意得到一颗红豆，是书店主人当年从江苏常熟钱谦益故居中红豆树上所获。陈寅恪得到后如获至宝，遂由此对钱谦益著作产生浓厚兴趣，并对其生平及与柳如是的关系产生考证想法，这与他后来一直进行的才女研究即“颂红妆”研究其实是一致的。当然，该书除却张扬陈寅恪自己认定的“颂红妆”旨意外，还为我们展示了明末清初江南文人群体的全景图及他们置身其中的江南社会风貌。毫无疑问，了解这些对于理解今天的江南文化及当代文人的思想文化状况，有着重要的历史价值和现实意义。

从历史上看，最早对《柳如是别传》这部巨著做出高度评价的应该是陈寅恪好友吴宓，他在20世纪60年代初到广州看望陈寅恪后，在日记中写下了这样一段近乎盖棺定论式的文字：

> （寅恪）细述其对柳如是研究之大纲。柳心爱陈子龙、即其嫁牧翁，亦终始不离其民族气节之立场，光复故物之活动，不仅其才之高、学之博，足以压倒时辈也。总之，寅恪之研究“红妆”之身世与著作，盖藉此以察出当时政治（夷夏）、道德（气

节）之真实情况，盖有深意存焉。绝非消闲风流之行事……

今人胡晓明对此评述说，吴宓此言之重点，是在强调易代之际的中国文人，该如何对有关文化与道德之基本命运做出抉择。“颂红妆”只不过是一种表面现象或一种叙述策略，其真正的深层关注则应含有文人心态史的更多更深含义。显然，相对于单纯的“颂红妆”旨意，展示那个时代的文人精神世界和地域文化风貌，并借此揭示数百年来中国文化变迁之历程，就更有意义和价值。

在《柳如是别传》中，陈寅恪不仅对以柳如是为代表的“红妆”给予热情赞颂，对江南文化和江南文人也有着深入分析并带有明显的偏爱之情。由此可以说明，陈寅恪在1949年后之所以多次流露出想在杭州安度晚年的想法，看来不仅是由于其父兄归葬于此，江南地区特有的文化和较为舒适的生活环境应该也是原因之一。至于江南诸城市中他特别对杭州感兴趣，则不排除杭州才女陈端生的因素。此外，由于钱谦益和陈子龙二人是江南文人的代表，因此对他们思想、文学成就的评述，以及对他们日常生活和仕宦生涯的展示，也就可以看作是对那个时代江南文人的综合性研究。

江南文化和社会风气、风土人情等，发展至明末清初，与北方中原文化之差异早已十分巨大，对此，早在唐代甚至更早就引起文人的关注。而江南文人与歌妓虽然社会地位截然不同，却因他们各自特殊的社会身份，得以共同成为江南文化的创造和传承者，并因此成为得时代风气之先的代表性人物。陈寅恪在《柳如是别传》中对此特别注意揭示，并把它们与文人、“红妆”之性格和命运紧紧联系在一起来分析。如明末清初江南文人的代表性人物钱谦益和陈子龙等人，如果离开了他们所生活的江南，其性格、命运很可能就是另一个样子。又如“红妆”之代表柳如是，聪明绝伦，不愧一代才女称号，但她成为一代风流人物，则一方面和她多与文人墨客交往有关，另一方面也与江南地区特有的社会风气有关：

> 寅恪尝谓河东君及其同时名姝，多善吟咏，工书画，与吴越党社胜流交游，以男女之情兼师友之谊，记载流传，今古乐道。推论其故，虽由于诸人天资聪慧，虚心向学所使然。但亦因其非闺房之闭处，无礼法之拘牵，遂得从容与一时名士往来，受其影响，有以致之也。清初淄川蒲留仙松龄《聊斋志异》所记诸狐女，大都妍质清言，风流放诞，盖留仙以齐鲁之文士，不满其社会环境之限制，遂发遐思，聊托灵怪以写其理想中之女性耳。实则自明季吴越胜流观之，此辈狐女，乃真实之人，且为篱壁间物，不待寓意游戏之文，于梦寐中以求之也。若河东君者，工吟善谑，往来飘忽，尤与留仙所述之物语仿佛近似，虽可发笑，然亦足藉此窥见三百年前南北社会风气歧异之点矣。

可以肯定的是，柳如是自从离开前宰相周道登家后，正是江南特有的社会风尚和特有的水乡地理环境赋予她一定的生存空间和公共空间，使她可以在江南地区过一种虽然是流浪却较为自由的生活。从《柳如是别传》可以看出，相对灵活的水上漂泊生涯之所以可以实施，固然得益于她的歌妓身份，但也与江南民风之宽松和士大夫对她这类才女的资助有很大关系。柳如是在与钱谦益结合之前，数年间仅凭一船来往于江南地区，江南水乡特有的这种船文化，无疑对她帮助很大。不同于陆上之车，船本身除却交通功能外，还可以承担居住生活功能，这就使柳如是可以免除寻找住处的担忧而自由往来各地。此外，一些江南名士更是直接给柳如是很大帮助，如杭州的汪然明，不仅对其才华十分欣赏，广泛为之宣扬，而且从经济等方面给予大力资助。作为一位古稀老人，汪然明此举不仅没有受到社会舆论和文人的嘲讽，反而得到认可，这就与江南特有的社会风尚和当时江南文人的精神风貌有直接关系。就江南城市而言，杭州无疑是最值得关注的一个。自南宋时开始获得飞速发展后，到明末杭州已俨然成为文人与歌妓交往的中心，西湖及其周围的名人府邸、客栈等更是形成一个有形的公共空间，而柳如是时期的杭州，汪然明就是联结文人与歌妓的中介人物。

文人与“红妆”，看似身份决然不同其实多有相似。这里所强调的是，在历史变迁之际他们的命运不仅十分相似，而且多有关联、互为因果。今人孙康宜认为，晚明时期江南地区文人之所以格外看重“红妆”，除却文人特有之怜香惜玉情结外，更主要是由于他们从这些才女的命运中看到了自己的命运。更进一步，他们认为才女命运的浮沉就是国家民族命运的隐喻。陈寅恪在《柳如是别传》中对钱、柳姻缘个案的探究，实际也是在关注此类问题。他多次称柳如是为“柳儒士”，当非无意之举，意在把柳如是比作“士”，即以柳氏命运暗喻文人命运。影响文人命运的因素固然很多，而时代变迁无疑是重要因素之一，特别是异族入侵所导致的改朝换代这样的变化，对文人心理的冲击更是巨大。陈寅恪所重点关注的，就是面对这样一个时代，他们又该如何抉择?

就钱、柳姻缘而言，最值得关注的是两点，一是他们的结合过程和实现的具体形式，另一是钱氏降清并最终导致他们夫妻归于悲剧性命运，特别是柳如是的自杀结局。所有这些既可以看作对他们爱情、婚姻的考验，又可以看作与他们交往之江南文人反应的试金石。

据陈寅恪所言，崇祯十三年（1640年）柳如是和钱谦益初次相识，即一见如故，而此时的钱谦益在仕途方面却是屡遭挫折。就年龄而言，此时的钱谦益已是五十九岁，早已过陈寅恪所说的“中岁”，对“仕宦”这样的事功之事早该看淡，那么反过来就可能在情感方面寻求补偿。于是，次年钱谦益即娶柳如是为侧室，而且是按照“匹嫡”

之礼（即按照与娶原配夫人同样的礼节）举办婚礼。不过，此举显然违反了当时的社会风习和道德规范，导致许多文人士大夫表示不满。请看《柳如是别传》中引用之有关史料对此事的记载：

> 辛巳六月虞山于茸城舟中与如是结缡。学士冠带皤发，合卺花烛，仪礼备具。赋催妆诗，前后八首。云间缙绅哗然攻讨，以为亵朝廷之名器，伤士大夫之体统，几不免老拳，满船载瓦砾而归，虞山怡然自得也。称为继室，号河东君。

其实柳如是对于和钱谦益的结合有一定的顾虑，除却年龄差距过于悬殊外（柳氏当时仅二十四岁），还有一点就是出身卑贱的柳如是一直想要一个名分，按照陈寅恪的推测就是“当为嫡庶之分”。陈寅恪认为，在明末这个问题之寻求解决关键在于两方面，一是社会礼节，这方面只要稍微通融，即不成问题；一是国家法律，则不容含混，否则违反（一夫一妻）制度。但二者之间其实互有关系。按照当时社会风气，士大夫嫖妓纳妾本不是问题，但在明清时期如要同时有两个正妻，则既不能为世人所容，也是违反国家法律之行径。在此之前，士大夫因此受到连累事不是没有。据《明史·倪元璐传》，倪元璐在崇祯八年（1635年）升国子监祭酒，且深得皇帝信任，为此深受同事温体仁嫉妒，温体仁在搜罗倪元璐所谓罪行而不得之情况下，遂以倪元璐之正妻尚在，而其妾王氏竟然冒充继配受封以致败坏礼法事为由诬告倪元璐。后经其同事证实得知其原配陈氏已因过被出，王氏系继娶而实非其妾。最终倪元璐被罢免官职，此事才算结束。

陈寅恪指出，钱谦益和倪元璐本同为温体仁之流所深恶者，幸好钱、柳结合之时温体仁已经死去，不然按照钱、柳结合时其原配夫人仍在钱家的事实，则钱谦益所受处分很可能会较倪元璐更加一等。自然，由于当时钱谦益已经被罢官回家，其嫡妻陈氏所受封号当被追夺，也就无法为柳如是请封，由此在国家法度方面已没有任何通融可能。陈寅恪指出，也就是因为在“名分”这方面不能满足，钱谦益才在能够通融之社会礼节方面大加铺张，以弥补安慰柳如是不能被封的遗憾。至于清兵入关之后，清初法律制度不似明代的那样严格，甚至有士大夫之正妻已受明代诰封，而其妾可以代妻受清代之封事。不过在这一点上足可看出钱、柳二人在民族气节和大是大非问题上决不含糊：尽管钱谦益降清后有机会为柳如是请封，他们却始终没有这样做。

尽管他们的结合遭到社会舆论的反对，钱、柳二人却我行我素、相亲相爱，婚后生活极为幸福，这从钱谦益此时的诗作中可以看得非常清楚，如钱氏的《合欢诗》《催妆词》等。作为当时文坛的领袖人物，钱谦益还要求众门生、好友唱和《合欢诗》《催妆词》以为庆贺。而从是否唱和和是否认真唱和方面，也可看出当时一般文人对钱、柳姻缘的态度。对此，陈寅恪有精彩的分析：首先，看和诗的作者构成，其年龄较大者一般为近于山林隐居之人或者是地位不甚显赫者，其余则为钱谦益的门生或晚辈。由此陈寅恪指出，钱谦益以“匹嫡”之礼迎娶柳如是在当时确实不能为舆论所容，因此其门生中一些有地位者甚至与钱谦益为患难之交者如瞿稼轩等，均没有和诗，恐怕是有所顾虑。一些和诗质量也平平，除却作者能力因素外，也不能排除他们有敷衍之嫌。其次，对于钱谦益此时的诗作，作为最重要当事者的柳如是竟然没有唱和之作。这反映了柳如是的矛盾心理，即如果唱和之作表露欢乐之心境，就似乎对不住故交陈子龙；如果说一些悲苦之言，显然也对不住钱谦益，有无理扫兴之嫌，如此干脆就不写。

笔者以为陈寅恪的分析还是很有说服力，不过还可以补充的是，柳如是自然充分了解到当时社会舆论和钱氏家庭对他们结合特别是结合方式的反对，以及钱氏为此所冒的风险和付出的代价，她的地位因此有些尴尬，她的内心自然有些不安，也即过于表示欢乐或者不欢乐都不太好，或者说对钱氏表示安慰或者歉意似乎都不好，如此那就不如不写和诗。进一步说，柳如是认为既然钱谦益能够为她牺牲自己的名望、财产和社会地位等，那么和诗与否已经不重要，或者她认为钱谦益也不会看重。不过，按照陈寅恪的意见，其实钱谦益还是有些失望的。那么聪明如柳如是，难道真的是没有看出钱谦益的失望，还是其他原因呢？陈寅恪最后也没有得出定论，我们也只能姑且猜测一番了。

钱氏降清是其一生最大的污点，对此失节之举陈寅恪并没有为之辩护，明确指出钱氏当时之表现远不如柳如是，是文人软弱无行之可耻代表也。而出身卑贱之柳如是，反倒在此重大关头决意投水自杀殉国，诚为“天下兴亡、匹夫有责”最有力之注解，可歌可泣。对柳如是而言，夫君成为降臣，使其陷入两难境地，即如何处理对丈夫的个人忠诚和对故国明朝的政治忠诚。对此，柳如是没有采取过于激烈的态度，而是改用逐渐在钱谦益内心灌输复明念头的方法。笔者以为柳如是对于中国文人的弱点和所谓的使命感其实非常了解，因此才可以成功地说服钱谦益为“赎罪”而开始复明活动。

值得注意的是，钱氏降清后文人对他的态度极为微妙，除却社会上的嘲讽、轻视、咒骂外，许多江南文人均未因此与钱氏绝交，有的在政治上轻视钱氏而在文学方面继续保持交往。其中最为理解钱氏如黄宗羲者不必论，其余多少窥知钱氏内心委曲者反而更加深了与钱氏的交往，如归庄、朱鹤龄、瞿式耜等，对此，今人赵园在其《明清之际士大夫》中有精彩分析，不赘。在“扬州十日”“嘉定三屠”等江南民众可歌可泣之反抗的大背景下，在史可法、陈子龙等人壮烈牺牲之时，钱氏之降清好像没有受到应有之“千夫所指”的诅咒，是值得思考的现象。此外，赵园认为明亡之后，书写“故明之思、明亡之恨”成为当时文人的普遍精神取向，而绝不仅仅限于那些遗老遗少。甚至在那些失节投降者那里，也可以读到似乎更为深切而动人的故国之思和亡国之恨。显然，书写者的政治态度和处世观并不能完全决定其文字表述的情感取向，在这里，共同的审美思维和感受使政治身份和社会身份截然不同的文人，有着几乎一致的人生体验并都可以转化为文学艺术的创作。也许就是在这一点上，文人作为一个整体，对其内部的那些失节分子可以表示出一种有限的宽容乃至理解。就钱谦益个案而言，钱氏在文学方面的卓越才华和成就，以及文坛领袖身份，很大程度上减轻了其他文人对其失节行为的谴责。自然，还是有文人对此表现得清醒和坚定不移，如《柳如是别传》中提到的有人在钱氏投降后对其服装嘲讽为“两朝领袖”就是一例。

至于钱、柳之死，从江南文人的反应和社会有关舆论，更能看出那时文人的心态和当时的社会风尚。作为降清之臣，钱谦益晚年从事的复明运动，当时很少为他人所了解，所以钱氏之死不会受到当时江南文人的特别关注，更少有人写悲痛悼念之辞。而对于柳如是之被迫自杀，江南文人及社会舆论却几乎都给予同情，这里的是非概念区分得十分清楚。

总之，自古红颜多薄命，柳如是也未能幸免。幸好有陈寅恪这样的大师为其作传，使其坎坷而曲折的一生事迹可以为更多人所知，这是柳如是的幸运。当然，《柳如是别传》的意义和价值绝非这一点，从中国知识分子命运和中国文化史发展的意义看，它的价值应该更丰富，影响也会更加久远。

《柳如是别传》(节选)

陈寅恪

第一章　缘起

咏红豆(并序)

昔岁旅居昆明，偶购得常熟白茆港钱氏故园中红豆一粒，因有笺释钱柳因缘诗之意，迄今二十年，始克属草。适发旧箧，此豆尚存，遂赋一诗咏之，并以略见笺释之旨趣及所论之范围云尔。

东山葱岭意悠悠，谁访甘陵第一流。送客筵前花中酒，迎春湖上柳同舟。纵回杨爱千金笑，终剩归庄万古愁。灰劫昆明红豆在，相思廿载待今酬。

题牧斋初学集并序

余少时见牧斋《初学集》，深赏其“埋没英雄芳草地，耗磨岁序夕阳天。洞房清夜秋灯里，共简庄周说剑篇”之句。(牧斋《初学集》三六《谢象三五十寿序》云“君初为举子，余在长安，东事方殷，海内士大夫自负才略，好谭兵事者，往往集余邸中，相与清夜置酒，明灯促坐，扼腕奋臂，谈犁庭扫穴之举”等语，可以参证。同书九〇《天启元年浙江乡试程录》中《序文》及《策文》第五问，皆论东事及兵法。按之年月节候，又与诗意合。牧斋所谓“庄周说剑篇”者，当是指此《录》而言也。）今重读此诗，感赋一律。

早岁偷窥禁锢编，白头重读倍凄然。夕阳芳草要离冢，东海南山下濮田。（牧斋《有学集》一三《东涧诗集（下）病榻消寒杂咏四十六首》之四十四“银磅南山烦远祝，长筵朋酒为君增。”句下自注云：“归玄恭送春联云，居东海之滨，如南山之寿。”寅恪案，阮吾山葵生《茶余客话》一二“钱谦益寿联”条记兹事，谓玄恭此联，“无耻丧心，必蒙叟自为。”则殊未详考钱归之交谊，疑其所不当疑者矣。又鄙意恒轩此联，固用《诗经》《孟子》成语，但实从庾子山《哀江南赋》“畏南山之雨，忽践秦庭。让东海之滨，遂餐周粟。”脱胎而来。其所注意在“秦庭”“周粟”，暗寓惋惜之深旨，与牧斋降清，以著书修史自解之情事最为切合。吾山拘执《孟子》《诗经》之典故，殊不悟其与《史记》《列女传》及《哀江南赋》有关也。）谁使英雄休入彀，（明南都倾覆，牧斋随例北迁，河东君独留金陵。未几牧斋南归。然则河东君之志可以推知也。）转悲遗逸得加年。（牧斋《投笔集（下）后秋兴之十二》

云：“苦恨孤臣一死迟。”）枯兰衰柳终无负，莫咏柴桑拟古篇。

上录二诗，所以见此书撰著之缘起也。

寅恪少时家居江宁头条巷。是时海内尚称乂安，而识者知其将变。寅恪虽年在童幼，然亦有所感触，因欲纵观所未见之书，以释幽忧之思。伯舅山阴俞觚斋先生明震同寓头条巷，两家衡宇相望，往来便近。俞先生藏书不富，而颇有精本。如四十年前有正书局石印戚蓼生钞八十回《石头记》，其原本即先生官翰林日，以三十金得之于京师海王村书肆者也。一日寅恪偶在外家检读藏书，获睹钱遵王曾所注《牧斋诗集》，大好之，遂匆匆读诵一过，然实未能详绎也。是后钱氏遗著尽出，虽几悉读之，然游学四方，其研治范围与中国文学无甚关系，故虽曾读之，亦未深有所赏会也。丁丑岁芦沟桥变起，随校南迁昆明，大病几死。稍愈之后，披览报纸广告，见有鬻旧书者，驱车往观。鬻书主人出所藏书，实皆劣陋之本，无一可购者。当时主人接待殷勤，殊难酬其意，乃询之曰：“此诸书外，尚有他物欲售否？”主人踌躇良久，应曰：“曩岁旅居常白茆港钱氏旧园，拾得园中红豆树所结子一粒，常以自随，今尚在囊中，愿以此豆奉赠。”寅恪闻之大喜，遂付重值，藉塞其望。自得此豆后，至今岁忽忽二十年，虽藏置箧笥，亦若存若亡，不复省视。然自此遂重读钱集，不仅借以温旧梦、寄遐思，亦欲自验所学之深浅也。盖牧斋博通文史，旁涉梵夹、道藏，寅恪平生才识学问固远不逮昔贤，而研治领域，则有约略近似之处。岂意匪独牧翁之高文雅什，多不得其解，即河东君之清词丽句，亦有瞠目结舌，不知所云者。始知禀鲁钝之资，挟鄙陋之学，而欲尚论女侠名姝文宗国士于三百年之前，（可参云间杜九高《登春尺五楼诗集》二下《武静先生席上赠钱牧斋宗伯》诗云："帐内如花真侠客。"及顾云美苓《河东君传》云："宗伯大喜，谓天下风流佳丽，独王修微、杨宛叔与君鼎足而三。何可使许霞城、茅止生专国士名姝之目。"）诚太不自量矣。虽然，披寻钱柳之篇什于残阙毁禁之余，往往窥见其孤怀遗恨，有可以令人感泣不能自已者焉。夫三户亡秦之志，《九章·哀郢》之辞，即发自当日之士大夫，犹应珍惜引申，以表彰我民族独立之精神，自由之思想。何况出于婉娈倚门之少女，绸缪鼓瑟之小妇，而又为当时迂腐者所深诋，后世轻薄者所厚诬之人哉！牧斋事迹具载明清两朝国史及私家著述，固有阙误，然尚多可考。至于河东君本末，则不仅散在明清间人著述，以列入乾隆朝违碍书目中之故，多已亡佚不可得见，即诸家诗文笔记之有关河东君，而不在禁毁书籍之内者，亦大抵简略错误，剿袭雷同。纵使出于同时作者，亦多有意讳饰诋诬，更加以后代人无知之虚妄揣测。故世所传河东君之事迹多非真实，殊有待发之覆。今撰此书，专考证河东君之本末，而取牧斋事迹之有关者附之，以免喧宾夺主之嫌。起自初访半野堂前之一段因缘，迄于殉家难后之附带事件，并详述河东君与陈卧子（子龙）、程孟陽（嘉燧）、谢象三（三宾）、宋辕文（徵舆）、李存我（待问）等之关系。寅恪以衰废余年，钩索沉隐，延历岁时，久未能就，观下列诸诗，可以见暮齿著书之难有如此者，斯乃效《再生缘》之例，非仿《花月痕》之体也。

乙未阳历元旦作：

红碧装盘岁又新，可怜炊灶尽劳薪。太冲娇女诗书废，孺仲贤妻药裹亲。食蛤那知天下事，然脂犹想柳前春。(河东君《次牧翁冬日泛舟》诗云："春前柳欲窥青眼。"）炎方七见梅花笑，惆怅仙源最后身。

高楼冥想独徘徊，歌哭无端纸一堆。天壤久销奇女气，江关谁省暮年哀。残编点滴残山泪，绝命从容绝代才。留得秋潭仙侣曲，(陈卧子集中有《秋潭曲》，宋让木集中有《秋塘曲》。宋诗更是考证河东君前期事迹之重要资料。陈宋两诗全文见后详引。)人间遗恨总难裁。

乙未旧历元旦读《初学集·（崇祯）甲申元日》诗有"衰残敢负苍生望，重理东山旧管弦。"之句，戏成一律。

绛云楼上夜吹箫，哀乐东山养望高。黄阁有书空买菜，玄都无地可栽桃。如花眷属惭双鬓，似水兴亡送六朝。尚托惠香成狡狯，至今疑滞未能消。

笺释钱柳因缘诗，完稿无期，黄毓祺案复有疑滞，感赋一诗。

然脂暝写费搜寻，楚些吴歈感恨深。红豆有情春欲晚，黄扉无命陆终沉。机云逝后英灵改，兰萼来时丽藻存。拈出南冠一公案，可容迟暮细参论。

丙申五月六十七岁生日，晓莹于市楼置酒，赋此奉谢。

红云碧海映重楼，初度盲翁六七秋。织素心情还置酒，然脂功状可封侯。(时方撰《钱柳因缘诗释证》。) 平生所学供埋骨，晚岁为诗欠斫头。幸得梅花同一笑，岭南已是八年留。

丁酉阳历七月三日六十八初度，适在病中，时撰《钱柳因缘诗释证》尚未成书，更不知何日可以刊布也，感赋一律。

生辰病里转悠悠，证史笺诗又四秋。老牧渊通难作匹，阿云格调更无俦。渡江好影花争艳，填海雄心酒祓愁。珍重承天井中水，人间唯此是安流。

用前题意再赋一首。年来除从事著述外，稍以小说词曲遣日，故诗语及之。

岁月犹余几许存，欲将心事寄闲言。推寻衰柳枯兰意，刻画残山剩水痕。故纸金楼销白日，新莺玉茗送黄昏。夷门醇酒知难贳，聊把清歌伴浊樽。

十年以来继续草《钱柳因缘诗释证》，至癸卯冬，粗告完毕。偶忆项莲生（鸿祚）云："不为无益之事，何以遣有涯之生。"伤哉此语，实为寅恪言之也。感赋二律。

横海楼船破浪秋，南风一夕抵瓜洲。石城故垒英雄尽，铁锁长江日夜流。惜别渔舟迷去住，封侯闺梦负绸缪。八篇和杜哀吟在，此恨绵绵死未休。

世局终销病榻魂，谤台文在未须言。高家门馆恩谁报，陆氏庄园业不存。遗属只余传惨恨，著书今与洗烦冤。明清痛史新兼旧，好事何人共讨论。

此稿既以释证钱柳因缘之诗为题目，故略述释证之范围及义例。自来诂释诗章，可别为二：一为考证本事，一为解释辞句。质言之，前者乃考今典，即当时之事实。后者乃释古典，即旧籍之出处。牧斋之诗，有钱遵王曾所注《初学集》《有学集》，遵王与牧斋关系密切，虽抵触时禁，宜有所讳。又深恶河东君，自不著其与牧斋有关事迹。然综观两《集》之注，其有关本事者，亦颇不少。兹略举其最要者言之。如遵王《初学集诗注》一六《丙舍诗集（下）雪中杨伯祥馆丈廷麟过访山堂即事赠别》诗“贾庄”注，详述崇祯十年、十一年于建州讲欵及卢象昇殉难于贾庄之史实。同书一七《移居诗集·茅止生挽词十首》，其第二首“武备新编”、第四首“西玄”，分别注出止生以谈兵游长安，挟《武备志》进御事及止生妾陶楚生事（可参《列朝诗集》丁下《茅待诏元仪》及闰集陶楚生两《小传》。）同卷《姚叔祥过明发堂共论近代词人，戏作绝句十六首》，其中“高杨”“文沈”“何李”“锺谭”等人皆注出其事迹。又，“锺谭”注中云“（王）微（杨）宛为词客，讵肯与（锺谭）作后尘。公直以巾帼愧竟陵矣”等语，可见牧斋论诗之旨也。

同卷《永遇乐词·十六夜见月》，注中详引薛国观事。注末数语，其意或在为吴昌时解脱。

同书二〇《东山诗集叁·驾鹅行·闻潜山战胜而作》诗，“潜山战”注，述崇祯十五年壬午起马士英为凤督。九月己卯，（《明史二四庄烈帝本纪》“己卯”作“辛卯”，是。）总兵刘良佐、黄得功败张献忠将一堵墙于潜山。十月丙午刘良佐再破张献忠于安庆等事。盖遵王生当明季，外则建州，内则张李，两事最所关心。涉及清室者，因有讳忌，不敢多所诠述。至张李本末，则不妨稍详言之也。

又，同卷《送涂德公秀才戍辰州兼简石斋馆丈》一题“戍辰州”注，言涂仲吉因论救黄道周，下诏狱，戍辰州事。注末云：“道周辨对，而斥之为佞口，仲吉上言，而目之为党私。稽首王明，叹息何所道哉？此公之深意，又当遇之于文辞之外者也。”遵王所谓“文辞外”之深意，自当直接得诸牧斋之口。

《有学集诗注》二《秋槐支集·闽中徐存永陈开仲乱后过访各有诗见赠次韵奉答四首》之四“沁雪”注，及《夏日宴新乐小侯》诗题下“新乐”注，遵王皆引本事及时人之文以释之。

同书四《绛云楼余烬集·哭稼轩留守相公诗》，“留守”注，述瞿式耜本末甚详。

同卷《孟阳冢孙念修自松圆过访口占送别二首》第一首“题诗”注，述牧斋访松圆故居题诗屋壁事。第二首“闻咏”下注云：“山庄旧有闻咏亭，取‘老杜诗罢闻吴咏’之句。”检《有学集》一八《耦耕堂诗序》云：“天启初，孟阳归自泽潞，偕余栖拂水涧，泉活活循屋下，春水怒生，悬流喷激。孟阳乐之，为亭以踞涧右，颜之曰闻咏。”遵王《注》可与此《序》相参证也。

同书五《敬他老人集（上）简侯研德并示记原诗》，附笺语，详述侯峒曾本末及嘉定屠城事。岂因李成栋后又叛清降明，故不必为之讳耶？

同卷《路易（长？）公安卿置酒包山官舍即席有作二首》之一“怀

羽翼”注，述路振飞事迹。

同书六《秋槐别集·左宁南画像歌为柳敬亭作》注中载左良玉本末甚详，并及柳敬亭事。

同卷《丙申春就医秦淮寓丁家水阁三十绝句》，其第十九首“四乳”注，述倪让、倪岳父子本末。第二十一首“紫淀”下载张文峙改名事。第二十八首“史痴”“徐霖”注，言及两人之逸闻。

同卷《读新修〈滕王阁诗文集〉重题十首》第七首“石函”注云：“彭幼朔《九日登高寄怀虞山太史诗》：‘石函君已镌名久，有约龙沙共放歌。’幼朔注曰，‘近有人发《许旌陽石函记》。虞山太史官地具载。其当在樵阳八百之列无疑。故落句及之。’”检同书一一《红豆二集·遵王赋胎仙阁看红豆花诗吟叹之余走笔属和》，诗后附钱曾原诗，有“八百樵阳有名记”句，当即用此事。

同书八《长干塔光集·大观太清楼二王法帖歌》中，鲁公“孝经”注云：“公云，乱后于燕京见鲁公所书《孝经》真迹，字画俨如《麻姑仙坛记》。御府之珍，流落人间，可胜惋惜。”或可补《绛云楼题跋》之遗。

同书一四《东涧诗集（下）病榻消寒杂咏四十六首》其第十三首《壬午日鹅笼公有龙舟御席之宠》诗，注云：“鹅笼公谓阳羡也。”其第三十四首《追忆庚辰冬半野堂文宴旧事》诗“看场神鬼”注云：“公云，文宴时，有老妪见红袍乌帽三神坐绛云楼下。”（寅恪案，范锴

《华笑庼杂笔一》“黄梨洲先生批钱诗残本”条，载太冲批语云：“愚谓此殆火神邪？”可发一笑！又崇祯十三年庚辰冬河东君初访半野堂时，绛云楼尚未建造。遵王所传牧斋之语，初视之，疑指后来改建绛云楼之处而言。细绎之，则知遵王有意或无意牵混牧斋殇子寿耇之言，增入“绛云”二字，非牧斋原语所应有也。以增入此二字之故，梨洲遂有“火神”之说，可谓一误再误矣。详见第五章论《东山酬和集》河东君《春日我闻室作呈牧翁》诗节。）

诸如此类，皆是其例。但在全部注本之中，究不以注释当日本事为通则也。

至遵王《初学集诗注》一八《东山诗集一·有美一百韵晦日鸳湖舟中作》诗“疏影词”注，引河东君《金明池·咏寒柳》词及何士龙《疏影·咏梅（上牧翁）》词，并载陆敕先之语。则疑是陆氏所主张，实非出自遵王本意。其他有关年月地理人物，即使不涉及时禁，或河东君者，仍多不加注释。质此之故，寅恪释证钱柳之诗，于时地人三者考之较详，盖所以补遵王原注之缺也。但今上距钱柳作诗时已三百年，典籍多已禁毁亡佚，虽欲详究，恐终多讹脱。若又不及今日为之，则后来之难或有更甚于今日者，此寅恪所以明知此类著作之不能完善，而不得不仍勉力为之也。至于解释古典故实，自以不能考知辞句之出处为难，何况其作者又博雅如钱柳者乎？今观遵王所注两《集》，牧斋所用僻奥故实，遵王或未著明，或虽加注释，复不免舛误，或不切当。据王应奎《海虞诗苑》四所载《钱文学曾小传》略云：

> 曾字遵王，牧翁宗伯之族曾孙也。宗伯器之，授以诗法。君为宗伯诗注，廋词隐语悉发其覆，梵书道笈必溯其源，非亲炙而得其传者不能。

及同书五所载《陆文学贻典小传》云：

> 贻典字敕先，号觌庵。自少笃志坟典，师（钱）东涧（谦益），而友（冯）钝吟（班），学问最有原本。钱曾笺注东涧诗，僻事奥句，君搜访佽助为多。

夫遵王、敕先皆牧斋门人，而注中未能考知牧斋之僻事奥句，即有所解释，仍不免于错误或不切者，殆非“智过其师，乃堪传授”之人，此点可姑不置论。但两人与牧斋晚年往来密切，东涧诗中时地人之本事，自应略加注明，而遵王之注多未涉及者，则由于遵王之无识，敕先不任其咎也。又观《有学集》三九《复遵王书（论己所作诗）》云：

> 居恒妄想，愿得一明眼人为我代下注脚，发皇心曲，以俟百世。今不意近得之于足下。

然则牧斋所属望于遵王者甚厚。今观遵王之注，则殊有负牧斋矣。抑更有可论者，解释古典故实，自当引用最初出处，然最初出处，实不足以尽之，更须引其他非最初而有关者，以补足之，始能通解作者遣辞用意之妙。如李壁《王荆公诗注》二七《张侍郎示东府新居诗因而和酬》二首之一“功谢萧曹惭汉第，恩从隗始诧燕台”之句下引蔡绦《西清诗话》(参郭绍虞梭辑《宋诗话辑佚（上）》）云：

> 熙宁初，张掞以二府初成，作诗贺荆公。公和之，以示陆农师（佃）。曰：“萧规曹随，高帝论功，皆摭故实，而请从隗始，初无‘恩’字。”荆公笑曰：“子善问也。韩退之《斗鸡联句》：‘感恩从隗始。’若无据，岂当对‘功’字也。”

寅恪案，王介甫此言可以见注释诗中古典，得其正确出处之难。然《史记》《汉书》及《昌黎集》皆属古籍，虽出处有先后，犹不难寻检得之。若钱柳因缘诗，则不仅有远近出处之古典故实，更有两人前后诗章之出处。若不能探河穷源，剥蕉至心，层次不紊，脉络贯注，则两人酬和诸作，其辞锋针对，思旨印证之微妙，绝难通解也。试举一例以明之。如《东山酬和集》一河东君《次韵答牧翁冬日泛舟》诗中“莫为卢家怨银汉，年年河水向东流”之句，与最初出处之《玉台新咏·歌词》二首之二“河中之水向东流，洛阳女儿名莫愁”“卢家兰室桂为梁”“头上金钗十二行”“平头孥子擎履箱”“恨不嫁与东家王”等句，及第二出处之《李义山诗集（上）代（卢家堂内）应》云：

本来银汉是红墙，隔得卢家白玉堂。谁与王昌报消息，尽知三十六鸳鸯。

有关，固不待言，其实亦与《东山酬和集》一牧翁《次韵答柳如是过访山堂赠诗》“但似王昌消息好，履箱擎了便相从”有关。尤更与牧翁未见河东君之前，即《初学集》一六《丙舍诗集·（崇祯十三年春间）观美人手迹，戏题绝句七首》其三云：

兰室桂为梁，蚕书学采桑。几番云母纸，都惹郁金香”（原注云：《金壶记，蚕书，秋胡妻玩蚕而作河中之水歌》“十四采桑南陌头。”）

及同书一七《移居诗集·永遇乐词·（崇祯十三年）八月十六夜有感》云：

银汉红墙，浮云隔断，玉箫吹裂。白玉堂前，鸳鸯六六，谁与王昌说。今宵二八，清辉香雾，还忆破瓜时节。（寅恪案，牧斋《观美人手迹七首》之五云：“笺纸劈桃花，银钩整复斜。却怜波磔好，破体不成瓜。”原注云：“李群玉诗：‘瓜字初分碧玉年。’”）

剧堪怜，明镜青天，独照长门鬓发。莫愁未老，嫦娥孤零，相向共嗟圆阙。长叹凭阑，低吟拥髻，暗与阴蛩切。单栖海燕，东流河水，十二金钗敲折。何日里，并肩携手，双双拜月。

有密切关系。今之读者，若不循次披寻，得其脉络，则钱柳因缘之诗，必不能真尽通解矣。（寅恪检《初学集》一七《移居诗集》有《杂忆诗十首次韵》，当赋成于崇祯十三年庚辰五月间。不知为何人而作。岂为杨宛叔而作耶？抑或与河东君有关耶？姑识此疑，以俟详考。）职是之由，此书释证钱柳之诗，止限于详考本事。至于通常故实，则不加注解，即或遵王之注有所未备，如无大关系，则亦不补充，以免繁赘。但间有为解说便利之故，不得不于通常出处，稍事征引，亦必力求简略。总而言之，详其所应详，略其所当略，斯为寅恪释证钱柳因缘诗之范围及义例也。

复次，沈偶僧雄江丹崖尚质编辑之《古今词话·词话类》（下）云：

沉雄曰："花信楼头风暗吹，红栏桥外雨如丝。一枝憔悴无人见，肯与人间绾别离。离别经春又隔年，摇青漾碧有谁怜？春来羞共东风语，背却桃花独自眠。此钱宗伯牧斋'竹枝词'也"。（寅恪案，此二诗乃《初学集》一一《桑林诗集·柳枝十首》之第一、第二两首。作"竹枝词"，误。牧斋此诗乃崇祯十年丁丑初夏被逮北行途中所作。)宗伯以大手笔，不趋佻俭，(寅恪案，“俭”疑当作“险”。)而饶蕴藉，以崇诗古文之格。其《永遇乐》三四阕，偶一游戏为之。

又袁朴村景辂所编《松陵诗征》四《沈雄小传》略云：

周勒山云：偶僧覃思著述，所辑《诗余笺体》，足为词学指南。其自着《绮语》，亦超迈不群。

朴村云：偶僧从虞山钱牧斋游，诗词俱有宗法。

寅恪案，沈氏为牧斋弟子，故《古今词话》中屡引牧斋之说。袁氏谓偶僧所著诗词受牧斋影响。诗固牧斋所擅场，词则非所措意。偶僧于其书中已明言之。(并可参《古今词话·词品(上)》“钱谦益曰张南湖少从王西楼刻意填词”条。)若如朴村之说，沈氏之词亦与师门有关，则当非受之师父，而是从师母处传得衣钵耳。盖河东君所作诗余之传于今者，明胜于牧斋之《永遇乐》诸阕，即可为例证。不仅诗余，河东君之书法，复非牧斋所能及。倘取钱柳以方赵管，则牧斋殊有愧子昂矣。偶僧诗词仅见选本，未敢详论。但观王兰泉昶《国朝词综》一四所录《偶僧词二首》，则周、袁二氏之语，颇为可信。

寅恪别有所注意者，即兰泉所选偶僧词《浣溪沙·梨花》云：

压帽花开香雪痕。一林轻素隔重门。抛残歌舞种愁根。遥夜微茫凝月影，浑身清浅剩梅魂。溶溶院落共黄昏。

又云：

静掩梨花深院门。养成闲恨费重昏。今宵又整昨宵魂。理梦天涯凭角枕，卸头时候覆深樽。正添香处忆温存。

沈氏之词有何所指，自不能确言。然细绎语意，殊与河东君身世人品约略符合，令人不能无疑。《东山酬和集》一牧翁所作《寒夕文宴，再叠前韵。是日我闻室落成，延河东君居之》诗（自注："涂月二日。"）结语云：

今夕梅魂共谁语，任他疏影蘸寒流。（自注："河东君《寒柳词》云，约个梅魂，与伊深怜低语。"）

若取偶僧之词与牧翁之诗综合观之，其间关锁贯通之处，大可玩味，恐非偶然也。至关于河东君诗余之问题，俟后论之。兹附言及此，不敢辞附会穿凿之讥者，欲为钱柳因缘添一公案，兼以博通人之一笑也。

（收入《柳如是别传》）

第二编

陈寅恪之学术交往

一部哲学史引出的学术“四重唱”

——以围绕冯友兰著作的几篇审查报告和书评为核心

20世纪30年代，冯友兰出版了他的名著《中国哲学史》(上下册)，彼时他在清华大学任教，著作出版在得到学校资助之前必须接受专家审查，陈寅恪即为冯友兰这部著作上下册均写出审查报告，此外，金岳霖也为上册写了审查报告。该书的出版引起另一位史学大家张荫麟的注意，先后撰写了两篇书评。对于三人的有关评价和批评，冯友兰也以各种方式给出回应。由此，围绕这部《中国哲学史》，几位大师级人物共同完成了一部学术“四重唱”，虽然褒贬不一，但都与如何建构中国自己的学术体系（包括哲学体系），以及如何撰写符合中国哲学发展轨迹的中国哲学史等重大问题紧密相连。他们的意见发表后学术界也有呼应和介绍，时至今日还有相关论述，但综合他们四人观点进行阐释者似乎尚未出现，因此仍然有予以重读和再审视的必要。

一、陈寅恪：以对中国学术发展不满之态度的审查

关于冯友兰这部著作的评价，学术界提及最多者是陈寅恪所撰写的两篇审查报告[1]。其中不少内容如今常用来阐释陈寅恪的中国文化观。从陈氏这两篇报告内容看，确实直接论述哲学者不多，更多像是在谈中国思想史、学术史及治学理念等，透过字面含义当可发现陈寅恪对冯友兰治学理念和研究方法的褒贬意味。由此再结合陈寅恪彼时对某些同时代学者治学的看法，也许可以明白陈寅恪给予彼时中国学术"苛评"的真正用意[2]，这一点最终之体现就是1931年他发表的《吾国学术之现状及清华之职责》一文，其中对于彼时的中国学术几乎是全盘否定。

在对冯友兰《中国哲学史》上册的审查报告中，陈寅恪指出该书的优点之一在于："今欲求一中国古代哲学史，能矫傅会之恶习，而具了解之同情者，则冯君此作庶几近之。所以宜加以表扬，为之流布者，其理由实在于是。"对此，金岳霖在所写审查报告中也明确表示赞同陈寅恪"了解之同情"的说法。看来能够基本上具有"了解之同

---

[1] 该两篇审查报告后被收入《金明馆丛稿二编》。引用陈寅恪论述除特别注明外，均出自该两篇审查报告。

[2] 刘克敌《陈寅恪为何"苛评"中国学术》一文，载于《中华读书报》2020年5月20日，对此有较详细阐述。

情”是冯友兰此书可以出版的理由，并且在做出这一判断前陈寅恪已经用了很多文字批评那些“依其自身所遭际之时代，所居处之环境，所熏染之学说，以推测解释古人之意志”者，而这方面最坏的代表竟然就是“此弊至今日之谈墨学而极矣”。众所周知，彼时研究墨学成就最大者就是胡适，同时他也是整理国故的提倡者。陈寅恪显然对其治学理念及方法有所不满，不然不会写下这样的文字：“今日之墨学者，任何古书古字，绝无依据，亦可随其一时偶然兴会，而为之改移，几若善博者能呼卢成卢，喝雉成雉之比。此近日中国号称整理国故之普通状况，诚可为长叹息者也。”诚然，胡适的“整理国故”并非一无是处，相反取得很大成就，但陈寅恪所批评的不是其具体研究成果而是其治学理念和方法。对此，如果结合他们二人在哈佛留学时分别拜杜威和白壁德为师的史实，当能体会其分歧之由来。[1]当然，这里其实蕴含一个问题，即治学理念和方法与取得一定的研究成果之间有没有绝对的因果关系，不好的甚至坏的治学理念和方法有时也可以出成果，其中原因极为复杂，但此处置之不论。

至于冯友兰该书的第二个优点，陈寅恪认为是在材料的使用方面：“至于冯君之书，其取用材料，亦具通识。”然后陈寅恪据此引申开来，对材料的真伪及价值做了详尽阐释，认为：“冯君之书，独能于此

[1] 刘克敌《杜威实用主义哲学与20世纪中国文化》，载于《杭州师范大学学报》2010年第4期，以及《从挚友到对手——对胡适与梅光迪“文学革命”争论的再评价》，载于《山东师范大学学报》2013年第3期，对此问题有较详细阐述。

别具特识，利用材料，此亦应为表彰者也。”有意思的是，陈寅恪在称赞冯友兰此书善于运用材料后，居然提及清纪晓岚的著作：“若更推论及于文艺批评，如纪晓岚之批评古人诗集，辄加涂抹，诋为不通，初怪其何以狂妄至是。后读清高宗御制诗集，颇疑其有所为而发。此事固难证明，或亦间接与时代性有关，斯又利用材料之别一例也。”看来陈寅恪怀疑纪晓岚在借古讽今，是有所为而发，甚至有批评“今上”之嫌疑，至于纪晓岚所用材料是否真伪其实已经无关紧要。笔者以为陈寅恪在此提及纪晓岚，是在指出冯友兰、胡适等人名为研究古代实际是为诠释现代，只要达到其预设之目的，对材料如何解释其实已经无所谓——这已经不是称赞而是批评了吧。

总之，陈寅恪认为冯友兰该书上册的两大优点就是第一治学态度很好，第二运用材料比较得当，如此而已。那么冯友兰此书的学术创新是什么呢？对书中建构的哲学体系和提出的一些哲学理念，陈寅恪有什么评价吗？完全没有。从该书出版后的反应看，学术界给予很高评价，认为是第一部具有现代意义的中国哲学史，确立了现代中国哲学史学科的基本框架，而且该书至今仍是国内外许多高校使用的教材，可以说是20世纪中国学术界影响最大的哲学史名著。那么相比之下，陈寅恪在审查报告中给出的评价是否过于简单？这种简单背后又意味着什么？事实上冯友兰对该书颇为自信，自谓就内容而言此书至少有两点发先人之所未发，而后来者也不能改变的：一是将先秦名家分为合同异、离坚白两派，二是区分了“二程”思想的不同。然而，对这两点学术上重要的创新，陈寅恪只字未提，显而易见这就是一种态度，一种表示不赞成或持异议的态度。按照陈寅恪通常的做法，他对某些学术观点保持沉默其实就是表示异议，他对冯友兰该书之学术观点未做评价，其实已经相当客气和宽容。

再看陈寅恪对该书下册的审查报告。在这篇报告开头，陈寅恪简单评价说下册“体例宗旨，仍复与前卷一贯”，既然上册他的意见是“取材精审，持论正确”，那么下册就没有理由不通过，“允宜速行刊布，以满足已读前册者之希望，而使《清华丛书》中得一美备之著作”。请注意这里，陈寅恪给出通过的理由只是满足读者阅读的愿望，此外就是《清华丛书》多了一种得以全卷之著作——其实这些都是外在的理由。我们都知道，推荐一部书最好的评价就是该书内容精彩、形式完美及有独特创新之类的话，对于有上下册的著作，也该说下册如何比上册更好或者与上册保持同一水准之类，总是要说上几句吧，但陈寅恪还是惜墨如金，只用了五行文字就完成了对下册的评价。

那么，陈寅恪重点要论述什么呢？他用绝大多数篇幅论述中国文化中儒道释三家的关系，几乎是勾勒了一部简明的中国宗教发展史或者说思想史。其中流露出对以往研究不满之意，也就等于暗示冯友兰的下册对于中国历史上儒道释之间的互相融合和影响关系没有阐释清楚。且看陈寅恪的有关论述：“今此书作者取西洋哲学观念，以阐明紫阳之学，宜其成系统而多新解。然新儒家之产生，关于道教之方面，如新安之学说，其所受影响甚深且远，自来述之者，皆无惬意之作。”这里褒贬之意极为明显，一方面说下册还是根据西方哲学观念解释中国哲学历史，事实上也仍然是在“格义”；另一方面说对于新儒家如何产生，以及和道教关系等问题至今“皆无惬意之作”，言外之意对冯友兰此书并不满意。对此，还可找到佐证，如下册审查报告中的“晋南北朝隋唐五代数百年间，道教变迁传衍之始末，及其与儒佛二家互相关系之事实，尚有待于研究。此则吾国思想史上前修所遗之缺憾，更有俟于后贤追补者也”“举此一例，已足见新儒家产生之问题，犹有未发之覆在也”等论断，足见陈寅恪对该书下册的不满——也许他本以为下册较之上册会有所改进，但结果还是失望。要理解这一点，须注意彼时中国学术发展的历史背景：陈寅恪之所以对冯友兰的著作提出很高要求，原因在于彼时中国学术界确实有不少简单地以西方学术理念阐释中国文化传统的现象，例如马建忠的《马氏文通》一般被认为是国人编撰的汉语语法第一部系统性著作，该书以古汉语为研究对象，运用西方的语法学创立第一个完整的汉语语法体系，成为中国现代语言学的第一块基石。但该书却受到陈寅恪的严厉批评：“从事比较语言之学，必具一历史观念，而具有历史观念者，必不能认贼作父，自乱其宗统也。往日法人取吾国语文约略摹仿印欧系语之规律，编为汉文典，以便欧人习读。马眉叔效之，遂有文通之作，于是中国号称始有文法。夫印欧系语文之规律，未尝不间有可供中国之文法作参考及采用者。如梵语文典中，语根之说是也。今于印欧系之语言中，将其规则之属于世界语言公律者，除去不论。其他属于某种语言之特性者，若亦同视为天经地义，金科玉律，按条逐句，一一施诸不同系之汉文，有不合者，即指为不通。呜呼！文通，文通，何其不通如是耶？”[1]陈寅恪此文写于1932年，而为冯友兰所写两篇审查报告的时间分别为1930年和1933年，足见陈寅恪对待外来文化的态度始终未变，一以贯之就是在引进外来文化过程中，必须要根据本国情况对其进行选择、加工和改造，而不能简单地照搬套用。

故陈寅恪接下来是这样一个思路：既然已有研究不能令我满意，就列出一个论述儒道释乃至一切外来文化与本土文化如何融合问题的类似大纲的东西，给后来者以启示吧。对此，也许可以称之为“亲自下场示范”。

陈寅恪首先指出：“自晋至今，言中国之思想，可以儒释道三教代表之。”“二千年来华夏民族所受儒家学说之影响最深最巨者，实在制度法律公私生活之方面，而关于学说思想之方面，或转有不如佛道二教者。”这是对儒道释三家学说特色和对中华民族影响的简明概括，且陈寅恪已经用“旧史之事实，验以今世之人情”证明此论断的正确

[1] 陈寅恪：《与刘叔雅论国文试题书》，《金明馆丛稿二编》，上海：上海古籍出版社，1980年，第223页。

无误。接下来陈寅恪论述外来文化如何和本土文化融合的问题，指出如果外来文化不主动灵活地和本土文化融合，则学说无论怎么正确，恐怕也会在中土消失：“释迦之教义，无父无君，与吾国传统之学说，存在之制度无一不相冲突。输入之后，若久不变易，则决难保持。是以佛教学说，能于吾国思想史上，发生重大久长之影响者，皆经国人吸收改造之过程。其忠实输入不改本来面目者，若玄奘唯识之学，虽震荡一时之人心，而卒归于消沉歇绝。”为此，陈寅恪举了一个佛教高僧提倡儒家学说甚至自名为“中庸子”的例子，此人就是释智圆。他是宋初中国佛教天台宗派名僧，后隐居杭州西湖孤山著述讲学，被称为“孤山智圆”。释智圆自幼喜好儒学尤其是偏爱中庸思想，因而自号“中庸子”，著有《中庸子传》。这本是智圆为自己写的传记，并非专门解释《中庸》之作，然而文中却保存着他对儒家中庸思想的独到见解，是他融会贯通佛与儒的思想基础，同时也是研究佛教与儒家思想融合的第一手资料，故为佛儒融合史上一个典型例证。尤其重要的是，根据现有资料，学术界普遍认为最早关注《中庸》的不是儒家，正是这位佛教僧人释智圆。陈寅恪即在此审查报告中指出：“北宋之智圆提倡中庸，甚至以僧徒而号中庸子，并自为传以述其义，其年代犹在司马君实作《中庸广义》之前，似亦于宋代新儒家为先觉。”

这一判断极为重要，被新儒家奉为信条的“中庸”之说，居然是先由佛教徒发现并提倡，这足以说明佛儒二者有内在一致或联系。对此，另一史学大师钱穆也认为释智圆的作用不容低估：“唐李翱以来，宋人尊中庸，似无先于智圆者。”[1]而冯友兰虽然在书中也提及释智圆这个人，却仅用一句“盖此类之书已为儒佛二家所共同讲颂者矣”一笔带过，没有对此深入阐释，也就没有注意到儒佛融合在新儒家产生中的重要作用——这也许就是陈寅恪有意提及释智圆的缘故吧，算是一种隐晦且善意的提醒。须知陈寅恪一般不会无缘无故提及某人某事，特别是在为他人所写序言及这种审查报告中[2]。

至于本土文化在面对外来文化冲击之时的应对方式，陈寅恪指出不能简单地拒之门外或者全盘接收，而应在坚持以我为主的立场时对其进行加工和改造：“至道教对输入之思想，如佛教摩尼教等，无不尽量吸收。然仍不忘其本来民族之地位。既融成一家之说以后，则坚持夷夏之论，以排斥外来之教义。此种思想上之态度，自六朝时亦已如此。虽似相反，而实足以相成。”这其实就是后来张之洞所说的“中学为体，西学为用”，故陈寅恪在审查报告结尾也特意强调“寅恪平生为不古不今之学，思想囿于咸丰同治之世，议论近乎（曾）湘乡（张）南皮之间”。当然，对此可以有不同理解，不过结合陈寅恪最后提出的

[1] 钱穆：《读智圆〈闲居编〉》，《中国学术思想史论丛》（第五册），台北：（台）东大图书股份有限公司，1984年，第30页。

[2] 陈寅恪一系列研究佛教经典对中国古代小说发展演变影响的论文中，在其结尾处往往有“以供治小说考证者采览焉”“以告世之研究小说源流者”之类的说法，其实就是在善意提醒彼时胡适、鲁迅等人的中国小说研究。对此，刘克敌有专文论述，不赘。

“旧酒新瓶”之说，当可以得出陈寅恪关于本土文化如何与外来文化融合的原则和方法。

这里所谓原则就是坚持以我为主，即“不忘其本来民族之地位”；所谓方法就是可以把“旧酒”装入“新瓶”，“旧酒”当然是指传统文化，而“新瓶”可以说是外来文化，也可以说是二者融合后产生之新的文化形态，例如后来出现的新儒家学说。对此，应与陈寅恪提出的另一种对待外来文化的方法结合起来体会，这就是“取珠还椟”——吸收外来文化精华的同时摒弃其不合于中国文化的外在形式。事实上20世纪中国文化发展演变的历史已经验证了陈寅恪的预言：“窃疑中国自今日以后，即使能忠实输入北美或东欧之思想，其结局当亦等于玄奘唯识之学，在吾国思想史上既不能居最高之地位，且亦终归于歇绝者。其真能于思想上自成系统，有所创获者，必须一方面吸收输入外来之学说，一方面不忘本来民族之地位。此二种相反而适相成之态度，乃道教之真精神，新儒家之旧途径，而二千年吾民族与他民族思想接触史之所昭示者也。”

总之，陈寅恪两次所写审查报告须综合观之，认真体会其间接含蓄的说法，才会发现他对冯友兰的著作固然有满意之处，更有因期望太高而失望之处。特别是下册，陈寅恪认为只是坚持上册的思路和写法，没有做出多少重大改进。综合看陈寅恪的两篇审查报告，可以认为是“抽象肯定，具体否定”，或具体而委婉地提出一些质疑——至少是提出了一些修改建议。考虑到二人关系和冯友兰彼时的学术声望，陈寅恪这样做自然极为客气，只是字里行间还是感觉到陈寅恪对冯友兰著作有所保留。

对此，不妨再看陈寅恪对同为史学大师的陈垣著作的评价，这些评价基本都集中在他为陈垣著作所写序言中。首先是《陈垣元西域人华化考序》："近二十年来，国人内感民族文化之衰颓，外受世界思潮之激荡，其论史之作，渐能脱除清代经师之旧染，有以合于今日史学之真谛，而新会陈援庵先生之书，尤为中外学人所推服，盖先生之精思博识，吾国学者，自钱晓徵以来，未之有也。今复取前所著《元西域人华化考》，刻木印行，命寅恪序之。寅恪不敢观三代两汉之书，而喜谈中古以降民族文化之史，故承命不辞。欲藉是略言清代史学所以不振之由，以质正于先生及当世之学者。至于先生是书之材料丰实，条理明辨，分析与综合二者俱极其工力，庶几宋贤著述之规模，则读者自能知之，更无待于寅恪之赘言者也。……今日吾国治学之士，竞言古史，察其持论，间有类乎清季夸诞经学家之所为者。先生是书之所发明，必可示以准绳，匡其趋向，然则是书之重刊流布，关系吾国学术风气之转移者至大，岂仅局于元代西域人华化一事而已哉。"[1]总体而言，陈寅恪的评价极高，诸如"先生之精思博识，吾国学者自钱

[1] 陈寅恪：《陈垣元西域人华化考序》，《金明馆丛稿二编》，上海：上海古籍出版社，1980年，第238页。

晓徵以来未之有也”“先生是书之所发明，必可示以准绳，匡其趋向”等语，因为是写序可能多少有些夸张，但纵观该序文，陈寅恪对陈垣此书的肯定与赞美态度显而易见。值得注意的是，陈寅恪是在把陈垣著作置于中外文化思潮交融之大背景下给出这样的评价，确认陈垣著作在吸收中外文化精华等方面做得很好：“国人内感民族文化之衰颓，外受世界思潮之激荡，其论史之作渐能脱除清代经师之旧染，有以合于今日史学之真谛，而新会陈援庵先生之书，尤为中外学人所推服。”

此外，还有陈寅恪对陈垣《明季滇黔佛教考》所写序言中的高度评价：“中国史学莫盛于宋。而宋代史学之著述，于宗教往往疏略，此不独由于意执之偏蔽，亦其知见之狭陋有以致之。元明及清，治史者之学识更不逮宋，故严格言之，中国乙部之中，几无完整之宗教史。然其有之，实自近岁新会陈援庵先生之著述始。”[1]可以看出陈寅恪对陈垣著作的评价整体而言明显高于对冯友兰著作的评价，除却两人著作可能水平确有高低不同之故外，其实反映出的是陈寅恪对两人治学理念的认可程度不同，当然这里面也有他和陈垣从事专业相同的因素。陈寅恪这两篇序言分别写于1935年和1938年，距离其为冯友兰写序已过数年，这期间中国学术界出现了向好的发展趋势，而陈垣之著作就是优秀代表，因此陈寅恪给予高度评价就是题中应有之义。

[1] 陈寅恪：《金明馆丛稿二编》，上海：上海古籍出版社，1980年，第240页。

二、金岳霖：中国哲学的史还是在中国的哲学史

对于陈寅恪的上述意见，如果以另一位审查者金岳霖的观点作为对比，就会更加清楚陈氏为何取这样的学术立场和学术考量。

先看金岳霖所写审查报告中的开头一段："对于中国哲学，或在中国的哲学，我是门外汉，不敢有所批评，有所建议。但读了冯先生的《中国哲学史》，有一点感想胡乱写出来。"[1]以金岳霖的学术地位和他对中国现代哲学做出的开创性贡献来看，显然他是以极为谦虚的态度来写审查报告，这和陈寅恪所用语气截然不同。尽管金岳霖文章中并未完全同意冯友兰的观点，提出了一些异议，但用语十分委婉得体："我很赞成冯先生的话，哲学根本是说出一种道理来的道理。但我的意见似乎趋于极端，我以为哲学是说出一个道理来的成见。哲学一定要有所'见'，这个道理冯先生已经说过，但何以又要成见呢？哲学中的见，其理论上最根本的部分，或者是假设，或者是信仰；严格的说起来，大都是永远或暂时不能证明与反证的思想。如果一个思想家一定要等这一部分的思想证明之后，才承认它独立，他就不能有哲学。这不是哲学的特殊情形，无论甚么学问，无论甚么思想都有，其所以如此者就是论理学不让我们兜圈子……这类的思想，就是上面所说的

[1] 金岳霖此文写于1930年6月26日，原载于冯友兰的《中国哲学史》，北京：商务印书馆1934年版。本文所引金岳霖文字除特别注明外，均出自该文。

成见。何以要说出一个道理来呢？对于这一层，冯先生说得清楚，可以不必再提。”

相比之下，金岳霖对胡适的《中国哲学史大纲》的批评就更加直率或者说直言不讳，他认为胡适的著作有两大缺陷，首先一个是无视中国哲学的特点，“是根据于一种哲学的主张而写出来的”，这与陈寅恪以隐晦语言所表达的意见相同。其次他认为胡适的问题还在于他对于西方哲学其实也没有真正理解，“所以在他兼论中西学说的时候，就不免牵强附会”。这两点批评对于胡适是严厉而致命的，等于说胡适的著作几乎完全失败。而他认为冯友兰的著作则有两大优点，尽管是在和胡适著作对比下才显示出来——这多少蕴含有金岳霖的一点失望，但毕竟较之胡适著作要好得多：首先是多少避免了以一种哲学主张，去随意批评中国固有的哲学，同情与保留了中国古代哲学的本色——此点与陈寅恪“了解之同情”意见相同。其次是能够以一种普遍哲学的形式或主张，评述中国古代哲学的实质与形式。[1] 显然，金岳霖是以贬胡扬冯的方式评价冯友兰著作，较之陈寅恪似乎少了一些客观和实事求是，对于冯友兰著作的缺点也基本没有深入阐释或驳斥。纵观金岳霖的审查报告，虽然是直接批评胡适，其实也有借此劝诫冯友兰的用意，因为冯友兰和胡适一样也是在“以西释中”，只不过胡适直接套

[1] 申正：《读金岳霖先生关于冯友兰〈中国哲学史〉上册审查报告》，《金岳霖学术思想研究——金岳霖学术思想研讨会论文集》，成都：四川人民出版社，1987 年。

用的是杜威实验主义，冯友兰则融会了多种西方理论如新实在论和历史唯物论等。在这一点上，金岳霖和陈寅恪的看法还是保持一致。

当然，金岳霖毕竟是一位真正的哲学家，他通过对冯友兰著作的审查提出了一个堪称经典的问题："所谓中国哲学史是中国哲学的史呢，还是在中国的哲学史呢？"这一提问被后人称为"金岳霖问题"。这一问题的实质在于揭示出追求中国哲学史学科独立性过程中现代性与民族性的矛盾，也即中国哲学史作为独立的学科，是指其体现了中国传统学术中固有的哲学的民族性呢，还是指以西方现代学科标准从中国传统学术中选择可称之为哲学的东西予以重建呢？[1]显而易见，仅从金岳霖提出这一问题本身看，他是把冯友兰此著和胡适的《中国哲学史大纲》(上卷)都归于后者，尽管他给予冯友兰著作的好评远超过于胡适的著作。时至今日，我们看到中国哲学学科仍无走出"金岳霖问题"，而且很多研究中国哲学的学者其实是在研究中国哲学史，就整体而言，中国哲学研究当下并未超越冯友兰和金岳霖那个时代。至于冯友兰晚年的著作《中国哲学史新编》倒是在很大程度上实现了对其早年著作的超越，也证明了陈寅恪和金岳霖当年的远见卓识。

诚然，无论冯友兰当年的《中国哲学史》有多少不足，毫无疑问已经代表了彼时中国哲学研究的最高水平，也代表了中国古老的文史

[1] 对此可参看陈卫平的《"金岳霖问题"与中国哲学史学科独立性的探求》，该文系作者为第二届中国南北哲学论坛暨"哲学的当代意义"学术研讨会所提交论文，发表于《学术月刊》2005年第11期。

哲学科在受到外来文化影响后努力做出的最佳反应。尽管陈寅恪对冯友兰著作有一些不满，但他知道这已经是冯友兰彼时能达到的最高水平，至于其他也只好有待后人慢慢改进。

综合上述论述，可知陈寅恪和金岳霖不愧为严格而优秀的审查者，他们对冯友兰著作的评价，代表了彼时中国学术界的最高水平。

三、张荫麟："魔鬼"的胡说

饶有意味的是，冯友兰之《中国哲学史》(上下册)的出版，引起正在大洋彼岸留学深造的天才史学家张荫麟的注意。从资历和年龄看，他无疑是陈寅恪、金岳霖和冯友兰的学生辈，但其学术水平和天赋早就得到包括陈寅恪、吴宓和钱穆等大家的高度评价，陈寅恪甚至以这样的语言赞美张荫麟："庚子赔款之成绩，或即在此人之身也。"[1]尽管张荫麟在美国学习的是哲学，但他念念不忘的是中国历史研究，也因此冯友兰这部著作的出版不可能不引起他的反应——他对冯友兰著作的上下册均写有书评，对内容、结构和观点进行了细致的阐释评述，[2]这在某种程度上不仅是和冯友兰进行商榷，也等于

[1] 陈寅恪：《陈寅恪集·书信集》，北京：三联书店，2001年，第47页。
[2]张荫麟的这两篇书评分别发表于《大公报·文学副刊》1931年5月25日及《清华学报》1935年第十卷第三期。本文引用张荫麟文字除特别注明外，均出自这两篇书评。

在和陈寅恪及金岳霖等人进行学术对话，由此围绕冯友兰此书的学术“四重唱”算是得到一个完整呈现。

在介绍张荫麟所写书评之前，有必要先介绍一下这位早夭的史学大师及他与陈寅恪之间的一次论争。

陈寅恪不仅治学严谨，而且在与他人有学术分歧时态度也极为谦和，一般并不直接撰文和对方论争或回应，而是以不指明或者在他文中以“附记”“注释”等方式间接表达。对此，笔者称之为“间接对话”或“潜对话”，他和张荫麟之间的一次学术分歧就是如此。

张荫麟，号素痴，广东东莞人，代表作为《中国史纲》。说到张荫麟的才气，至少可以说不比钱锺书差。例如他1923年考入清华，半年后即在《学衡》第21期上发表处女作《老子生后孔子百余年之说质疑》，对梁启超有关老子事迹的考证提出异议，一时震动学术界，并得到梁启超等人的激赏，吴宓甚至认为张荫麟就是“梁任公第二”。1924年6月，他又发表论文《明清之际西学输入中国考略》，分析明清两代传入的西方文化差异对中国文化的影响。之后论著不断问世，被称为史学界最有希望之天才，深受陈寅恪、傅斯年、熊十力、冯友兰和贺麟等大家看重。如陈寅恪说出“张君为清华近年学生品学俱佳者中第一人，弟尝谓庚子赔款之成绩，或即在此人之身也”这样的溢美之词，并向傅斯年等人郑重推荐。之后在傅斯年推荐下，他受国民政府教育部委托主编高中历史教科书。虽然是编写一部教材，张荫麟却为之倾尽心力。首先他为撰写此书所邀请的作者都是第一流学者：汉代以前由张荫麟撰写，唐代以后由吴晗负责，由千家驹负责写鸦片战争后的社会变化，而王芸生写中日战争。其次为了保证质量，他特意向清华大学请假两年，最终完成了史学名著《中国史纲》。

也许是年轻气盛，也许是恃才傲物，张荫麟对当时学术界乃至文学界一些大家之作都直言不讳。他指出郑振铎文学史研究中不少“使人喷饭之处”，讥其缺乏“常识”。他批评郭绍虞食“洋”不化，牵强附会。胡适的《白话文学史》（上册）当时被视为名著，张荫麟却批评说定义混乱、作者主观性太强。至于郭沫若翻译的歌德长诗《浮士德》，张荫麟更是嘲讽说“谬误荒唐、令人发噱之处，几于无页无之”。不过，对于鲁迅的作品张荫麟倒是给予赞美，特意写了一篇《〈南腔北调集〉颂》，称赞鲁迅是“当今国内最富于人性的文人”。更有意思的是，他对当时两位著名女作家的评价。丁玲当时以思想激进闻名，有一阶段误传被捕杀，张荫麟作文悼念，对其激进思想竟持赞同态度：“世有欲借口舌笔墨之力以感格凶顽、转移运会者乎？其亦可以休矣！其亦可以醒矣！”而对另一位女作家冰心，他却认为其名声被过分夸大，指出冰心其实还是“立于女子之传统的地位而著作”的女士，与袁枚那些女弟子没有什么区别。至于冰心那些温情脉脉的作品，张荫麟认为即便按照中学生作文标准衡量至多也就是七十分。其讽刺辛辣之极，一点不给这些名人面子。

张荫麟个性如此，对学术事又是如此投入，显然他对于同一研究领域的陈寅恪著作也会有不同意见甚至批评，由此引发了一次和陈寅恪的学术商榷。

至于起因，则要从陈寅恪对龚自珍一首诗的评价说起。陈寅恪不仅以文史研究闻名于世，其诗歌也自成一体，卓然大家。就艺术特色而言，不仅有其父陈三立之风，且深受晚清大诗人龚自珍影响。他对龚自珍的偏爱，可从下面这首诗中看出：

蒙自杂诗（和容元胎）其一

少年亦喜定庵作，岁月堆胸久忘之。

今见元胎新绝句，居然重颂定庵诗。

此诗作于1938年陈寅恪在云南蒙自西南联大任教之时。容元胎即容肇祖，为国学大师容庚之弟，当时也在西南联大任教，与陈寅恪多有交往。此诗中陈寅恪不仅表示喜爱龚定庵诗歌，而且说容氏诗有龚氏风格，自然是褒赞之辞。

也许是善于从“诗史互证”角度看待文学，陈寅恪以为龚自珍诗多有借古讽今之作，他对《汉朝儒生行》的评价就是如此。龚自珍此诗写于道光二年（1822年），时龚氏正在京城。杨芳为清朝著名将领，字诚斋，曾于道光元年至三年任直隶提督，而龚氏好友魏源此时就在杨芳家坐馆。魏源离京赴杨芳处时，龚自珍还曾为其送行。因此，龚自珍对杨芳当比较了解。由于军功卓绝，道光帝曾封杨芳为“一等果勇侯”“建威将军”。作为汉人而能受到清廷重用，杨芳可谓罕见，自然也会受到他人特别是满族将领的妒忌。陈寅恪认为，龚自珍此诗中自托为汉朝儒生，主旨就是劝告杨芳明哲保身，不要锋芒毕露，这也就是次年《寄古北口提督杨将军》诗中“明哲保孤身”之意。

按照陈寅恪的学术地位，他既然这样解释龚自珍的诗，一般也就等于是定论。不过，还是有人敢于质疑，当然这质疑也要有底气。1933年，张荫麟在《燕京学报》第12期发表《龚自珍汉朝儒生行本事考》，表示不同意陈寅恪之说，认为诗中所写之某将军不是杨芳而是岳锺琪。张荫麟文章发表后，陈寅恪以为不确，坚持认为该诗就是写杨芳之事，但没有撰文反驳，只是通过友人私下转达自己的意见。张荫麟遂再撰《与陈寅恪论汉朝儒生行书》进行商榷，发表于1934年的《燕京学报》第15期。原文不长，不妨引在下面：

> 比闻希白先生言，尊意以为定庵《汉朝儒生行》所咏实杨芳事，拙考以为其中之某将军乃指岳锺琪者误。拙考所提出者乃一假说，未敢遽以颠扑不破也；苟有其他假说，能予本诗以更圆满之解释，固不惮舍己以从。然尊说似不无困难之处。考本诗作于道光二年壬午（定庵诗自编年）而叙某将军再起定乱时已“卅年久绾军符矣”。然壬午以前杨芳踬后复起定乱之事仅有嘉庆十八

年平天理教匪一次。自是役上溯其初由千总昇守备（嘉庆二年）相距仅十一年，使所歌者为杨芳，定庵何得作“卅年久绾军符”之语？

然此诗遂与杨芳全无关系欤？似又不然。因先生之批评之启示，使愚确信此诗乃借岳锺琪事以讽杨芳而献于杨者。诗中“一歌使公瞿，再歌使公悟”之公，殆指杨无疑。杨之地位与岳之地位酷相肖似也。杨以道光二年移直隶提督，定庵识之，当在此时，因而献诗，盖意中事。次年，定庵更有《寄古北口提督杨将军》之诗，劝其“明哲保孤身”也。本诗与杨芳之关系，愚以前全未涉想及之。今当拜谢先生之启示，并盼更有以教之。

此文中的“希白”即著名学者容庚，彼时与陈寅恪同在北京且多有书信往来，因此张荫麟应该是从容庚处获知陈寅恪对龚自珍此诗的解释。文中所说岳锺琪字东美，号容斋，是清前期唯一的汉族大臣，被拜为“大将军”，可以节制满汉诸军的官员，曾被雍正、乾隆分别誉为“当代第一名将”“三朝武臣巨擘”等。清康熙到乾隆年间，我国西南、西北边疆多次发生叛乱，岳锺琪等人率军平息，遂成为一代名将。根据张荫麟的论证，从龚自珍诗中所提及时间看，解释为写杨芳确实不如解释为写岳锺琪更加贴切。

不过张荫麟并没有完全否定陈寅恪，相反，在陈寅恪说法的启示下，悟出该诗表面咏岳锺琪，但实为借此讽杨芳，因二者之地位、境遇极为相似也。如此，则张荫麟和陈寅恪之最后观点其实还是基本一致，即认为该诗是龚自珍借历史人物讽喻杨芳不仅要明哲保身——不可只知为清朝廷卖命，而且要珍惜自己地位，为消除满汉之见、为维护国家安定做出贡献。他们对该诗的分歧仅仅在于诗歌的具体内容究竟是只写岳锺琪事还是借写岳锺琪来咏叹杨芳事。自然，几位当事人均早已离世，如今已无法确认陈寅恪当年的观点是如何具体表述，容庚又是如何向张荫麟转述，也就无法断定他们的见解到底有多少异同。

当然，还是可以从张荫麟的《龚自珍汉朝儒生行本事考》中看出其深厚的学术功底。在该文开头，张荫麟就指出："定庵文久以怪诞著。余初读即疑其有所隐托，然命意所在莫能尽详也。"显然张氏对于龚自珍非常熟悉，一下就看出《汉朝儒生行》中"有三数语为极明显之自状"，但对于该诗其他部分，张荫麟却也"迷离惝恍，莫明所指"。直到1932年为纪念龚自珍诞生一百四十周年，他为写纪念文章再次阅读该诗，才由"关西籍甚良家子，卅年久绾军符矣"之句忽然想到，"此讵非指岳锺琪事？"然后查阅史料，发现岳锺琪之生平与诗中所言无不一一对应。最后张荫麟又联想到龚自珍对清统治者所采取之不信任汉族大臣政策一向不满，遂确信自己的推断正确："定庵生平对清朝之一段腹诽恶诅，流露于本诗及他处，已瞒过一世纪之人者，至是亦得白于世，不可谓非一大快事也。”

张荫麟的考证极为精彩和严谨，如果说还有什么欠缺之处，就是未能结合当时汉族文人的思想状况和统治阶级对文人的“大棒加胡萝卜”政策来阐释此诗，也就不能悟出该诗更深刻的意蕴。在陈寅恪看来，也就是未能做到所谓对古人“了解之同情”。龚自珍认为历代统治者对文人无非两种手段，即“约束之，羁縻之”。“约束”就是采取严酷的高压政策，迫使文人就范，清一代空前惨烈的文字狱就是例证，也就是龚自珍所言“避席畏闻文字狱，著书都为稻粱谋”。而“羁縻”就是以怀柔方式收买文人，使其逐渐丧失自我和对统治阶级的批判能力。龚自珍以为，可以容忍社会其他阶层平庸和堕落，却不能容忍文人如此，因为只有他们才是拯救那个时代的最后希望。

对龚自珍的上述观点，陈寅恪自然理解且有切身体会，戊戌变法以来的社会动荡、陈氏家族的命运还有王国维的自杀等，早已给陈寅恪留下沉痛记忆。陈寅恪指出该诗为咏杨芳事，就是试图通过阐释龚自珍诗歌的深刻寓意，来揭示当时中国知识分子的使命。杨芳本为文人，后投笔从戎，曾在镇压白莲教起义中为清廷立下战功，却在鸦片战争中遭遇可耻的失败，以致被后人称为“马桶”将军。杨芳的愚昧无知其实是那一代文人的悲剧，龚自珍希望他们能够有所醒悟，陈寅恪则希望这悲剧不再重演。

话说回来，不能苛求张荫麟理解龚自珍的深意，毕竟他的人生阅历比起陈寅恪来还是简单，假以时日他当会有更大成就。大概也就是为此，陈寅恪在张荫麟发表《与陈寅恪论汉朝儒生行书》后，并没有公开回应。后张荫麟英年早逝，陈寅恪极为悲痛，特撰诗表示追悼：

流辈论才未或先，著书曾用牍三千。

共谈学术惊河汉，与叙交情忘岁年。

最后，关于张荫麟和陈寅恪的这次学术商榷，其实还有一位学者介入，尽管他没有直接和陈寅恪商榷，但却撰文对张荫麟的文章提出异议，此人就是温廷敬。温廷敬字丹铭，广东大埔县人，著名地方志学家，对客家源流问题有精深研究。曾与丘逢甲一起创办新式学堂和报纸，进行思想文化启蒙。大学者饶宗颐早年深受温氏影响，曾以“门下晚学生”自称。温廷敬自言对龚自珍此首诗早在民国初年即有发现，后二十余年间他看到一直未有人指出诗中有“隐秘曲折之一大事”，即把《读龚定庵诗书后》一文投给广东《国立中山大学文史学研究所学刊》。就在文章即将发表之时，他听说了张荫麟的文章，以为两人见解相同，为避免雷同之嫌疑，想撤回自己的文章。但读过张荫麟文章后，发现与自己观点迥异，遂又撰写了《张荫麟龚自珍汉朝儒生行本事考辩证》，与前文一并在《国立中山大学文史学研究所学刊》发表，文章对张荫麟文章中一些问题提出了十点质疑。温廷敬的基本观点就是龚自珍此诗“盖为杨忠武遇春作也”“张君之作，则指为岳锺琪，与吾文绝异，而牵强附会，无一合者”。如此温廷敬虽然反驳了张荫麟，却与陈寅恪的观点也不一致，他不认为是写杨芳，而是彼时与杨芳齐名、被称为“二杨”之一的另一位清朝将领杨遇春，死后谥号为“忠武”。而他对张荫麟文章的一些史料考证和细节方面的失误及所提出的十点辩证，却似乎就是在替陈寅恪而写。不过温廷敬此文并未提及陈寅恪。他们三人围绕龚自珍此诗所发生的连环式商榷，很有意思，当为现代学术史上一件趣闻。

明了张荫麟与陈寅恪之间的这次学术商榷，就会知道对于冯友兰的著作，如果有不同意见，张荫麟是一定会直言不讳、没有半点犹豫的。尽管冯友兰在《中国哲学史》出版后收获学术界一片赞美之声，学术界认为不仅超越了胡适而且为中国哲学研究奠定了坚实基础，但张荫麟所写两篇评论却非常冷静客观，既有所褒赞更有批评，且其分析更加细致准确。

首先，张荫麟对冯友兰为何把中国哲学史分为两卷来写提出质疑。[1]他指出这源于冯友兰对中国哲学的看法，即认为中国哲学史天然地可以分为两个时代：子学时代和经学时代。换句话说，即大体上不以传统的权威为倚傍的时代和根本上以传统的权威为倚傍的时代。他以为中国哲学的子学时代相当于西洋哲学中的上古期，经学时代相

[1] 此处所引张荫麟之言均来自其为冯友兰著作所写两篇书评，分别载于《大公报》文学副刊 1931 年 5 月 25 日和《清华学报》第十卷第三期，1935 年 7 月。

当于其中的中古期。而且中国哲学其实没有近古时代，这并不是说中国近古时代没有哲学，而是说中国哲学在近古时代没有什么变化。张荫麟认为冯友兰所言“见解虽平易而实深澈，虽若人人皆知，而实创说”。应该说张荫麟的评价还是极为准确，抓住了冯友兰著作的精髓。同时，张荫麟也肯定了冯友兰在资料搜集和提炼方面所做的大量工作，并举例给予高度评价，此与陈寅恪、金岳霖的评价相同。

有意思的是，张荫麟也注意到冯友兰对释智圆的有关评价，不过他并未和陈寅恪一样对此有所质疑，而是认为“中庸”在六朝时即为人所注意，因此他认为冯氏所引用的释智圆重视“中庸”一段材料的补充“无关宏旨”。由此可见，他尚未意识到这一史料其实关系重大，牵涉到后来新儒家产生及其所依仗理论资源问题，可能为疏忽所致，也可能是如他自己所言对中外佛教史不甚了解之故。

当然，张荫麟对这方面不够重视并不意味着他对冯氏著作没有意见和批评，仅仅对下册他就针对如下几个问题和冯友兰进行了商榷。首先是认为冯氏不应把太极图说和通书进行互释，因为与周敦颐同时代的陆九渊已经对太极图是否为周所作提出质疑。张荫麟指出这其实也不重要，如果二者确实有互文互证关系的话。但问题在于，周敦颐在太极图说中没有也不能把太极看作是理，否则又怎么理解太极图说中的“太极动而生阳，动极而静，静而生阴，静极复动”等论述？因为形而上的、超时空的、永久不变的“理”是不应该动起来的。虽然冯友兰对此给出的解释是周敦颐这几句话不属于“形而上”，“依朱子之系统言，盖亦形而下者”。但张荫麟指出，冯友兰可能是受到朱熹的影响，朱熹对周敦颐太极图说的理解本就有误，而冯友兰按照朱氏理解解释太极图说，并和通书进行互释，也就等于是错上加错。由此，对于冯友兰据此展开的一些论述如“太极为理”，而且此理可动又非动、可静又非静等言论，张荫麟毫不留情地评为“简直就是不受逻辑统御的魔鬼”，“除了指出它是胡说的结果以外，更不能替它作什么解说”。应该说，张荫麟的批评确实不给冯友兰留情面，这对于彼时不过为青年学者的张荫麟而言，诚属难能可贵。

其次对于朱子与陆象山的异同，张荫麟认为虽然冯友兰此书讲得比以往详尽深刻，但似乎还有未尽之处。按照冯友兰的说法，朱子认为言性即理而陆象山认为言心即理，此为二人重要差异。但如何由此推论出他们修养方法上的差异，冯友兰认为没有什么问题，但张荫麟指出其实大有问题。接下来张荫麟的论证极为精彩，逻辑严密层层推进，简直无懈可击：

> 象山以为心即理，这句话的涵义之一，是“心皆具是理”，这个理至少包涵“行理”，人之所应然的理。晦庵以为性即理，但这个性就是心中之理，（依冯先生说，）虽得于天却具于心的；这个理也包涵“人之所应然”的理。那么，朱陆同以为“人之所应然

的道理”是具于各人心中。那么他们应当同以为：欲知道怎样做一个理想的人，欲明“心之全体大用”反求诸其心就够了。何以朱子于此更注重“道学问”呢？更注重对外物“用力之久”呢？而且朱子还有理由比象山更不重“道学问”。朱子以为一切理之全体具于各人之心中，“人人有一太极”，（象山似不如此主张，他以为“道……在天曰阴阳，在地曰刚柔，在人曰仁义，故仁义者，人之本心也”，似乎他认为人心中之理只包括仁义。）那么，即使穷理为正心修身的必要条件，欲穷理，反求诸其心也就够了，何必对外物“用力之久”呢？若说心中之理原为气禀所蔽，欲去此“蔽”有待于“格物”，（指朱子之所谓格物；）（冯先生似如此说，看页九一七至九二〇）到底“格物”与“去蔽”有没有必然的关系？欲明心中本有之“理”，是否非穷究外物之理不可？我们知道，象山也承认，人心之理（或人之本心）通常是被蔽的：“愚不肖者不及焉，则蔽于物欲而失其本心；贤者智者过之，则蔽于竟见而失其本心。”但他却甚且不承认“格物”是去蔽的有效方法。我们不能说象山的主张是自相矛盾，也就不能说“格物”是“复性”的必要手段，也就不能说注重道学问的修养方法，是朱子哲学上主张的必然结论，也就不能说朱陆在修养方法上之差异，是基于他们哲学上之差异。这是我要请益于冯先生的。

张荫麟提出的最后质疑是关于他发现的有关理气说起源的一则史料，指出根据明末李日华的记载，早在东汉时就有学者张遐就此提出了自己的见解，虽然尚未有更为确切的证据，但张荫麟以为至少这一发现说明可能早在周敦颐之前，古人就已对理气说及其关系有所论述，这对于厘清中国古代哲学史的发展脉络意义重大。

在冯友兰这边，对于张荫麟的这些非议自然也要给予回应，且要回应得很有风度。冯友兰把张荫麟的书评附在自己著作的后面，然后附上自己的回应文字，从这个内容看还是相当客气而节制。不过对张荫麟“魔鬼”说和“胡说”的嘲讽，估计冯友兰再也不能忍受，故写出这样强硬的回击：“至于其他‘魔鬼’，亦有须为解释者，因哲学史家有时固以代‘鬼’立言为事也。”

四、陈寅恪与冯友兰：晚年的隔空对话

很多年以后，历经坎坷的冯友兰先生在一篇怀念陈寅恪的文章中，这样提及当年陈寅恪为之写审查报告的事情：“三十年代，余之《中国哲学史》（两卷本）完成时，清华拟将其列入“清华大学丛书”，请寅恪先生审查其学术水平，看其是否合乎标准……余于七十年代起，重写中国哲学史，起自春秋，迄于现代，号曰《新编》，以别于旧作。全书已接近完成，安得起寅恪先生于九原，为吾书作第三次之

审查耶？噫！”[1]虽然冯友兰没有说自己当年的旧作有何缺陷，但从他说自己正在“重写中国哲学史”，并且连书名也改为“《新编》，以别于旧作”等说法来看，说明他对当年的旧作并不满意，也因此希望陈寅恪能够看到自己的新作，如此他们可以再来一次对话——从中可以体会到冯友兰其实当年已经知道陈寅恪对自己著作并不满意，只是这遗憾已经无法弥补，哀哉！

此外，陈寅恪与冯友兰还有一次关涉。那是在1965年5月，陈寅恪在为1933年所写《与刘叔雅论国文试题书》一文所作的“附记”中再次为自己当年出“对对子”试题一事进行辩护，为此他竟然提及冯友兰：“又正反合之说，当时惟冯友兰君一人能通解者。盖冯君熟研西洋哲学，复新游苏联返国故也。今日冯君尚健在，而刘胡并登鬼录，思之不禁惘然！是更一游园惊梦矣。”[2]这里提及的冯友兰1934年访问苏联，当时曾经成为一个政治事件，起初冯友兰是赴布拉格参加学术会议，会后即申请赴苏联访问。据冯友兰自己的说法是：“关于苏联革命后的情况，有人把它说成是天国乐园，有人把它说成是人间地狱，我想亲自去看看究竟是个什么样子。”回国后他即以访苏为内容进行过讲演，冯友兰对苏联的印象是：“苏联既不是人间地狱，也不是天

---

[1]冯友兰：《怀念陈寅恪先生》，收入《纪念陈寅恪先生诞辰百年学术论文集》，北京：北京大学出版社，1989年。

[2]陈寅恪：《与刘叔雅论国文试题书》，《金明馆丛稿二编》，上海：上海古籍出版社，1980年，第228页。

国乐园，它不过是一个在变化中的人类社会，这种社会可能通向天国乐园，但眼前还不是。”应该说他的印象和评价还是比较实事求是，但不料此事引起国民党政府的不满，居然将其关押起来，后迫于压力才将其释放。陈寅恪再次特意提及“冯君熟研西洋哲学”及指出“正反合”之说只有冯友兰懂得，大概就是说冯友兰考察苏联后所得出印象也是一种“正反合”的具体体现吧。

两位大师晚年的两次隔空对话虽然还是没有离开哲学和学术，却似乎多了一些禅机、少了一些直白，耐人寻味、发人深省，而四位大师围绕冯友兰著作所共同完成的学术“四重唱”至今已成绝响，更是令人思之怅然。

曲径通幽处，同病亦相怜

——陈寅恪与郭沫若学术交往漫谈

一

作为同时代人，陈寅恪和郭沫若本该有更多学术交集，但根据现有材料来看却不多见。他们的交往理应得到更多关注，但现有研究大都局限于个别事件（特别是有关《再生缘》的评价）[1]，对两人学术理念及具体研究中更深层次的异同，缺少梳理和辨析[2]。与此相对

[1] 李斌的《郭沫若〈再生缘〉研究的学术史意义》（该文原载于《“走向世界的郭沫若与郭沫若研究”学术会议论文集》，2014年）对此有较为全面的梳理。该文认为关于郭沫若进行《再生缘》研究的用意，目前学术界有两种观点，“一种观点认为，郭沫若研究《再生缘》，是为了向陈寅恪发难，另一种观点认为，郭沫若是为了向陈寅恪示好。本文倾向后一种观点，但认为这个观点还值得进一步展开”。

[2] 迄今这方面研究较为充分者，当系谢保成的《郭沫若与陈寅恪关系考》，该文收入曹剑编《公正评价郭沫若》一书，中共中央党校出版社，1999年。此外，李斌撰写的《郭沫若的〈再生缘〉研究》，原载《郭沫若学刊》2015年第02期，一些相关论文也论及郭与陈的学术交往。不过在陈寅恪诗词研究方面，胡文辉、谢泳等人对陈寅恪以诗词方式与郭沫若的“对话”有所发现，对此本文后面会提及。

应，我们看到更多的是郭沫若与王国维的比较研究、王国维与陈寅恪的比较研究、陈寅恪与胡适及鲁迅之间有关中国古代小说演变的比较研究，以及“史学二陈”之间的比较研究等。其实，仅就被陈寅恪称之为“颂红妆”的中国古代才女研究而言，郭沫若的研究并不比陈寅恪少，而且这方面他有很多创作（陈寅恪也有相应诗作，但没有像郭沫若那样产生广泛影响），只是没有冠以“颂红妆”之名而已。具体而言，郭沫若早期剧作被学术界称之为“追求个性解放”（如《三个叛逆的女性》，而后期剧作郭沫若自己称之为“翻案”文学（如《蔡文姬》《武则天》）。但如果认真辨析，会发现郭沫若所有剧作或多或少都有“颂红妆”内容，且其剧作中主要人物或塑造最成功的人物，大都是女性形象。

当陈寅恪倾晚年心力“颂红妆”之时，郭沫若却在创作和研究两方面从事“翻案”文学，对于两人何以如此，学术界已有不少研究，但大都夸大两人的差异，并带有明显的扬陈抑郭倾向。[1]其实认真考辨两人这期间现已发现的学术互动，他们的观点分歧并未大到截然对立的地步，相反有很多相同或相通之处，对此虽然已有研究，但仍有可论之处。例如，对于此类“翻案”文学中的“颂红妆”内容所产

[1] 陈寅恪最早提出“红妆”研究，出自1961年吴宓赴广州与陈寅恪相见时，后者赠诗中“留命任教加白眼，著书惟剩颂红妆”之句，其出处当与龚自珍之“著书都为稻粱谋”有关。而郭沫若提出“翻案”文学，则见于他1959年所写的《替曹操翻案》等文及所创作的历史剧《蔡文姬》《武则天》等。

生之喧宾夺主的艺术效果，郭沫若是有意为之还是无意间形成？这是否体现了郭沫若彼时的矛盾心理？此外，除在《再生缘》研究方面他们有较多学术互动外，在其他领域是否就基本处于老死不相往来的地步呢？

回答这些问题之前，先回顾一件以往被忽视的有关陈寅恪的报道。

1948年12月15日下午，陈寅恪及家人与胡适一道搭乘飞机从北平到达南京后[1]，胡适留在了南京，而陈寅恪及家人据卞孝萱编撰的《陈寅恪先生年谱长编》中所录陈寅恪夫人唐筼回忆，“在南京只住一晚，即搭夜车往上海，等轮船来广州”[2]了，这段话最早被蒋天枢先生的《陈寅恪先生编年事辑》收录。如果唐筼的回忆没有错，那么陈寅恪一家在南京只住了一个晚上。不过，1948年12月24日在上海出版的《诚报》上，却刊登了署名“天神”的一则报道，题目是“陈寅恪钦佩郭沫若”，其中提到陈寅恪到南京后，国立政治大学校长顾毓琇曾邀请他到校进行演讲，这次演讲中，陈寅恪曾对当时几位历史学家有所评述：“认为当今治史学专家，如郭沫若，如翦伯赞，如范文澜等人，虽思想立场方面，不与本人相同，但本人认为他们的研究方法，则颇有可取之处，并不能一笔抹煞。”此外，该文还提到陈寅恪讲演后

[1] 据《申报》1948年12月16日报道，“北大校长胡适及夫人，十五日下午六时三刻自平乘空运大队专机飞抵首都，同行者有名史学家陈寅恪教授阖家。”
[2] 卞孝萱：《陈寅恪先生年谱长编》，北京：中华书局，2010年，第251页。

和学生交流时说“郭、翦、范三人之成就，以范之成就最大，范文澜系专门研究史学者，不像郭、翦二人且兼及文学，有所分心云”。

查《诚报》为上海的一家小报，其发行人为李浮生，社址为北京路851号，至该期已发行至825期。据该报之“发刊词”，报纸取名为“诚”，即表示该报以追求报道真实、态度真诚为目的。从所登载报道看，其内容如与《申报》《大公报》等大报核对，大体真实可信。至于作者“天神”究系何人，已无法确认，但从他在《诚报》上所发表的《胡适预言失败》《傅斯年研究哲学》《何香凝勉强北上》等文章看，此人对当时的文化思想界动向较为熟悉。1949年后，李浮生被认定为“特务”，《诚报》停刊。

再说这报道中的“国立政治大学”校长顾毓琇，是一位百科全书式的人物，集科学家、教育家、诗人、戏剧家、音乐家和佛学家于一身，同时是中国电机、无线电和航空教育的奠基人之一。顾毓琇13岁考入清华，即拜入梁启超门下。后留学美国，五年间接连获得学士、硕士和博士学位，归国后即被清华大学聘为工学院院长，和陈寅恪不仅成为同事，而且比邻而居，两人交往甚多。1945年后，时任教育部政务次长的顾毓琇接替蒋介石先后担任国立中央大学和国立政治大学的校长，后移居美国。1969年陈寅恪先生逝世，消息传到海外，顾毓琇即写下多首怀念陈寅恪的诗词，其中“昔日比邻交似水，今宵寻梦难为词”等句，充分体现了二人的友谊之深。又如“考证再生缘本末，千秋寄慨泪沾巾”这样的诗句，说明顾毓琇不单是陈寅恪的好友，更是知音，他对陈寅恪撰写《再生缘》一书的理解之深，确实超越了很多同时代人。

综合上述材料，可知陈寅恪到南京后，应顾毓琇之邀赴南京“国立政治大学”讲演一事当为属实。这样说来，按照陈寅恪的身体状况，既然据《申报》报道他和胡适等12月15日下午6点45分才到达南京，则他不太可能当天晚上就去讲演，如此在南京不可能只住一天，唐贺的回忆很可能有误。

当事人回忆有误本也正常，在此只是引出一个话题，就是陈寅恪和郭沫若之间，是否如同今天学术界所了解者不但只是泛泛之交，而且两人无论思想立场还是治学理念都有极大分歧——这一判断，经由20世纪末的“国学热”和“陈寅恪热”，被一些多少带有倾向性的论述更加得到确认。[1]可惜，迄今为止有关陈寅恪研究的资料，并未提及陈寅恪到南京后的这次重要讲演——说它重要，因为这是迄今为止见到的唯一一次陈寅恪公开讲演的报道。在我看来，陈寅恪在中国历史的重大转折时期也是他个人做出重要抉择的关键时间点所作讲座中，对郭沫若等几位政治立场和治学理念有别于自己的历史学家给予肯定性评价，绝非随意之语。他明知是在国民党政权所在地南京讲演，却

[1] 如陆键东在《陈寅恪的最后20年》中的有关描述就是如此，由于该书在20世纪90年代末的影响较大，事实上加深了大众对郭沫若的负面认识。该书在2013年出版了修订本，但这方面的观点似乎并未有修改。

偏偏对来自对手一方的同行给予肯定，这不但说明陈寅恪确实是从学术角度进行评价外，应该还有一定的用意。因为没有当时讲演的具体内容，我们无从知道陈寅恪是在什么情境下做出上述评价，但有一点很清楚，那就是这几位文史学家在陈寅恪心目中有着重要位置，他对郭沫若等人的学术研究也非常熟悉。至于是否这意味着陈寅恪此后不会离开，已经为后来的事实所验证，但此种暗示是否确定，还有待新的史料来佐证。

以后的事情很多读者就熟悉了：陈寅恪先到上海，然后转去广州在岭南大学任教，后岭南大学与中山大学合并，陈寅恪就在中山大学工作直到逝世。至于郭沫若，则早在1948年11月就从香港北上，由东北辗转到了北京。20世纪50年代初，郭沫若至少写过两次信邀请陈寅恪北上，任中国科学院中古研究所所长，都被后者拒绝，但同意担任《历史研究》的编委。1958年郭沫若曾在《人民日报》上发表一封公开信，提出“在史学研究方面，我们在不太长的时期内，就在资料占有上也要超过陈寅恪”[1]的口号。之后，学术界发表了一系列针对陈寅恪的批判文章。20世纪60年代初，郭沫若获知陈寅恪撰写有《论〈再生缘〉》，即对《再生缘》产生兴趣，此后发表系列文章，对《再生缘》及其作者进行深入研究并给予高度评价。1961年郭沫若曾两次

[1] 郭沫若：《致北京大学历史系师生》，黄淳浩编：《郭沫若书信集》（下），北京：中国社会科学出版社，1992年，第270页。

到陈寅恪府上拜访，据郭沫若日记[1]所载，两人交谈还是比较融洽的，特别是后一次："我提到'句山樵舍'，他嘱查陈氏族谱。'壬水庚金龙虎斗，郭聋陈瞽马牛风。'渠闻此联解颐，谈约一小时，看来彼颇惬意。"能够和郭沫若交谈一小时，说明陈寅恪心情确实不错。关于这副对联的撰写，一般认为是郭沫若所作，但也有人认为是郭、陈两人凑成。[2]而且，此联之撰写，估计与郭沫若彼时正撰写《读〈随园诗话〉札记》有关[3]，在此札记中有一则为《群盲评瞽》，袁枚原文内容是对一幅嘲讽盲人的画作《群盲评古图》的议论及刘鸣玉的题诗。该诗虽有讽喻之意，但郭沫若以为这类以嘲讽残障人士为内容的文字没有什么意义，以此也可见袁枚为人"并不忠厚"。郭沫若为此写道："我为残疾者鸣不平。答之以诗，题为《群盲评瞽》。诗曰：笑人跛瞽

[1] 这两次拜访，一次是在1961年3月13日，一次是同年11月15日，据郭沫若日记，对联一事发生在第二次。

[2] 不过，从郭沫若日记中"渠（指陈寅恪，引者注）闻此联解颐"一句看，此联应为郭沫若所拟。

[3] 郭沫若阅读《随园诗话》是在1960年下半年，因他说他用的是人民文学出版社1960年5月的铅印本，《读〈随园诗话〉札记》完成于1961年年底，而郭沫若与陈寅恪第二次相见是该年1961年11月15日，此次郭沫若才把对联读给陈寅恪听，见其日记："再访陈寅恪，日记记录如下：彼颇信云贞曲之枫亭为仙游县之枫亭。说舒四爷，举出《随园诗话》中有闽浙总督五子均充军伊犁事，其第四子即可谓舒四爷。余近日正读《随园诗话》，却不记有此人。我提到'句山樵舍'，他嘱查陈氏族谱。'壬水庚金龙虎斗，郭聋陈瞽马牛风。'渠闻此联解颐，谈约一小时，看来彼颇惬意。"据郭沫若此则日记，则对联出自郭本人，而非两人所凑成。

笑人聋，不识群盲正指公。眼盲心有不盲者，心盲金篦何为功？”[1]于此则文字可见郭沫若因自己耳聋，平日对此类事极为介意，也自然对陈寅恪之目盲产生同情，随即联想到《随园诗话》中这一段文字，则这副对联的产生就不足为奇。郭沫若回到北京后，不但给陈寅恪找到一些资料，还寄去陈寅恪索要的稿纸，这应该是两人交往的最好阶段。根据胡文辉、谢泳等人的研究，陈寅恪曾写诗嘲讽过郭沫若的一些应景之作，但这些诗陈寅恪生前并未公开发表。之后，根据现有资料来看他们没有交往，只是郭沫若在其晚年著作《李白与杜甫》中，再次对陈寅恪有关观点进行批判，那时陈寅恪已经逝世两年。

众所周知，郭沫若善于和热衷于做“翻案”文章，他对曹操、武则天的研究及有关创作即为明证。不过郭沫若从事此类“翻案”研究只限于特定时期，带有明显的为政治服务目的。即便如此，在这些“翻案”研究或创作中，其实都有不同程度的“颂红妆”内容，或者二者融为一体，对武则天这一形象的艺术表现就是如此。至于其他时期，郭沫若不仅有成系列的“红妆研究”（如对蔡文姬是否创作了《胡笳十八拍》问题所撰写之系列论文），而且诸如《三个叛逆的女性》《蔡文姬》《武则天》等，都可视为“颂红妆”的代表作。如果把陈寅恪和郭沫若两人的“红妆研究”作品列出来，可以看出他们有不少共

[1] 郭沫若：《读〈随园诗话〉札记》，《郭沫若全集》文学编（第十六卷），北京：人民文学出版社，1989 年，第 344 页。

同关注的研究对象。

先看陈寅恪的“颂红妆”系列[1]：

1935年　　武则天（见《武曌与佛教》）

1936年　　秦　妇（见《读秦妇吟》）

1941年　　崔莺莺（见《读〈莺莺传〉》）

1944年　　杨贵妃（见《〈长恨歌〉笺证》）

　　　　　韦　丛（见《元白诗笺证稿》）

　　　　　琵琶女（见《元白诗笺证稿》）

1952年　　婚姻集团（见《记唐代之李武韦杨婚姻集团》）

1953年　　陈端生（见《论〈再生缘〉》）

　　　　　十三妹（见《论〈再生缘〉》）

　　　　　林黛玉（见《论〈再生缘〉》）

1954—1964年　柳如是、李香君等（见《柳如是别传》）

再看郭沫若有关“颂红妆”的创作和研究：

1926年　　卓文君、王昭君、聂　嫈（见《三个叛逆的女性》）

1942年　　婵　娟（见《屈原》）

　　　　　如姬夫人（见《虎符》）

---

[1] 此系在参考蔡鸿生《“颂红妆”颂》中有关内容基础上增补而成，谨向蔡先生表示谢意（原文见于胡守为主编的《柳如是别传与国学研究》，杭州：浙江人民出版社，1995 年）。

阿　盖（见《孔雀胆》）

1959年　　蔡文姬（见《蔡文姬》，同时撰写了有关蔡文姬及其创作的系列论文）

1960年　　武则天（见《武则天》）

1961—1962年　陈端生（见郭沫若这期间有关《再生缘》的系列论文）

诚然，研究领域的接近或相同，并不能说明他们的学术理念相近或相同。不过，从他们对中国历史上这些才女形象的解读和评价中，可以看出他们有不少相近甚至相同之处。

首先，彼时郭沫若确实对《再生缘》格外关注，不仅连续撰写论文，而且在与友人的书信中大谈特谈此书。如他在1961年写给徐迟的信中说："我现在由于一个偶然的机会在看《再生缘》，全书二十卷，有七十万字左右，这是乾隆中年一位二十岁左右的女作家，杭州人陈端生写的一部弹词（七言体的长篇叙事诗）。但后三卷是另一女诗人续写的。陈的很多诗句非常雅驯，令人惊异。这部书在北京旧书店里买不到了。我是从北京图书馆借阅的。武汉不知能购得否？我要请你帮忙，如能购得，费用当汇上。但版本希望是道光年间的，如有钞本当然更好。"[1] 此外，彼时大概陈明远来信中流露出想要看《再生缘》

[1] 黄淳浩编：《郭沫若书信集》（下），北京：中国社会科学出版社，1992年，第357页。

的意愿，对此郭沫若在复信中说："《再生缘》目前不在我手中，中华书局借去了，尚未缴还。其实你不看也无所谓，晓得有个陈端生这样一位天才的女作家就够了。"[1]

其次，他们对陈端生及其《再生缘》的评价相当一致，而郭沫若的评价明显受到陈寅恪的影响，且他坦承赞同陈寅恪的很多观点，特别是赞同陈寅恪给予《再生缘》极高的评价，甚至他还在陈氏赞美的基础上有所发挥："从去年十二月以来，到最后核校完毕为止，我算把《再生缘》反复读了四遍。我每读一遍都感觉到津津有味，证明了陈寅恪的评价是正确。他把它比之于印度、希腊的古史诗，那是从诗的形式来说的。如果从叙事的生动严密、波浪层出，从人物的性格塑造、心理描写上来说，我觉得陈端生的本领比之十八、十九世纪英法的大作家们，如英国的司考特（Scott，公元一七七一年——八三二年）、法国的斯汤达（Stendhal，公元一七八三年——八四二年）和巴尔扎克（Balzac，公元一七九九年——八五零年），实际上也未遑多让。他们三位都比她要稍晚一些，都是在成熟的年龄以散文的形式来从事创作的，而陈端生则不然，她用的是诗歌形式，而开始创作时只有十八九岁。这应该说是更加难能可贵的。"[2]

[1] 黄淳浩编：《郭沫若书信集》（下），北京：中国社会科学出版社，1992 年，第 126 页。
[2] 郭沫若：《序〈再生缘〉前十七卷校订本》，《郭沫若古典文学论文集》，上海：上海古籍出版社，1982 年，第 933 页。

当然，在阐释《再生缘》的思想意义和作者陈端生的创作意图时，两人观点呈现出微妙的不同，相比之下陈寅恪有更多的感同身受之感，或者如其所言，行文中体现出更多更深的“了解之同情”，而郭沫若则更多从纯学术角度论述。如陈寅恪在《论〈再生缘〉》中多次大发感慨并把自己的诗作多次引用在文章中，其“寄托”之意非常明显。对此，郭沫若则认为陈寅恪只不过是在为陈端生及其作品的被湮灭而鸣不平：

> 这的确是一部值得重视的文学遗产，而却长久地被人遗忘了。不仅《再生缘》被人看成废纸，作为蠹鱼和老鼠的殖民地，连陈端生的存在也好像石沉大海一样，迹近湮灭者已经一百多年。无怪乎陈寅恪先生要那样地感伤而至于流泪：“彤管声名终寂寂，……怅望千秋泪湿巾。”这不是没有理由的。[1]

事实上作为诗人，郭沫若对于陈寅恪在《论〈再生缘〉》中多次以诗词吊古伤今、大发感慨的方式，对于陈寅恪借他人之酒杯浇自己之块垒的用意，不太可能一点也体会不到，但他在文章中没有就此进行阐释，大概与彼时情势有关，他不好就此展开，只能避重就轻。

此外，还有以下值得注意之处：一个是郭沫若认为陈端生的思想

[1] 郭沫若：《序〈再生缘〉前十七卷校订本》，《郭沫若古典文学论文集》，上海：上海古籍出版社，1982 年，第 930 页。

是“叛逆”，而陈寅恪则断定其思想为“自由”，且看下面的例证：

> 作者的思想富于叛逆性。她的胆子相当大，她假想了一个孟丽君，女扮男装，中状元，做宰相……作者写孟丽君的显达，虽然不脱封建时代的俗套，但也不失为是一种叛逆的想法。在男性中心的封建社会，女性的才能得不到发展，故往往生出这些要与男子并驾齐驱的幻想。不过作者的叛逆性却更进了一步，她使她的主要人物发展到了目无丈夫，目无兄长，目无父母，目无君上的地步。特别是她揭露元成宗的好色心理是相当痛快淋漓的，在作品中揭穿了封建帝王的虚伪和胡作非为，这在旧时代是难能可贵的事。[1]

据笔者不完全统计，在郭沫若有关《再生缘》所写系列论文中，他多次使用“叛逆”一次概括陈端生的思想，仅在《〈再生缘〉的前十七卷和它的作者陈端生》一文中就出现了四次。这让我们联想到他早年的系列剧作《三个叛逆的女性》，看来“叛逆”一词在郭沫若那里早已是根深蒂固：

> 单就中国而论，如象卓文君，如象蔡文姬，如象武则天，如象李清照，她们的才力也不亚于男人，而她们之所以能够成人，

[1] 郭沫若：《〈再生缘〉的前十七卷和它的作者陈端生》，《郭沫若古典文学论文集》，上海：上海古籍出版社，1982 年，第 870—871 页。

乃至成为男性以上的人，就是因为她们是不肯服从男性中心道德的叛逆的女性。她们不是因为才力过人，所以才成为叛逆；是她们成了叛逆，所以才力才有所发展的呀。[1]

再看陈寅恪评价陈端生时使用的“自由”一词：

端生此等自由及自尊即独立之思想，在当日及其后百余年间，俱足惊世骇俗，自为一般人所非议。[2]

而其所以能运用此情感，融化贯通无所阻滞者，又系乎思想之自由灵活。故此等之文，必思想自由灵活之人始得为之。非通常工于骈四俪六，而思想不离于方卦之间者，便能操笔成篇也。今观陈端生《再生缘》第一七卷中自序之文，与《再生缘》续者梁楚生第二十卷中自述之文，两者之高下优劣立见。其所以至此者，鄙意以为楚生之记诵广博，虽或胜于端生，而端生之思想自由，则远过于楚生。撰述长篇之排律骈体，内容繁复，如弹词之体者，苟无灵活自由之思想，以运用贯通于其间，则千言万语，尽成堆砌之死句，即有真实情感，亦堕世俗之见矣。不独梁氏如是，其他如邱心如辈，亦莫不如是。《再生缘》一书，在弹词体

[1] 郭沫若:《写在〈三个叛逆的女性〉后面》,《郭沫若全集》文学卷(第六卷),北京：人民文学出版社，1982年，第136—137页。
[2] 陈寅恪:《论〈再生缘〉》,《寒柳堂集》,上海：上海古籍出版社，1982年，第59页。

中，所以独胜者，实由于端生之自由活泼思想，能运用其对偶韵律之词语，有以致之也。故无自由之思想，则无优美之文学，举此一例，可概其余。此易见之真理，世人竟不知之，可谓愚不可及矣。[1]

仅在第二段引文中，陈寅恪就一连用了几个“自由”来强调陈端生的思想特征，令人印象深刻，而他对“自由之思想”的强调也是贯穿于其学术生涯的始终。早在为王国维自尽所写纪念碑文中，陈寅恪就以“独立之精神、自由之思想”十个字概括王国维，认为“士之读书治学，盖将以脱心志于俗谛之桎梏，真理因得以发扬。思想而不自由，毋宁死耳”。[2]至于20世纪50年代初，陈寅恪在答复中国科学院（时郭沫若任院长）邀请其北上时，又再次强调了这个“十字方针”，对此早已为世人所知，此处不再展开。

郭沫若与陈寅恪，在概括陈端生思想特征时，一用“叛逆”，一用“自由”，两人之强调重点不同，当与两人彼时之处境和思想立场有关，对此学术界已有分析，不赘。这里需要强调的是，有时陈寅恪是在思想灵活的意义上使用“自由”一词，如：

[1] 陈寅恪：《论〈再生缘〉》，《寒柳堂集》，上海：上海古籍出版社，1980年，第65—66页。
[2] 陈寅恪：《清华大学王观堂先生纪念碑铭》，《金明馆丛稿二编》，上海：上海古籍出版社，1980年，第218页。

痍汪两文之词藻固甚优美，其不可及之处，实在家国兴亡哀痛之情感，于一篇之中，能融化贯彻，而其所以能运用此情感，融化贯通无所阻滞者，又系乎思想之自由灵活。故此等之文，必思想自由灵活之人始得为之。非通常工于骈四俪六，而思想不离于方卦之间者，便能操笔成篇也。[1]

此外，“叛逆”者可能有“自由”之思想行为，但只是无意识或不自觉的，或仅仅出自性格上的倔强等因素，但思想“自由”者必定会有“叛逆”思想和行为，因为其渴望“自由”，终不能为世俗观念所限，所以要通过叛逆行为实现个人的思想“自由”——“叛逆”只是手段，而“自由”才是目的。在这一点上，应该说“自由”较之“叛逆”层次更高，也更符合陈端生的思想实际状况。

不过，两人在一个词汇上得到统一，此即“超越”：

年来读史，于知人论事之旨稍有所得，遂取《再生缘》之书，与陈端生个人身世之可考见者相参会，勾索乾隆朝史事之沈隐，玩味《再生缘》文词之优美，然后恍然知《再生缘》实弹词体中空前之作，而陈端生亦当日无数女性中思想最超越之

[1] 陈寅恪：《论〈再生缘〉》，《寒柳堂集》，上海：上海古籍出版社，1980年，第65页。

人也。[1]

两两比较起来，陈端生的思想，毕竟在某种程度上超越了她的时代，这倒是一件稀奇的现象。[2]

显而易见，两人都认为陈端生的思想超越了她所在的时代，更超越了同时代的女作家，对此两位也都以《再生缘》的续作者梁德绳、侯芝的迂腐思想为例作为比较，以彰显陈端生思想超越的难能可贵：

端生此等自由及自尊即独立之思想，在当日及其后百余年间，俱足惊世骇俗，自为一般人所非议。故续《再生缘》之梁德绳于第二十卷第八十回中，假皇甫敬之口斥孟丽君，谓其“习成骄傲凌夫子，目无姑舅乱胡行”，作笔生花之邱心如于其书第一卷第一回中，论孟丽君之失，谓其“竟将那，劬劳天性一时捐。阅当金殿辞朝际，辱父欺君太觉偏”，可为例证也。[3]

同是女作家的侯芝，在《金闺杰》的题词中，对于《再生缘》的女主人公做了相当严厉的批评：

---

[1] 陈寅恪：《论〈再生缘〉》，《寒柳堂集》，上海：上海古籍出版社，1980年，第56—57页。
[2] 郭沫若：《〈再生缘〉的前十七卷和它的作者陈端生》，《郭沫若古典文学论文集》，上海：上海古籍出版社，1982年，第872页。
[3] 陈寅恪：《论〈再生缘〉》，《寒柳堂集》，上海：上海古籍出版社，1980年，第59—60页。

齿唇直呈明枪利，骨肉看同敝履遗。僭位居然翁叩首，裂眥不惜父低眉。倒将冠履慿还小，灭尽伦常罪莫疑。

说孟丽君“灭尽伦常”，自然也就是说陈端生的想法“灭尽伦常”。[1]

综合上述内容，可知郭沫若不仅赞同陈寅恪对《再生缘》及作者做出的高度评价，而且在此基础上有所发挥。尽管有些说法可能不够严谨，但整体而言，郭沫若对陈寅恪的观点不仅没有“发难”“质疑”，反而是锦上添花。至于一些具体学术问题的考证上，由于两人所依据史料不同及考证方法不同，有一些分歧可以理解。综合而言，两人的分歧大致集中在三点，第一点是郭沫若认为陈云贞就是陈端生，但陈寅恪不同意这一断定。第二点就是陈寅恪认为陈端生的丈夫范某应为范菼，此人有可能是秀水进士范璨之子，但因陈寅恪所见史料有矛盾之处，故他未敢断定。郭沫若则根据新发现史料，认为范菼不是秀水人范璨之子，而是会稽人范菼即范秋塘。陈寅恪在看到郭沫若这一论断后，曾在《论〈再生缘〉校补记》中对此进行反驳：

鄙意就吾国昔日士大夫阶级之婚姻条件言之，端生与秋塘两家，既非孔李交游之旧，林薛姑姨之亲；又无彩楼抛球之缘，元

[1] 郭沫若：《〈再生缘〉的前十七卷和它的作者陈端生》，《郭沫若古典文学论文集》，上海：上海古籍出版社，1982 年，第 871 页。

旦观灯之遇。今论者竟为之强牵红丝，使成佳偶，以效法乔太守之乱点鸳鸯谱，岂不异哉！岂不异哉！[1]

从陈寅恪带有嘲讽的语气及连用两个“岂不异哉”来看，他对这位“论者”的观点很是不以为然，而这位“论者”从现有材料看，应该就是郭沫若。陈寅恪一贯强调家族、婚姻、科举和文人集团等对于维系和发展中国传统文化的重要作用，曾以此对隋唐以来士大夫阶级地位升降以及对隋唐政治制度形成的巨大影响作了极其精到的阐述，对此《剑桥中国隋唐史》的主编崔瑞德给予极高评价：“解释这一时期政治和制度史的第二个大贡献是伟大的中国史学家陈寅恪作出的。在战争年代重庆出版的两部主要著作和四五十年代发表的许多论文中，他提出的关于唐代政治和制度的一个观点远比以往发表的任何观点扎实、严谨和令人信服。”[2]因此，陈寅恪对于陈端生的婚姻问题，所注重的也是“门当户对”“家族渊源”这些方面，至于什么“彩楼抛球之缘，元旦观灯之遇”等语，不过是陈寅恪的玩笑话而已。

郭沫若与陈寅恪的第三点分歧在于郭沫若认为陈端生丈夫范菼科举犯案原因不是他代人作文，而是请人代作。郭沫若认为范某虽有才

[1] 陈寅恪：《论〈再生缘〉》，《寒柳堂集》，上海：上海古籍出版社，1980年，第87页。
[2]（英）崔瑞德：《剑桥中国隋唐史》，中国社会科学院历史研究所西方汉学家课题组译，北京：中国社会科学出版社，1990年，第11页。

气但可能不善于写制艺之文，故才出此下策，不料被人发现。对此陈寅恪表示怀疑："即使范菼善于作诗，而不精通举子业，如沈氏《范太学传》所言者。亦恐不至于冒大危险，倩人代作也。"[1]

上述这些分歧，自然是源于两人所见史料不同，但更重要原因在于他们的治学方法和理念的差异，对此已有学者论及，不赘。[2]

二

要正确理解郭沫若为何对《再生缘》有这样浓厚的兴趣并给予极高评价，还要结合他彼时其他的一些文学活动，如在阅读和研究《再生缘》期间，郭沫若正在修改其"翻案"文学的代表作《武则天》。又如在撰写研究《再生缘》系列论文前不久，郭沫若在创作《蔡文姬》的同时，还就《胡笳十八拍》的真伪问题连续撰写文章，其中有些为蔡文姬鸣不平的文字与后来为陈端生鸣不平者几乎相同：

> 在中国文学史上有一件令人不平的事，是蔡文姬的《胡笳十八拍》所受到的遭遇。这实在是一首自屈原的《离骚》以来最值得欣赏的长篇抒情诗。杜甫的《寓居同谷县作歌七首》和它的

[1] 陈寅恪：《论〈再生缘〉》，《寒柳堂集》，上海：上海古籍出版社，1980年，第89页。

[2] 此可参看李斌的《郭沫若〈再生缘〉研究的学术史意义》一文。

体裁相近，但比较起来，无论在量上或质上都有小巫见大巫的感觉。[1]

《再生缘》前十七卷的确是部杰出的作品。陈寅恪很欣赏它，在他看来，陈端生的成就竟在杜甫之上。……

的确，我们是有点厚远薄近、厚雅薄俗、厚男薄女、厚外薄中的。对唐宋的旧诗人我们每每奉之为圣旨；而把明清的弹词女作者则一概屏之于俗流。我们能够欣赏《孔雀东南飞》，但很少人能回顾一下这条无尾的神龙《再生缘》。我们能够歌颂希腊的荷马，意大利的但丁，英国的莎士比亚，德国的歌德，俄国的普希金，因为他们有长篇叙事诗或诗剧，然而知道陈端生这个名字的人，恐怕就没有好几位。[2]

有意思的是，正是在郭沫若为蔡文姬鸣不平期间，沈从文也许是不甘寂寞，也许是觉得郭沫若的考订过于草率，于1959年6月30日在《文物》上发表一篇《谈谈〈文姬归汉图〉》，显然是对郭沫若意见的回应。沈从文不认同《胡笳十八拍》就是蔡文姬所作这一观点，文中对此有所辩难。众所周知，郭沫若对沈从文曾有过严厉的批判文字，

[1] 郭沫若：《谈蔡文姬的〈胡笳十八拍〉》，《郭沫若古典文学论文集》，上海：上海古籍出版社，1982年，第422页。
[2] 郭沫若：《〈再生缘〉的前十七卷和它的作者陈端生》，《郭沫若古典文学论文集》，上海：上海古籍出版社，1982年，第879—880页。

但这一次郭沫若的反应还算是比较客气：

还有沈从文先生在他《谈谈〈文姬归汉图〉》(《文物》一九五九年第六期）里面也接触到这个问题。他也是完全肯定《胡笳》是后人所作。……看来，蔡文姬的创作权是有点危险了。说实话，我从前也是怀疑派，甚至是相信拟作说的。我早就读过《胡笳十八拍》，而且欣赏它，但没有替它鼓吹过。活到六十八岁了，我最近才把这个问题提了出来。这是因为我感觉到《胡笳》实在是一首好诗，而没有被重视，其所以不被人重视的主要原因则被人肯定为拟作。但拟作说的理由似乎未能说服人，至少是未能说服我。因此我才敢于提出这个问题，请求大家重视。[1]

对于此后郭沫若的进一步考证，估计沈从文还是不会认同，但他没有再写文章，大概认为没有必要了吧。

此外，要正确把握郭沫若在《再生缘》研究中与陈寅恪的异同，还应追溯更远更早的郭沫若历史剧创作，并结合分析郭沫若对历史上一些才女的评价。郭沫若前期剧作中的女主人公，一般都是追求个性解放和人格独立的代表，如郭沫若眼里的王昭君：

大家的毛病是没有懂得那两个“自”字，那是自己的“自”，

[1] 郭沫若：《四谈蔡文姬的〈胡笳十八拍〉》，《郭沫若古典文学论文集》，上海：上海古籍出版社，1982 年，第 452—453 页。

而不是“自然”的“自”。“汉恩自浅胡自深”，是说浅就浅他的，深也深他的，我都不管，我只要求的是知心的人。这是深入了王昭君的心中，而道破了她自己的独立的人格，认为她的心中不仅无恩爱的浅深，而且无地域的胡、汉。[1]

又如卓文君：

你要叫我死，但你也没有这种权利！从前你生我的只是一块肉，但这也不是你生的，只是造化的一次儿戏罢了！我如今是新生了，不怕你就咒我死，但我要朝生的路上走去！（向红箫）红箫妹妹哟！你与我同向生的路上走去吧！不怕那儿就是荆棘满途，我与你是永远要向生的路上走去！[2]

追求个性解放和女性的独立自由，其实是五四新文学时期创作的基本特征之一，郭沫若的这些作品并未有多少特异之处，只是其创作大都通过对女性形象的塑造得以表现而已。不过通过对这些“才女”“烈女”形象的塑造，郭沫若其实开启了属于他自己的“颂红妆”历史。等到20世纪60年代，在偶然读到《再生缘》后，所有之前有关

[1] 郭沫若：《王安石的〈明妃曲〉》，《郭沫若古典文学论文集》，上海：上海古籍出版社，1982年，第648页。
[2] 郭沫若：《卓文君》，《郭沫若全集》文学编（第六卷），北京：人民文学出版社，1989年，第56页。

“颂红妆”的创作及学术研究，都成为他撰写系列研究《再生缘》论文的强大动力和思想情感宝库，以致他虽然要顾忌自己的写作要服从一定的政治目的，但还是能在此基础上顺从内心的真实感受，成为与陈寅恪内心相通的一员——当然，限于两人思想及地位的巨大差异，这种相通还是被局限于一定的程度。但郭沫若毕竟做出了在他那个地位及情境下能够做出的最大努力，应该说是难能可贵，对此不应有过多的苛求。

我以为，仅就郭沫若后期的系列“翻案”作品而言，其创作意图自然有配合特定时期意识形态需要、为政治服务之目的。但从深层次看，其实郭沫若对此也有矛盾心理，其具体表现就是在“翻案”之作中强化“颂红妆”成分，以讴歌女性、贬低男性的方式，弱化学术研究及创作中“图解政治”的写作方式，消解其为政治服务的社会效果。对此，郭沫若自己可能并未有清晰的理性认识，但从他同时期的一些书信特别是写给陈明远的书信中，还是能看出郭沫若的矛盾心理，以及他对自己过于迎合政治所创作的不满，他承认自己那部《百花齐放》诗集创作的失败就是如此。[1]

换句话说，有别于陈寅恪借“颂红妆”之名行抒发个人心曲之

[1] 郭沫若在1959年11月8日写给陈明远的信中有明确说明，原文见黄淳浩编：《郭沫若书信集》（下），北京：中国社会科学出版社，1992年，第109页。对于这些书信的真伪，目前学术界尚有争议，此处仅供参考。但纵观郭沫若创作学术生涯，其在1949年后陷入困惑、矛盾状态是可以确认的。

实，郭沫若在写作“翻案”文章时，出于思想上的矛盾心理，无形中使自己作品在表现“翻案”主题同时产生了“颂红妆”的艺术效果，从而令这些“翻案”之作在表层的“能指”之下，具有了双重“所指”意义：一个是“翻案”，一个是“颂红妆”，并在个别作品中得到统一，例如剧本《武则天》。明白这一点，就会清楚为何郭沫若剧作中人物性格最鲜明也最受观众喜爱的往往是女性形象，尤其是“才女”“烈女”形象，这对理解郭沫若为何会在《再生缘》的评价问题上和陈寅恪有很多一致至关重要。当然，和陈寅恪一样，郭沫若也是在借写古人抒发个人情感，例如他说“蔡文姬就是我！是照着我写的”。[1]不过，同样是抒发个人情感，同样是有所寄托，由于郭沫若和陈寅恪所处地位、身份、经历和思想观念不同，尽管其借酒浇愁的方式相同，但潜在意蕴却大不相同。

“冥会”“契合”或“暗合”，这都是陈寅恪学术论著中常用术语，用来指代无论是中外文化之间还是不同学术流派之间的某些思想观点，确实有相似相通关系或应有内在联系但尚未确认其联系证据者，此处不赘[2]。不过，我们完全可以用这些术语来指代郭沫若与陈寅恪在“颂红妆”方面两人的某些心意相通或相近，这种“暗合”

[1] 郭沫若：《中国农民起义的历史发展过程》，《郭沫若古典文学论文集》，上海：上海古籍出版社，1982年，第408页。
[2] 参见刘克敌《陈寅恪与中国文化》（上海人民出版社，1999年）、《陈寅恪和他的同时代人》（文化艺术出版社，2006年）等著作中均有论述。

所产生的吸引力甚至可以让郭沫若暂时忘记自己与陈寅恪在思想观点等方面的巨大差异，而有惺惺相惜之感，或者就是陈寅恪所说的“了解之同情”。归根结底，郭沫若也好，陈寅恪也好，他们既是学者更是诗人，那种与生俱来的诗人气质和悲天悯人的情怀，还是不会被完全压抑，而是不时冒出来——在陈寅恪一方似乎是自然而然、水到渠成；而对于郭沫若，则须在他有意无意克服或压抑自己另一种言说方式或话语体系后，才会呈现出这样的情怀。如果细读郭沫若为蔡文姬和《再生缘》所撰写的系列论文，可明显看出存在两种话语体系，即服从一定政治目的的言说和完全服从内心真实感受的言说。理解这一点，就会明白郭沫若为何赞同陈寅恪对《再生缘》的评价，但有时在文章中又多少显现出对陈寅恪意见的漫不经心。

历史常常会有惊人的相似。1985年，上海古籍出版社出版了《郭沫若古典文学论文集》，这家出版社在数年前出版了《陈寅恪文集》，当然是按照陈寅恪生前一直坚持的繁体竖排方式。而郭沫若的这个论文集也是采用繁体竖排，虽然以这种方式出版古籍不过是常识，但郭氏其他著作1949年后都是简体横排，包括他的全集，而且郭沫若自己也曾为此撰文提倡。[1]但这一部却选择在上海古籍出版社，以繁体竖

[1] 早在1935年，郭沫若就和蔡元培、邵力子、陶行知、郁达夫等200多名文化教育界名人联合发起了手头字运动，呼吁将“手头字”（即实际书写中已经习惯性简化的字）当作规范汉字推广。1955年1月1日，《光明日报》率先试行横排印刷，并刊登一篇《为本报改为横排告读者》的文章，随后郭沫若、胡愈之等著名学者就此发表文章予以支持。

排方式出版，还是多少有些令人意外。彼时郭沫若逝世已经七年。不过，该书“出版说明”中说此书出版得到其亲属的协助，并由李一氓先生题签，看来出自亲属意见或李一氓建议的可能性较大。

其实，郭沫若和陈寅恪的学术对话还有不少，不过大都是以“间接对话”方式进行，也即双方在文章中只提及对方观点或对其进行评价，但不明确指出此观点出自何人。这在陈寅恪一方尤为如此，当年陈寅恪研究佛教对中国古代小说发展影响时，他就多次在有关论文中与胡适、鲁迅等以此种方式进行学术对话，此处不赘。[1]就郭沫若而言，他的《李德裕在海南岛》一文就使用了陈寅恪的材料，却并未明确点明，只是在和秘书王戎笙的书信中对此有所说明。1962年初，正在海南岛的郭沫若开始对李德裕产生兴趣，在写给王戎笙的信中他明确询问对李德裕“史学界有人注意否？有无值得注意的研究成果？”[2]显然郭沫若没有注意到陈寅恪早在1935年就撰写了《李德裕贬死年月及归葬传说辩证》一文，此文发表在当年的《中央研究院集刊》，此为油印本，印数不多，而彼时郭沫若尚在日本，很有可能没有看到此文。郭沫若很快就在自己的文章中使用了陈寅恪论文中的材料，并为稳妥起见，请王戎笙在北京核对一下：“关于祭文的这一条是据陈寅恪文所征引的，在此查了几种《云溪友议》，均无。中山图书馆

[1] 参见刘克敌《陈寅恪与中国文化》中有关章节。
[2] 黄淳浩编：《郭沫若书信集》（下），北京：中国社会科学出版社，1992年，第339页。

无“涵芬楼影印的铁琴铜剑楼本”，请在北京查一下，如无此条，也可能是陈寅老误引。若然，文字就不必添改。如果有，就请照加。”[1]事后看，正式发表的这篇文章还是使用了此条材料，说明陈寅恪并未误引。事实上，陈寅恪当年征引的这条材料对于确认李德裕贬死日期极为重要，故陈寅恪极为慎重，多方引用史料对其真伪进行辨析后才作为论据使用。

饶有意味的是，估计陈寅恪看到了郭沫若的《李德裕在海南岛》，所以他在1964年5月以“附记”形式在《李德裕贬死年月及归葬传说辩证》一文后补写了一大段文字，应该是对郭沫若文章的回应。首先，这一段“附记”在形式上就非常特殊，它是在之前已经写好的“附记”中又续写了一大段，其小标题“丁”明显告诉读者是接续前面。不过有意思的是，陈寅恪之前的附记写于1955年，“附记”最后“乙未春日寅恪记于广州河南冥写斋”一句就是证明。值得说明的是，这是目前所见陈氏著作中唯一一次用“冥写斋”指代其住所，相比而言，人们更熟悉的是“寒柳堂”和“金明馆”。

那么这又一次“补记”写的什么呢？

从内容看，陈寅恪主要是论述了“关于戏剧小说颇饶兴趣而与白

[1] 黄淳浩编：《郭沫若书信集》（下），北京：中国社会科学出版社，1992年，第341—342页。

敏中招降党项一事相涉者”[1]。党项本为历史上之少数民族，大中五年（851年），党项作乱，唐宣宗任命白敏中为司空兼邠宁节度使，并充任招讨党项行营都统制置等使、南北两路供军使。白敏中离京时，唐宣宗亲自到安福楼饯行，赏赐通天带，授他开府辟士之权，并命神策军随行护卫。四月，白敏中行至宁州，得到诸将破贼的捷报，便劝谕党项部众，让他们择业安居。党项平定后，白敏中被免去都统职务，专任邠宁节度使。按说平定党项是白敏中的一件大功，但他当初由李德裕推荐提拔，后来却陷害攻击李德裕，致使后者被贬并最终流放海南，李德裕也曾撰文斥责白敏中以怨报德，因此白敏中在官场名声不佳，以致去世后得到一个“丑”的谥号。对于李德裕和白敏中的恩怨，陈寅恪本来早就有所论述，此处再次拈出此事，当与他对李德裕晚年遭遇深有同情有关，因为在此段“补记”结尾，陈寅恪把自己抗战时期由香港经海上返回内地途中所作的一首诗录在下面，其中的“万国兵戈一叶舟，故丘归死不夷犹”“读书久识人生苦，未得崩离早白头”等句明显流露出爱国情怀和悲凉心态。

此外，陈寅恪指出，在历史上，“党”与“黨”其实为两个字，党项族之拓跋与鲜卑族之拓跋也并非同一族类，而古代戏剧小说中的“佘太君”之“佘”，本应为“折”，“折氏望出西河，宋为大姓。佘氏

[1] 陈寅恪：《李德裕贬死年月及归葬传说辩证》，《金明馆丛稿二编》，上海：上海古籍出版社，1980年，第47页。

望出南昌，北方土音读折为佘，故戏剧小说乃以折为佘，其实两姓迥别也。”[1]总之，陈寅恪指出：“故读史者于地域之方位，种族之区别，尤应特加注意也。世人喜谈小说戏剧，而不知其与义山《汉南书事》诗有关，遂标出之如此。”[2]

纵观陈寅恪此则补记，似乎并未明确呼应郭沫若那篇《李德裕在海南岛上》，但细细品味，仍可看出陈寅恪的态度及情感倾向。李德裕客死海南后，几经周折方得允许归葬内地，[3]其晚年凄凉生活也当令陈寅恪感同身受，尽管陈寅恪的处境相比之下远远胜于李德裕。而郭沫若是以休养者身份到海南，其所考证大致是出于兴趣，其对李德裕之情感也不过是同情，对李德裕晚年心态及悲凉结局之理解必然不同于陈寅恪。倘若结合彼时陈寅恪之创作和郭沫若有关诗歌，当能发现更多陈寅恪对郭沫若的态度和感情倾向。不过，陈寅恪对郭沫若有时“有意如此”和“有时不得不如此”之做法尽管有所嘲讽，基本上还是能够理解。在这个意义上，陈寅恪的“颂红妆”与“讽文人”其实是一个有机整体，而郭沫若的“颂红妆”则更多与“为政治”目的结合，彼时两人不同的选择，正是那个时代不同地位、不同思想观念之

[1] 陈寅恪：《李德裕贬死年月及归葬传说辩证》，《金明馆丛稿二编》，上海：上海古籍出版社，1980年，第50页。
[2] 陈寅恪：《李德裕贬死年月及归葬传说辩证》，《金明馆丛稿二编》，上海：上海古籍出版社，1980年，第51页。
[3] 对此陈寅恪在其读书札记《新唐书》《旧唐书》部分之“李德裕”条下有具体阐述。

文人群体的准确反映。

补记：

关于陈寅恪和郭沫若的学术交往，还有一件事可说。1936年，著名语言文字学家沈兼士写了一篇后来博得大名的文章，即《“鬼”字原始意义之试探》，其用意在于“从形声义三面贯穿证发其当然之义矣”。文章完成后，他想在发表前征求一下意见，即委托周作人送给尚在日本的郭沫若，然后又送给正在清华任教的陈寅恪。沈兼士曾主持北京大学的国学门，担任主任一职，后赴厦门大学和鲁迅为同事，然后又在北京的辅仁大学文学院任教，却在征求意见时想到了两位“外单位”的专家，这很有意思——当然这意味着他对两位学者专业水准的信任，郭沫若彼时已是著名甲骨文研究专家，而陈寅恪虽然所长并非小学，却因其学识渊博和“清华四大导师”之一的名头在学术界很有声望。至于沈兼士和陈寅恪的学术交往，应该是始于陈寅恪在清华任教之时。

郭、陈二人在看过沈兼士的论文后，均很快给予回复并都做出了很高的评价，由于他们的回信文字都不长，姑且引在下面：

兼士先生：

由知堂先生转呈大作《“鬼”字原始意义之试探》已拜读，新颖详实，可为定论。余尝疑网两罔象为马来语猩猩Oransutan（此语今欧人通用）之对译。此意曾质之尹默先生，颇以为可信。又疑螭魅实Chacma之对译，乃南非洲所产狒狒古代盖由中央亚细亚而入中国者。今得读大文知鬼夔为一，则三者均为禺属，甚感深厚之趣味。原始人舍具象的组织之外不能作抽象之思想，鬼必由夔而鬼者，断无可疑。

郭沫若再拜　四月二十九日

大著读讫，欢喜敬佩之至，依照今日训诂学之标准，凡解释一字即是作一部文化史。中国近日著作能适合此定义者以寅恪所见，惟公此文足以当之无愧也。专此奉复。敬颂

著祺。

弟陈寅恪拜复　四月十八日

从两封信内容看，郭沫若和陈寅恪均对沈兼士文章给予高度评价。相比之下陈寅恪的评价尽管简略却赞美之意更为明显，已经上升到“凡解释一字即是作一部文化史”的高度，但至于论文的具体内容并没有评述。而郭沫若除了用“新颖详实，可为定论”八个字给出结论外，还结合自己之前有关“鬼”之起源的揣测，在否定自己的同时

肯定沈兼士论文的价值，并有进一步的引申："原始人舍具象的组织之外不能作抽象之思想，鬼必由夔而鬼者，断无可疑。"语气如此斩钉截铁，自然显示对沈兼士论文的肯定。但作为学术论断，似乎不好如此绝对化。从两人的回复中，当可体会到他们治学理念以及如何评价他人学术的微妙差异。

不以中医治病，却以中医治学

——陈寅恪的“中医观”

作为中西文化兼通的文化大师，陈寅恪对中医的态度值得注意，那就是他认为中医治病确实有效，但因为没有相应的理论体系，所以他不相信中医，尽管他出身于中医世家。对于中医，陈寅恪的“中医观”比较集中地体现在《寒柳堂记梦未定稿》第一节《吾家先世中医之学》中，他特意用一节篇幅论述其祖上数代皆精通中医并成功治愈不少名人之事：

> 吾家素寒贱，先祖始入邑庠，故寅恪非姚逃虚所谓读书种子者。先曾祖以医术知名于乡村间，先祖先君遂亦通医学，为人疗病。寅恪少时亦尝浏览吾国医学古籍，知中医之理论方药，颇有由外域传入者。然不信中医，以为中医有见效之药，无可通之理。若格于时代及地区，不得已而用之，则可。若矜夸以为国粹，驾于外国医学之上，则昧于吾国医学之历史，殆可谓数典忘

祖欤？曾撰《三国志中印度故事》《崔浩与寇谦之》及《元白诗笺证稿》第伍章《法曲篇》等文，略申鄙见，兹不赘论。《小戴记·曲礼》曰："医不三世，不服其药。"先曾祖至先君，实为三世。然则寅恪不敢以中医治人病，岂不异哉？孟子曰："君子之泽，五世而斩。"长女流求，虽业医，但所学者为西医。是孟子之言信矣。郭筠仙嵩焘《养知书屋文集》贰壹《陈府君墓碑铭》略云：

陈琢如先生讳伟琳。祖鲲池由闽迁江西之义宁州，再传而生先生。考克绳，生子四人，先生其季也。先生以太淑人体羸多病，究心医家言，穷极《灵枢》《素问》之精蕴，遂以能医名。病者踵门求治，望色切脉，施诊无倦。配李淑人。子三人，树年某官，观瑞殇，宝箴（咸丰）辛亥举。

翁文恭公日记"光绪二十一年乙未正月二十日"条云：

晚访陈右铭，未见。灯后右铭来辞行，长谈。为余诊云，肝旺而虚，名肾皆不足。牛精汁、白术皆补脾要药，可常服。（自注："脉以表上十五杪得十九至，为平。余脉十八至，故知是虚"）

据此，中医之学乃吾家学，今转不信，世所谓不肖之子孙，岂寅恪之谓耶？

寅恪少时多病，大抵服用先祖先君所处方药。自光绪二十六年庚子移家江宁，始得延西医治病。自后吾家渐不用中医。盖时势使然也。犹忆光绪二十一年乙未，先祖擢任直隶布政使，先君侍先祖母留寓武昌（先祖母事迹见马通伯丈（其昶）所撰“陈母黄夫人墓志铭”。）一日忽见佣工携鱼翅一榼，酒一瓮并一纸封，启先祖母曰，此礼物皆谭抚台所赠者。纸封内有银票伍佰两，请查收。先祖母曰，银票万不敢受，鱼翅与酒可以敬领也。佣工从命而去。谭抚台者，谭复生嗣同丈之父继洵，时任湖北巡抚。曾患疾甚剧，服用先祖所处方药，病遂痊愈。谭公夙知吾家境不丰，先祖又远任保定，恐有必需，特馈以重金。寅恪侍先祖母侧，时方五六岁，颇讶为人治病，尚得如此酬报。在童稚心中，固为前所未知，遂至今不忘也。

又光绪二十五年己亥先祖寓南昌，一日诸孙侍侧，闲话旧事，略言昔年自京师返义宁乡居，先曾祖母告之曰，前患咳嗽，适门外有以人参求售者，购服之即痊。先祖诧曰，吾家素贫，人参价贵，售者肯以贱价出卖，此必非真人参，乃荠苨也。盖荠苨似人参，而能治咳嗽之病。本草所载甚名。（见《本草纲目》壹贰“荠苨”条。）特世人未尝注意及之耳。寅恪自是知有本草之书，时先母所卧疾，案头常置《本草纲目》节本一部，取便翻阅。寅恪即检荠苨一药，果与先祖之言符应。是后见有旧刻医药诸书，皆略加披阅，但一知半解，不以此等书中所言为人处方治病，唯藉作考证古史之资料，如论《狐臭与胡臭》一文，即是其例也。

综合陈寅恪所述，可知其家三代中医均医术高明，至他这一辈才中断。陈寅恪从小耳闻目睹，自然熟知中医理论，但他不仅“不信中医，以为中医有见效之药，无可通之理”，而且认为不少中医理论和方药最早都是从域外输入，不可随意夸耀是国粹，所以他的子女学医当然是学西医。不过在治学过程中，陈寅恪却能熟练运用自己掌握的中医理论对中外文化交流特别是佛教进入本土问题进行科学阐释，诸如对《崔浩与寇谦之》《狐臭与胡臭》《元白诗笺证稿》以及《三国志》中的印度故事等内容的阐释，都是这方面的精彩例证。

此外，在《柳如是别传》等论著中，也有不少陈寅恪巧妙运用中医理论进行论证的内容，其实就是精彩的文学批评，且引用两段如下：

> 吾国旧时妇女化妆美容之术，似分外用内服两种。属于外用者，如脂粉及香熏之类，不必多举，属于内服者，如河东君有服砒之可能及薛宝钗服冷香丸（见《石头记》第柒及第柒捌两回），即是其例……然则河东君之香乃热香，薛宝钗之香乃冷香，冷香犹令宝玉移情，热香更使卧子消魂矣。[1]

---

[1] 陈寅恪：《柳如是别传》（中），上海：上海古籍出版社，1980年，第562页。

人参在明季非仅限于药物之性质，亦可视为货币之代用品矣。渔仲于明季由北京至南方，挟此后起外来之奇货以当多金，岂为行侠救贫耶？抑或求利自济耶？寅恪非中医，且无王夫人“卖油的娘子水梳头”之感叹（见红楼梦第柒柒回），故于人参之功效，不敢妄置一辞。但就此区区药物，其名实之移转，价格之升降言，亦可以通知古今世变矣。[1]

第一段中陈寅恪以“热香”一词对陈子龙惑于柳如是的魅力给予善意的调侃，从中流露出对这对才子佳人真挚爱情的赞美。第二段中的提及人参，当为以小见大的典范，堂堂荣国府居然在急用时拿不出人参，其实是作者的一种暗示，贾府从此已经在走下坡路了，所以陈寅恪才有“通知古今世变”的慨叹。

对于陈寅恪的上述考证或阐释，一般读者甚至专家学者，限于学力不逮，大都给予肯定而无质疑之词。如胡适就说陈寅恪“但他的文章实在写的不高明，标点尤懒，不足为法”，因为他无法找出陈氏论文的其他毛病。

一般而言，五四时期的文人，大都不信中医而服膺西医，鲁迅就是最好的例子，至于梁启超，虽然西医为他诊断失误导致他过早去世，但他生前还是尽力为西医辩护。当时他做了切除右肾的手术后，

[1] 陈寅恪：《柳如是别传》（中），上海：上海古籍出版社，1980年，第703—704页。

病情仍未好转，消息传出后，徐志摩、陈西滢等公开指责协和医生医术不精，进而抨击西医。梁启超担心这会影响西医在中国的发展，特意于1926年6月2日发表了题为“我的病与协和医院”的文章。他说：“右肾是否一定该割，这是医学上的问题，我们门外汉无从判断。但是那三次诊断的时候，我不过受局部迷药，神智依然清楚，所以诊查的结果，我是逐层逐层看得很明白的。据那时的看法罪在右肾，断无可疑。后来回想，或者他‘罪不该死’，或者‘罚不当其罪’也未可知，当时是否可以‘刀下留人’，除了专门家，很难知道。但是右肾有毛病，大概无可疑，说是医生孟浪，我觉得冤枉。”可见当时的社会舆论对西医还是不太相信，而中医、西医之争更是一直持续至今。

此外，从五四时期陈独秀和汤尔和之间的一次通信讨论，也可看出他们对中医的态度，而这次商榷竟成为陈独秀后来离开北大的导火索，却是当事人都没有想到的。

1918年，陈独秀大概是向汤尔和请教何为“三焦”和“丹田”，后者即写信答复。

陈独秀收到汤尔和的来信后，大概觉得信中所谈古人对“三焦”“丹田”的解释正可成为《新青年》批判封建传统文化的案例，即在没有征得汤尔和同意的情况下，连同自己的回复发表在《新青年》第4卷第5号。有人据此认为陈独秀这一做法以及他在回复中的严厉批判，让汤尔和恼羞成怒，从而埋下日后逼迫陈独秀离开北大的种子。

那么，汤尔和究竟写了什么？陈独秀又是如何答复的？好在原文均不长，故引在下面：

独秀吾兄：

示敬承。

“三焦”之说，即以内难经论，亦仅指部分名称。强欲附会今说，可当胸腹两腔。金元之交有以心相为“三焦”者。瞽说也。

“丹田”尤为荒谬。纵在我古医家，亦所不道。妄人以脐为“丹田”，若谓道家之说，则道家其人死无对证，而书阙有闲，不妨闭门造之。倘欲附会生理，则按脐之为物，在胎生时已脐带与胎盘联络；胎盘外面有绒毛，与子宫粘膜连络；胎盘剥离，（即分娩时，）脐带切断，其断端陷于坏疽脱落，其所遗之瘢，即脐。故自胎生之后，脐于人体初无丝粟之用。或竟公然谓人之初生以脐为起点者，于胎生学太无常识，不值一噱也。

弟汤尔和顿首三月三十日[1]

汤尔和时任北京医学专门学校校长，早年曾留学日本，后赴德国学医，获柏林大学医学博士学位，曾翻译过日人所著之《诊断学》等，并在1915年创立中华民国医药学会，担任会长，是中国现代医学

[1] 水如编：《陈独秀书信集》，北京：新华出版社，1987年，第209—210页。

的创始人之一。他一向反对中医，更反对传统文化中对中医的迷信解释，这从信中看得很清楚。其实在他们那个时代，几乎所有出国留学者或较为开明者都轻视中医而迷信西医，所以汤尔和反对中医毫不奇怪。

既然汤氏此信是站在反封建立场对“三焦”“丹田”等说法给予批判，陈独秀怎么会否定汤尔和此信？他对该信的评价是否确实有对汤氏不敬之语？且看陈独秀的回复：

尔和学兄左右：

惠复拜谢。吾国学术思想，尚在宗教玄想时代，故往往于欧西科学所证明之常识，尚复闭眼胡说，此为国民根本大患，较之军阀跋扈犹厉万倍，况复明目张胆，倡言于学校，应受绅士待遇之青年学生，亦尊而信之，诚学界之大辱，可为痛哭流涕长太息者也。来书虽系弟私人请益，以关系学术，故揭告读者，谅不以为忤也。以后倘有大著赐登本志，指导青年逃出迷途，则幸甚。

独秀

（一九一八，五，十五）[1]

陈独秀此信中确实用了一些“闭眼胡说”“明目张胆”等贬斥之语，但从上下文看并非针对汤尔和，而是对当时学术界和教育界的批

[1] 水如编：《陈独秀书信集》，北京：新华出版社，1987 年，第 209 页。

判。语气虽然有些放肆激烈，但陈独秀当时在《新青年》上所写文章一向如此，对此汤尔和肯定清楚。因此，仅看两人书信，尽管陈独秀回复中有些语句让汤尔和可能觉得刺耳，尽管陈独秀应该在发表书信前征求汤尔和的同意，但所有这些似乎并不能导致他们产生矛盾。须知他们年龄相仿，汤尔和大一岁，他们早在1902年就是日本东京成城学校陆军科的同学，还一起创办中国留日学生中最早的革命团体——中国青年会，后来又都参加过反清革命活动。对于陈独秀创办《新青年》，汤尔和也大力支持并向蔡元培推荐，而最能说明他们关系很好的例子就是汤尔和推荐陈独秀担任北大文科学长。既然他们关系如此，又怎会因为发表这样一封信就导致友谊破裂？

看来问题不在陈独秀擅自发表书信本身，也不在其答复不当。由此，围绕“三焦”之说的一些解释显然不能成立。

事后看来，引发汤尔和对陈独秀态度发生变化的根本原因，也许源自当时在北大任教的浙籍文人群体和皖籍文人群体的矛盾。

上述有关新文化运动中一件往事的回顾，足以说明在彼时即便是和中医有关的小事，也可能引发重大后果。而陈寅恪作为多年留学海外者虽然对中医持怀疑拒绝态度，但这不影响他把自己的中医知识运用于学术研究之中。通常，鉴于陈寅恪的学术地位，他这方面的结论不会有人提出质疑。不过在医药界，还是有人指出陈寅恪的“失误”。1937年7月12日《申报》以“中西医药研究社三周年纪念征求社员”为题目发表报道，这中西医药研究社成立于1935年，为全国性的医药学术团体，彼时影响很大，其所办刊物为《中西医药》。且说这报道中不仅绍介他们的成绩，而且特意把指出陈寅恪的“失误”作为核心内容：“中国医学文献之研究，素为中国新旧学人所忽略，我们在这方面研究所得之成绩，不敢自为菲薄，已可称为空前。如今日已通行之‘解剖’二字，实为‘解部’之误。如对于中西医药方面之文献，我们曾指出清华大学教授陈寅恪先生、暨南大学教授卫聚贤先生及陈竺同先生等论文之错误，并有深入之批判，诸先生均首肯无异辞。又根据解剖生理病理学彻底研究十二经脉，以解决医学士重要之问题，这些只要看我们近三年来所刊行的中西医药便知。我们在以上各方面努力所得之效果，不仅在国内学人所钦佩，即如日本，朝鲜，法国，德国以及美国等之汉学者，也无不时通声气，予本社以绝大之助力。”

这是陈寅恪研究中的一条重要史料，遗憾的是迄今尚未收入任何陈寅恪研究资料。有意思的是，陈寅恪论文中“失误”被中西医药研究社发现并进行了批评，且陈寅恪居然也“首肯无异辞”，这当然值得注意。那么，此事缘由何处？

查《中西医药》1936年第七期，刊登了署名陈竺同的《汉魏南北朝外来的医术与药物的考证》及范行准的《汉魏南北朝外来的医术与药物的考证商榷》两文。这两篇文章的作者均非普通人，当时可谓学术界著名人士。陈竺同，原名经，字啸秋，后改名竺同，浙江温州永嘉人，曾从欧阳竟无学印度哲学，后留学日本，入东京帝国大学研究院，专攻墨经与因明的互证以及印度婆罗门思潮传入中国历史，著有《二十年来日本势力下之满蒙》《中国上古文化史》和《中国文化史略》等著作。范行准，名适，浙江汤溪县人，中国近现代著名中医医史文献学家，著有《范行准医学论文集》，曾在《中西医药》上发表大量文章。而正是在范氏文章中，对陈寅恪在使用翻译佛经的版本方面问题提出质疑，说陈寅恪在有关论文中误把《㮈女耆域因缘经》认为是后汉人安世高所翻译，而范氏认为应系六朝以后人所翻译。所以“陈先生拿这部伪书做他的证据，已是错误了。你又承伪沿误，沾沾自喜地做这篇‘考证’的靠山，岂知这种靠山，是靠不住的”。

那么，陈寅恪是在哪篇论文中提及这部佛经的呢？这就是1930年发表的《〈三国志〉曹冲华佗传与佛教故事》一文。其中提及《㮈女耆域因缘经》的部分如下：

> 又考后汉安世高译《㮈女耆域因缘经》所载神医耆域诸奇术，如治拘睒弥长者子病，取利刀破肠，披肠结处。治迦罗越家女病，以金刀披破其头，悉出诸虫，封著瓮中，以三种神膏涂疮，七日便愈，乃出虫示之，女见，大惊怖。及治迦罗越家男儿肝反戾向后病，以金刀破腹，还肝向前，以三种神膏涂之，三日便愈。其断肠破腹，固与元化事不异，而元化壁县病者所吐之蛇

以十数，及治陈登疾，令吐出赤头虫三升许，亦与耆域之治迦罗越家女病事，不无类似之处。（可参裴注引佗别传中，佗治刘勋女膝疮事）。至元化为魏武疗疾致死，耆域亦以医暴君病，几为所杀，赖佛成神，仅而得免。则其遭际符合，尤不能令人无因袭之疑。（敦煌本勾道兴《搜神记》载华佗事有："汉末开肠，洗五脏，劈脑出虫，乃为魏武帝所杀"之语，与《㮈女耆域因缘经》所记之尤相似）。然此尚为外来之神话，附益于本国之史实也。若慧皎《高僧传》之耆域，则于晋惠帝之末年，经扶南交广襄阳至于洛阳，复取道流沙而返天竺（见《高僧传》九）。然据《㮈女耆域因缘》等佛典，则耆域为佛同时人，若其来游中土，亦当在春秋之世，而非典午之时，斯盖直取外国神话之人物，不经比附事实或变易名字之程序，而竟以为本国历史之人物，则较《华佗传》所记，更有不同矣。

迄今学术界对于安世高是否翻译过《㮈女耆域因缘经》一直有争议，笔者此处无意对此进行辨析。但陈寅恪之后并未对《中西医药研究社三周年纪念征求社员》有所反应，倒是事实。这一方面原因可能是陈寅恪并未见过此文，一方面也可能与卢沟桥事变爆发后，陈寅恪开始颠沛流离生活，无暇对此做出反应有关。但还有一种可能，就是他认为不必反驳——在陈寅恪治学生涯中，对于他人之质疑，他确实经常保持沉默。不过至少有一点可以确认，就是该文说对于他们的批评“诸先生均首肯无异辞”，此言有些不实，至少陈寅恪的没有反应并不代表他“首肯无异辞”。

“惺惺相惜”

——陈寅恪与钱穆

陈寅恪与钱穆同是大师级的历史学家，年龄也仅相差五岁，但命运却截然不同尤其是他们的晚年。因个中缘由实在难以说清，故此文不述及此，而单说两人对彼此学术成就及治学路径的印象和评价。

钱穆晚年，为追忆往事，曾写了一册颇具文学意味和历史价值的《师友杂忆》，并与《八十忆双亲》一文合并出版。人们见得最多的当是三联书店的1998年版，以下简称《杂忆》。钱穆此书因系追忆师友杂事，故多有对当时学术界人物品评之语，也有对教育界特别是高等院校办学风格以及名师轶事和学生风气的记述等。书中提及陈寅恪的地方不少，由于这是钱氏晚年所写，可以看作钱穆对陈寅恪比较切实的评价，虽然这些评价由于并非真正学术意义上的学人研究而显得不够全面和完整。

整体来看，《杂忆》一书中有关钱穆与陈寅恪交往的记载，时间大致是从20世纪30年代初至40年代末，且多为生活中之人情往来，如双方何时结交、抗战中又如何相遇相交等，较为重要的还有1949年钱穆就何去何从问题拜访陈寅恪未果等。不过，从这些记载中还是能够看出两人的性格差异、学术风格异同，以及当时恶劣复杂的社会环境给他们这些学人带来的巨大压力等，具有很高的史料价值。至于其中有关陈寅恪对钱穆学术研究的评价等，更是值得关注。

首先，钱穆在《杂忆》中特意记载了陈寅恪对其学术成果的好评，计有两次。一次是陈寅恪对钱穆《先秦诸子系年》的评价。那是在1930年秋，钱陈二人实际上还未结识。当时钱穆由顾颉刚推荐入北平燕京大学任教。该年年底，钱穆的《先秦诸子系年》成稿。当时清华大学正编辑"清华丛书"，顾颉刚遂推荐钱穆此书参与审查以争取出版，可惜后来没有通过，不过当时参与审查的陈寅恪对此书表示出很大好感：

> 列席审查者三人，一芝生，主张此书当改变体裁便人阅读。一陈寅恪，私告人，自王静安后未见此等著作矣。闻者乃以告余。[1]

王国维的学术当时已是学术界所公认之第一流成就，陈寅恪把钱穆比之王氏，评价不可谓不高。实际上，除《杂忆》所载这一故实外，后来陈寅恪还在其他场合表示过对《先秦诸子系年》一书的好

[1] 钱穆：《师友杂忆》，北京：三联书店，1998年，第160页。

评。朱自清在其日记中就有记载，说陈寅恪于1933年4月在叶公超晚宴上“谈钱宾四《诸子系年》稿”，“谓作教本最佳，其中前人诸说皆经提要收入，而新见亦多。最重要者说明《史记·六国表》但据《秦记》，不可信。《竹书纪年》系魏史，与秦之不通于上国者不同。诸子与《纪年》合，而《史记》年代多误。谓纵横之说，以为当较晚于《史记》所载，此一大发明。寅恪云更可以据楚文楚二主名及《过秦论》中秦孝公之事证之”。此外，著名训诂学家杨树达在其《积微翁回忆录》中也有此类记载。如1934年5月16日，杨树达出席清华历史系研究生姚薇元口试会。会后，陈寅恪对杨氏“言钱宾四（穆）《诸子系年》极精湛。时代全据《纪年》订《史记》之误，心得极多，至可佩服”[1]。

另一处则是陈寅恪对《国史大纲·引论》的肯定。据《杂忆》第228页记载，1939年3月，参加“中央研究院”评议会的张晓峰，于会后探访其时暂居宜良的钱穆，转告陈寅恪对《国史大纲·引论》的称道：

> 《国史大纲》稿既成，写一引论载之报端，一时议者哄然……张其昀晓峰来昆明出席“中央研究院”评议会，晤及陈寅恪。寅恪告彼近日此间报端有一篇大文章，君必一读。晓峰问，何题。乃曰，钱某《国史大纲》引论。晓峰遂于会后来宜良，宿

[1] 杨树达：《积微翁回忆录》，上海：上海古籍出版社，1986年，第82页。

山中一宵，告余寅恪所言。后此书印出，余特函寅恪，恐书中多误，幸直告。寅恪答书，惟恨书中所引未详出处，难以遍检。余意作一教科书，宜力求简净，惜篇幅，所引材料多略去出处，今乃无可补矣，亦一憾也。

文中所提致陈寅恪的信函及陈的回复，今日之三联版《陈寅恪集·书信集》及台湾联经版《钱宾四先生全集》皆未见。不过，钱穆的回忆应大致不差。从上述材料可见，陈寅恪对钱穆早年的学术研究是给予高度评价且一以贯之的。

陈寅恪对钱穆之学术评价如此之高，那么钱穆对陈寅恪之学术又是如何认为的呢？

笔者注意到，在《师友杂忆》中钱穆没有正面论及陈氏学术的内容，不知是否有意回避。因为他在该书中对与陈寅恪同时代的其他学人，大都有学术上的评价。一般而言，似钱穆这等大师级人物，臧否人物均极慎重，如果不说好也不说坏，大多就是觉得不好——因不好说，故而沉默不言。

不过，《杂忆》中虽然没有此方面内容，但在钱氏写作《杂忆》一书（1977年冬至1982年秋）十几年前，他对陈寅恪做过一个比较负面的评价，却依然不是公开发表的文章，而是在与其弟子余英时的书信之中。看来，钱穆即便是到晚年，还是认为他不便于公开评价陈氏的学术。

那是在1960年5月21日，钱穆致信给在美国求学的余英时，谈对其学术文章的意见。原文见于台湾三民书局1991年出版的余英时的《犹记风吹水上鳞——钱穆与现代中国学术》的附录中，另见于余英时的《钱穆与中国文化》之附录，上海远东出版社1994年出版。信中有很多篇幅评价近代学者，其中就有对陈寅恪文章的批评。钱穆在信中写道，“论学文字极宜着意修饰”，并逐一评价章太炎、梁启超、陈垣、王国维、陈寅恪、胡适等诸人文章的优劣之处。值得回味的是，钱穆对以上学人的文章基本上都是肯定大于否定，只有对陈寅恪则几乎全是苛评：

> 又如陈寅恪，则文不如王（指王国维，引者注），冗沓而多枝节，每一篇若能删去其十之三四方可成诵，且多临深为高，故作摇曳，此大非论学文字所宜。

当然，在此段文字后，钱穆也提及陈寅恪《论再生缘》一文有“回环往复之情味”。但他仍明确认为，用陈寅恪此种文字“施于讨论《再生缘》《红楼梦》一类，不失为绝妙之文，而移以为严正之学术论文”则“体各有当，殊觉不适”。如此，钱穆所称赞的陈寅恪之《论再生缘》，已被视为非“严正之学术论文”，那么是否就意味着陈寅恪其实没有一篇钱穆所满意的“严正之学术论文”呢？钱穆没有明说。还有一点值得注意，就是钱穆将“讨论《再生缘》《红楼梦》一类”的文章与“严正之学术论文”分开，似乎他说的“严正之学术论文”仅仅是指史学研究论文。假若真是如此，也就是说，钱穆不仅不能认同陈寅恪那些使用“诗文互证”方法写出的论著，而且对陈寅恪那些以考据见长的史学论文也给予否定。

不过，在此信结尾，钱穆还是对陈寅恪的治学理路有一个较为平实的评价，且不是针对其学术论文的语言和行文特色等，而是单独就治学的根本而言：

> 穆平常持论，为学须从源头处循流而下，则事半功倍，……陈援庵、王静安长处，只是可以不牵扯，没有所谓源头，故少病也。弟今有意治学术思想史，则断当从源头处用力，自不宜截取一截为之，当较静安援庵更艰苦始得耳。陈寅恪亦可截断源头不问，胡适之则无从将源头截去，此胡之所以多病，陈之所以少病，以两人论学立场不同之故。[1]

看来，在治学的根本路向上，钱穆一直是主张要先找源头，理清脉络后再顺流而下，他的治学自然都是按照这个路子，也劝余英时如此。但对于陈垣、王国维和陈寅恪的“截断源头、存而不论”的治学方式也给予肯定，因为显然不是所有的学术领域都要从源头说起的，不过字里行间的褒贬之意还是很明显。所以在提到余英时的治学选择

[1] 余英时：《钱穆与中国文化》，上海：上海远东出版社，1994版，第254页。

时，钱穆就直言不讳地说一定要下苦功夫，付出比陈垣和王国维更大的辛苦才行，言外之意还是对陈寅恪等的治学方法有些不屑，认为他们多少还是有些“偷懒”。显而易见，钱穆的上述评断有失偏颇，陈寅恪的学术成就早已是举世公认。笔者以为其中透出的，不外是治学思路和学术观念上的差异而已。不过，由于陈寅恪对于钱穆而言，在学术上有知遇之恩，所以钱穆不便公开给予批评。为此，才在公开出版的《杂忆》中干脆回避此方面内容，而在私人书信中就可以多多袒露自己的意见了。

《师友杂忆》中关于钱、陈二人交往还有一个细节很有意思，当是二人对治学与参与国事态度的对比。当时钱穆为写作《国史大纲》，到处寻找寂静住所。后在朋友帮助下觅得宜良县长的别墅——位于北山岩泉下寺内。此处人迹罕至，环境清幽，刚好适宜写作。等到寒假中汤锡予和陈寅恪来此探访，还特意住了一宿。次日，陈寅恪对钱穆说了一句很有感慨的话：“如此寂静之境，诚属难遇，兄在此写作真大佳事。然使我一人住此，非得精神病不可。”接下来的一段记载颇有意思，西南联大的学生专门来钱穆住处请他去昆明讲演，钱氏的回答是：“汝等已来此，亲见此环境，尚开口作此请，岂不无聊。”钱穆的意思很清楚，他正因为要逃避现实，才到这里居住，什么世间杂事他都是不想过问的，只想安心读书写作而已。而陈寅恪显然还不能够如此，对于外敌入侵、国难当头的现实，他还不能置之度外。例如，西南联大时期他所写诗歌，多与抗战有关，姑举一例：

家亡国破此身留，客馆春寒却似秋。
雨里苦愁花事尽，窗前犹噪雀声啾。
群心已惯经离乱，孤注方看博死休。
袖手沉吟待天意，可堪空白五分头。[1]

此点差异既是二人对治学与现实关系理解的不同，也显示出二人性格方面的不同。很难说谁的选择是正确的，我们只有尊重他们自己的抉择。但显然陈寅恪对于国事更加关注，同时期的吴宓日记对此也有很多记载，显示出陈寅恪不仅对国事极为关注，且对时局发展变化有自己深刻的见解。

对于治学和参与救亡之关系，钱穆的态度其实就是，无论是学生还是教师，最重要的还是要安心读书著述，也就是要做好本职工作之意。也是在《杂忆》中，有钱穆和冯友兰两人大唱“对台戏”的记载。当时西南联大有两个学生要奔赴延安，其同学组织欢送会，请他们二人讲演。冯友兰讲演的主题就是鼓励学生参与抗日斗争，“对赴延安两生倍加奖许”。没想到的是，等到钱穆讲演时，他却“力劝在校诸生须安心读书”。钱穆的意思很明白，就是说，青年自然是国家栋梁，但这栋梁是指的以后，并非目前。只有努力读书，学好本领，才能有

[1] 陈寅恪：《陈寅恪集·诗集》，北京：三联书店，2001 年，第 23 页。

资格成为栋梁。可想而知，钱穆的这番话在学生听来，自然以为完全是针对冯友兰的。结果惹得后者在散会后特意找钱穆，一定要讨个说法，最后两人辩论不止，不欢而散。[1]此段故事可以用来作为对上面钱陈二人在宜良寺院对话的最好注脚。

此外，钱穆的《杂记》中还有一段关于1949年钱穆得知陈寅恪已到岭南大学，特意前去询问后者日后之打算的记载，对于今人了解当时陈寅恪的思想状况和处境极为珍贵，也可看出钱氏对陈寅恪的友情以及对其日后悲剧结局的由衷同情和惋惜：

> 又一日，余特去岭南大学访陈寅恪，询其此下之行止。适是日寅恪因事赴城，未获谋面，仅与其夫人小谈即别。后闻其夫人意欲避去台北，寅恪欲留粤，言辞争执，其夫人即一人独自去香港。幸有友人遇之九龙车站，坚邀其返。余闻此，乃知寅恪决意不离开大陆，百忙中未再往访，遂与寅恪失此一面之缘。今闻寅恪因红卫兵之扰，竟作故人。每一念及，怅恨无已。[2]

关于此事之详细情况，陆键东的《陈寅恪的最后20年》有生动的描述，故不再多说。不过，钱穆当时对时局的判断和对中国知识分子所遭受命运的分析至今还是值得回味。

[1] 钱穆：《师友杂忆》，北京：三联书店，1998年，第210页。
[2] 钱穆：《师友杂忆》，北京：三联书店，1998年，第276页。

清华"四大导师"与北大国学门

在很多读者心目中，只要提及20世纪国学研究，就会想到当年的清华国学院和"四大导师"梁启超、王国维、陈寅恪和赵元任。"四大导师"执掌国学院虽然只有短短数年，却为清华国学研究的黄金时期，其成就至今令人津津乐道。若各以一字概括清华"四大导师"，则梁启超之学"博"，王国维之学"精"，陈寅恪之学"深"，赵元任之学"杂"。在某种意义上，他们的影响早已超出学术界范围，而成为20世纪中国文化精神的象征和富有生命力的文化符号了。清华"四大导师"的影响如此之大，以致对20世纪中国学术发展史不甚了解者，会忽略彼时北京大学其实也有专门的国学研究机构，那就是北大研究所国学门。它不仅成立时间（1921年）远早于清华国学院，所取得学术成就不亚于清华国学院，而且有一批学术成就和声望不亚于"四大导师"的研究群体：蔡元培亲自兼任研究所所长，国学门主任是沈兼士——他是章太炎的弟子、沈尹默之弟，既获蔡元培支持，背后更是有章门弟子群体。国学门成员则有胡适、李大钊、马裕藻、朱希祖、钱玄同、周作人、鲁迅、蒋梦麟、刘复、沈尹默等，每一位都堪称学术大师。对北大国学门的有关情况，台湾学者陈以爱的《中国现代学术研究机构的兴起——以北大研究所国学门为中心的探讨》有专门研究。该书依据大量第一手资料，对国学门的成立和发展以及在中国现代学术史上的地位等都做了较为系统的总结。

本文无意探讨北大国学门之历史和学术成就特色，只是借此引出一个问题——既然清华国学院这“四大导师”影响很大，为何北大没有邀请他们去任教？是没有邀请还是此中有什么隐情？再就是，他们和北大国学门诸位教授的关系又是如何？

清华“四大导师”中以梁启超名气最大、年龄最长，资格也最老，他和北大关系也最源远流长。早在戊戌变法时期，康有为和梁启超出于维新改良之目的，就奏议创办京师大学堂（后被称为“戊戌大学”），而戊戌变法重要内容之一就是创办京师大学堂（即北大的前身）。1898年6月11日，光绪帝颁布《明定国是诏》宣布变法，成立京师大学堂即其中重要内容，此变法诏书仅有三段，却用整整一段谈创办京师大学堂：“京师大学堂为各行省之倡，尤应首先学习，着军机大臣、总理各国事务王大臣会同妥速议奏，所有翰林院编检、各部院司员、大内侍卫、候补候选道府、知县以下官、大员子弟、八旗世职、各武职后裔，其愿入学堂者均准入学肄习，以期人才辈出，共济时艰，不得敷衍因循徇私援引，致负朝廷谆谆告诫之至意。”变法开始后，由于康有为忙于其他事务，即由梁启超起草《奏拟京师大学堂章程》，这就是北京大学历史上第一个章程，也是中国近代高等教育史上最早的学制纲要。这个《奏拟京师大学堂章程》对后世影响极大，诸如其中提出的“兼容并包”“中西并用”等思想，显然对蔡元培后来执掌北大之教育理念产生重要影响。此外，其中提出的重视师范教育，重视基础学科与专门学科相结合以及要破格选拔人才等，都为20世纪中国高等教育制度的设立和发展奠定了坚实基础。在这个意义上，说梁启超是北京大学的孕育者或最初设计者毫不为过。

在总理衙门将梁启超起草的这一章程呈报光绪后，光绪阅后认为“纲举目张，尚属周备”，当即下旨“即着照所议办理”，梁启超也因此被赏给六品衔。不过戊戌变法失败后，康、梁等人出走海外，自然无法参与京师大学堂的创办。但值得庆幸的是，慈禧虽然终止了很多变法措施，却没有撤销筹办京师大学堂，反而在发动政变后五天即下旨认为“大学堂为培植人才之地”，虽要求暂时整顿，却一再令官学大臣孙家鼐抓紧开办。后因义和团兴起和八国联军入京等，京师大学堂才被迫停办，直至1902年才重新开学。不过，这期间直到辛亥革命爆发，长期流亡海外的梁启超和京师大学堂（即北大的前身）基本没有联系。中华民国成立初年，梁启超把更多精力投入政治，虽然曾到北大举行讲座数次，却并未真正介入北大的日常教学工作。在袁世凯去世后，梁启超更是深深介入北洋军阀的内部纷争，更无精力投入教育。直到1917年孙中山发动护法战争，段祺瑞政府倒台，梁启超也随之结束了从政生涯，才开始把精力放在文化教育和学术研究活动领域。也正在这期间，伴随着大批章太炎弟子进入北大和桐城派受到排挤以及蔡元培执掌北大，曾担任国民政府司法总长等要职的梁启超自然不会满足于担任北大教授。对梁启超而言，只要他提出想到北大当教授，北大自然是求之不得，所以其实还是他自己不想去或不屑去。而且这种想法不仅仅梁启超个人有，彼时如章太炎、罗振玉、王国维及稍后的马一浮等，都不愿到大学任教，一个重要原因就在于他们自视甚高，骨子里仍看不上源自西方的现代大学，而学术门派的因素自然也有。

至于王国维，不仅和北大及其前身京师大学堂一直颇有渊源，而且有一段时间就是北大的教员，正式身份是“通讯导师”，且拿过薪水。早在1906年，王国维就写了《奏定经学科大学文学科大学章程书后》一文，对张之洞主持的这个章程取消了哲学学科给予严厉的批评，并提出了哲学就是具有“无用之用”的学科，“哲学之所以有价值者，正以其超出乎利用之范围故也”以及追求“学术自由”等深刻见解。王国维当时人微言轻，不过是《教育世界》的小编辑，所以这篇文章并未产生广泛影响，但文章本身的思想深度和远见卓识足以令该文入选中国思想史，而王国维也以此种方式体现了他对京师大学堂最早的关注。此后大概在1910年，罗振玉曾向京师大学堂总监督刘廷琛举荐王国维任该校文科教习，但未能成功，也许和王国维资历不够有关。

王国维真正进入北大欲聘请任教的视野，是在1917年蔡元培任北京大学校长后。此时的王国维，因一系列开创性研究成果跻身国内一流学者之列，自然引起蔡元培的注意，蔡元培多次欲聘请王国维到北大。从1917年到1922年，据说北大五次邀请王国维来任教，均遭拒绝。这第一次邀请是发生在1917年，彼时王国维在写给罗振玉的信中说："前日蔡元培忽致书某乡人，欲延永（永为王国维自称，为其号'永观'之简）为京师大学教授，即以他辞谢之。"对此罗振玉复信表示："至北京大学，公谢不就，弟甚谓然。"之后几次，北大方面也是极为认真，态度极为真诚，但均遭到拒绝。与此同时，北大方面也在邀请罗振玉，但也是遭到谢绝。1918年6月4日《北京大学日刊》刊登了罗振玉致蔡元培校长的信，即等于公开谢绝邀请：

鹤卿先生阁下：

昨在春明得亲尘教，十年之别，一朝握手，喜可知也。先生主持国学，领袖群伦。在昔济南遗老存遗经于将绝之余；北海鸿儒传圣学于炎刘之末。以今方古，先后同揆。弟忧患余生，饰巾殆尽，乃承不弃，令备教员。闻命之余，亦深愧悉。盖即槁之木，宜见弃于匠人；而爨下之才，忽鉴赏于君子。再四思维，唯有敬谢。加以还移匪易，又第四儿妇病瘠甚危，计欲送之返国。又虑中途或生意外，方寸乱劣，衰病为增。凡此情形，悉非虚饰。尚祈鉴宥，许以避贤。临颖主臣，言不尽意，此请著安，诸维照鉴，弟振玉再拜。

不过，从有利于学术研究的角度，罗振玉知道如果能够进入政府官办大学或与其合作，会有更好的条件和机遇，所以他并未完全拒绝北大，在写给王国维的信中他就写道："北（京大）学事，弟意兄可谢其行北行，而意在沪撰述则可，如此可行可止（以哈园信复，弟不甚同意，但以眷属书卷在沪，不能北上为词可矣）。弟则为条议一篇以塞责。蔡之宗旨，与我辈不合，其虚衷则可嘉，故处之之法，如此最妥。"[1]显而易见，罗振玉和王国维不愿到北大，最根本原因仍在于他们不能认同蔡元培的办学思想，但适度合作倒可以考虑。

在这种情况下，北大在决定成立国学门研究所后采取了更为灵活的策略，即邀请王国维担任国学门的"通讯导师"，并由马衡具体操办此事。1920年底马衡写信给王国维："大学教席先生坚不欲就，而同人盼望之私仍未能已。拟俟研究所成立后先聘先生为通讯研究之教授，不知能得同意否。"王国维虽未谢绝，也未立刻接受："来书述及大学函授之约，孟劬（即张尔田）南来亦转达令兄雅意，惟体稍孱，而沪

[1] 王庆祥、萧立文校注，罗继祖审订，《罗振玉王国维往来书信》，北京：东方出版社，2000年，第385—386页。

事又复烦赜，是以一时尚不得暇晷。俟南方诸家书正顿后再北上，略酬诸君雅意耳。”事实上，此事最后仍不了了之。不过北大方面仍未放弃。1922年北大召开研究所国学门委员会第一次会议，还是决定邀请王国维为“通讯导师”。会后马衡写信给王国维：“大学新设研究所国学门，请叔蕴先生（即罗振玉）为导师，昨已得其许可。蔡元培先生并拟要求先生担任指导，嘱为函恳，好在研究所导师不在讲授，研究问题尽可通信。为先生计，固无所不便；为中国学术计，尤当额手称庆者也。”之后数日再次致信并且说罗振玉已经同意，暗示王国维也该同意了。为此北大方面也不断和罗振玉联系，请他帮助说服王国维。如罗振玉写给王国维的信中就这样写道：“北京大学又理前约，弟谢之再三，乃允以不受职位，不责到校，当以局外人而尽指导之任，蔡、马并当面许诺。因又托弟致意于公，不必来京，从事指导。”[1]在这种情况下，王国维一方面感受到北大持续多年的诚意，另一方面又有罗振玉的劝说，才勉强接受担任“通讯导师”一职，但拒绝拿薪水。后北大方面改变解释，把薪水说成是邮资——既然是通讯导师，则往来书信必不可少，邮资之说也就顺理成章，王国维才接受了两百元的“邮资”。

自然，对于一贯坚持“无功不受禄”的王国维而言，既然担任北

[1] 王庆祥、萧立文校注，罗继祖审订，《罗振玉王国维往来书信》，北京：东方出版社，2000年，第525页。

大导师，就要名副其实。针对国学门请王国维为学生提供研究题目一事，王国维在写给沈兼士的信中给出了建议，此信后刊登于1922年10月27日的《北京大学日刊》："前日辱手教，并嘱提出研究题目。兹就议事鄙见所及，提出四条。"这四条题目为：一、《诗》《书》中成语之研究。二、古字母之研究。三、古文学中联绵字之研究。四、共和以前年代之研究。而且王国维对每一条研究内容都有详细的说明。

王国维不仅提供研究题目，而且对参与相关题目研究的学生，给予认真负责的指导。查王国维有关年谱可知，这一期间，王国维为指导学生研究，不断给学生写信，内容极为具体细致。比如对于联绵字的研究："联绵字取材之处，须遍四部，先以隋以前为限。好在五君共同研究，可以分担经、史、子、集四部。就一部分中每阅一书，即将其中联绵字记出（并记卷数，以便再检）；其有类似联绵者，亦姑记之，后再增删、汇集、分类。"此外，王国维还为国学门的研究献计献策，俨然以其成员自居了。例如1922年12月，他写信给马衡，建议北大国学门设立满、蒙和藏文讲座，认为这是"我国所不可不设者"，否则学术研究无法与世界各国看齐。

1923年4月16日（农历三月初一）王国维接到溥仪的旨意，任职南书房，并于5月31日到北京，他和北大的关系就此可以有更直接的关联。同年，王国维的论文《五代监本考》及一篇翻译论文在《国立北京大学国学季刊》第一卷第一号发表。与此同时，王国维也更多介入北大国学门组织的一些活动，甚至传言北大有意聘请王国维为国学门主任。按照正常的发展趋势，在此基础上他很有可能成为北大国学门的正式教员。遗憾的是，一件意外之事的发生让王国维对北大之前的好感顿失，并中断了和北大的一切往来。

原来，1924年被赶出故宫的溥仪，为了维系旧日生活水平及归还拖欠债务，与大陆银行商定以抵押方式将一批清宫文物作价八十万元交给银行，等于是把这些文物卖掉。该事件一经媒体披露，舆论大哗，社会各界一致认为这些文物属于国家，清室无权自行处理更不能倒卖。为此北大国学门发布公函，强烈要求民国政府收回故宫文物，并加以保管："据理而严，故宫所有古物，多系历代相传之宝器，国体变更以来，早应由民国收回，公开陈列，绝非私家什物得以任意售卖者可比。……为此函请将此事递交国务会议，派员清察，务须将倒卖主名者向法厅提起诉讼，科以应得之罪。"王国维彼时依然视溥仪为清皇室的代表，对国学门这样做法自然极为反感。更让王国维无法忍受的是这个公函中有对溥仪的侮辱之语，对此钱玄同在日记中这样写道："叔平谓王国维因研究所对于大宫的事件之宣言中有'亡清遗孽盗卖文物'之语，且直称溥仪之名，大怒，于是致书沈、马。大办国际交涉，信中有'大清世祖章皇帝''我皇帝'等语。阅之甚愤，拟遗书责之。因偕叔平同至其家阅之，果然。王并大掼其纱帽，说研究所导师不干了，前送登《国学季刊》之文亦非收回不可。但马意似主挽留，将于明日讨论此事，我姑缓之。”从钱玄同日记看，他对王国维此举甚是不以为然，还想写文章批评，由此可见章门弟子和王国维、罗振玉等的微妙关系。其实，作为章门弟子的老师，章太炎对罗、王二人乃至他们的研究成果如甲骨文成就，也是一直给予轻视乃至否认态度的，倒是黄侃、钱玄同和鲁迅等对甲骨文研究给予重视，至于对罗、王二人的愚忠情结，自然还是要进行批判。

在王国维一面，出于愤怒，当年8月11日他致信沈兼士、马衡：“弟近来身体孱弱，又心绪甚为恶劣，所有二兄前所嘱研究生至敝寓咨询一事，乞饬知停止。又研究所国学门导师名义，亦乞取消。又前胡君适之索取弟所作《书戴校水经注后》一篇，又容君希白（容庚）抄去金石文跋尾若干篇，均拟登大学《国学季刊》，此数文弟尚拟修正，乞饬主者停止排印，至为感荷。”王国维放弃导师名义和撤回拟在《国学季刊》刊登所有稿件的举动，说明他决心断绝和北大的一切关系。

与此同时，清华国学院的开办也已提上日程，而王国维最后走向清华，和胡适的推荐以及吴宓极其尊重的邀请行为有关，和王国维的经济状况恶化有关，更和溥仪的下诏有关，对此已有很多评述，不赘。此外，还有一些闲话可说，王国维投水自尽后不到两年梁启超也因病去世，“四大导师”一下少了一半，为此清华大学曾邀请章太炎、罗振玉等来国学院任教，邀请章太炎事本来就希望不大，因为此前他就没有答应，现在也就不会。至于罗振玉即便内心想来，肯定也会拒绝，因为在他看来王国维是他一手发现并提携的，多少还算是他的弟子辈，哪有老师承继弟子职位的道理？

至于陈寅恪和赵元任，虽然也曾有机会任教北大，却阴差阳错最终还是到了清华，也只能说是和北大的缘分未到罢了。整体而言，陈寅恪到清华，吴宓出力最多。而赵元任之任教清华，则和张彭春有关，后者是和胡适、赵元任同年留学美国的同学，私交很好，自然对聘请赵元任事全力以赴。加之赵元任彼时早已获得哈佛博士学位，彼时学术声望其实超过没有任何学位的陈寅恪，所以赵元任被清华聘任很是顺利，而陈寅恪的被聘过程则有些曲折。吴宓在日记中所谓“介绍陈寅恪来国学院，费尽力气”的抱怨之语，确实真实无误。

如今人们多以为陈寅恪入清华顺理成章，岂不知当初他留学回国后也有可能去北大任教，因他早在1920年留学美国时就曾向北大借款一千元，而北大同意借款的条件就是陈寅恪将来要到北大任教，此事见于北大所设教授评议会之“议事录”，时间为1920年4月30日。朱希祖当时为北大史学系主任同时也是评议组成员，出席了此次评议会，议决通过“陈寅恪借款一千元，将来于北大服务时扣还”等事项。至于陈寅恪后来是否归还此款以及如何归还，限于史料尚无定论。

北京大学当年同意借款给陈寅恪，事后看来是很有远见的做法。1924年，北大派出赴德国留学的毛準、姚从吾要求增加留学经费，对此北大召开评议会讨论。朱希祖出席了这次会议，并建议适当予以增加资助，最终评议会采取了朱希祖的建议，但要求他以史学系主任身份督促两位留学生按时提交留学情况的报告。之后不久，姚从吾果然写信给朱希祖，不仅汇报了自己的学习情况和经济状况，还特意介绍了和他们同时留学之四位中国学生陈君枢、孔繁霱、罗家伦和陈寅恪的情况，对其他三位都仅有一句话，只有对陈寅恪，姚从吾用了数百字进行详细介绍，对陈寅恪的学识和为人给予很高评价："陈君寅恪，江西人，习语言学，能畅读日、英、法、德文，并通希伯来、拉丁、土耳其、西夏、蒙古、西藏、满洲等十余种文字。……陈君欲依据西人最近编著之西藏文书目录，从事翻译，此实学术界之伟业。陈先生志趣高洁，强识多闻，他日之成就当不可限量。"[1] 显然，姚从吾的介绍会让朱希祖对陈寅恪有深刻印象，加上早在1920年北大就资助过陈寅恪购买书籍，所以对陈寅恪将来是否能够到北大任教，应该是没有疑义，而他到北大最可能去的地方就是国学门或史学系，也可能是计划成立的东方文学系。但从现存史料看，似乎没有这方面的记录。

从时间角度看，北大召开这次评议会的时间是在1924年5月9日，而仅仅半年后，吴宓就从沈阳东北大学来到清华，开始筹备清华国学院事宜了。在清华国学院师资的人选方面，除了梁启超、王国维，吴

[1] 卞僧慧：《陈寅恪先生年谱长编》（初稿），北京：中华书局，2010 年，第 85 页。

宓很自然想到的导师就是陈寅恪，从吴宓日记看，早在1924年2月14日，吴宓日记中就出现了为陈寅恪来清华事的文字："昨与Y.S及P.C谈寅恪事，已允。"这里的代号"Y.S"和"P.C"分别指校长曹云祥和教务长张彭春，说明此事已经进入实际运作状况。为了绍介陈寅恪，吴宓不止一次向校长曹云祥推荐。限于史料无法获知张彭春是否对聘请陈寅恪不甚积极，但如果在赵元任和陈寅恪二人之间做出选择，张彭春当然会选择前者。加之，陈寅恪曾表示要清华出钱买书，又不能立刻就聘，所以他的被聘多少有些不确定因素，这就是吴宓日记中有时也要抱怨几句的原因——他担心此事如不能运作成功，既是清华的损失，也是陈寅恪的损失，毕竟清华当时给出的条件极为优越，而"四大导师"之名，也等于立刻赋予这四人在学术界的权威地位。

此外，赵元任当年被清华国学院聘任之前也有可能先被北大所聘的，因为早在1919年3月蔡元培就给赵元任写信，要他到北大教授哲学，并答应可以先到欧洲进修考察一年。当年4月，中国教育代表团到美国，时在北大任教的陶孟和教授就代表北大正式请赵元任到北大任教，却被后者婉言谢绝。而后到1921年，北大教授评议会也曾讨论通过将教育部每月拨给北大筹办音乐系的280元经费，"资助赵元任博士往欧美留学，两年以后，始实行开办"，这次评议会召开时间为1921年3月2日。据《赵元任年谱》，当时是蒋梦麟校长答应赵元任以赴美进修生身份领这笔钱的，其实赵元任彼时早已拿到博士学位。不过，后来北洋教育部经费困难，此款项被拖欠未发，致使当时已在美国的赵元任经济上一下陷入危机，尽管这不是北大的责任，但还是会让赵元任对北大产生不好印象。加之清华是当初送赵元任留美的母校，又有张彭春等的极力推荐和热心操作，所以赵元任自然会到清华任教。

最后，说到这“四大导师”的称谓，其实最初没有这个提法，清华在对外发布的招生广告中，是称他们四位为“讲师”的。查1925年3月15日《申报》，在“北京清华学校招考研究院学员广告”中就有“国学一科已聘王国维梁启超赵元任陈寅恪诸先生为讲师”这样的说法，可见当时尚未确定这四位称号是“讲师”还是“导师”或“教授”。此外，据赵元任夫人杨步伟回忆，他们一家刚到北京准备任教清华时，张彭春和梅月涵立刻来他们住处看望。张彭春对杨步伟说：“你们这四位大教授我们总要特别伺候，梁任公、王国维都已搬进房子，现在就等元任和陈寅恪来。”而且不仅张彭春这样说，校长曹云祥也这样说。后来人云亦云，人们就把“四位导师”和“四大教授”混为一谈并自由组合，也就有了“四大导师”之说。而在具体教学过程中，也确实有这四位导师的课程不仅学生听而且很多教师也跟着听的现象，吴宓对于陈寅恪的课程更是几乎每次都听，这无形中加强了世人对“教授之教授”说法的认同，而“四大导师”之说也就更加广为流传。

不过有一点可以肯定，当时并无对清华国学院四位导师进行宣传炒作的想法，而清华之所以聘请四位而不是五位，除却经济上的考虑外，也有一些偶然因素——其实李济的学术声望和成就并不亚于这四位导师，但当时阴差阳错却并未被聘为教授。此外，中国传统文化本就有一些以“四大”开头的成语或俗语，所以称他们为“四大导师”也就很是顺口和自然。相比之下，北大国学门虽然也有不少大教授，却并未形成一个朗朗上口的说法或称号，也就不利于人们加深对他们的认同和敬仰。至于清华国学院诸位导师和北大国学门诸位成员的一般人际交往关系，其实倒是比较融洽，例如陈寅恪、吴宓和朱希祖、胡适、钱玄同等，他们日记书信中不乏一起吃饭喝茶的文字。吴宓可以对胡适提倡新文化撰文攻击，甚至在日记中对胡适破口大骂，但在公开场合他们见面都还是谈笑风生、一团和气，这大概就是“君子之交”。不管观点有多少分歧甚至对立，他们的日常交往还是遵循礼仪道德规范。至于日记本来就是私人记录，当然不必要求过高。

陈寅恪和他的三位弟子

只因一席话，十年磨一剑——陈寅恪与朱延丰

清华国学院成立之初以梁启超和王国维的弟子最多，原因在于无论名气还是学术方面，梁启超都当之无愧四人中的“老大”。他治学领域极为广博，虽然精深方面稍逊但指导学生绰绰有余。王国维则是四人中学术成就最高、治学也最精者，当然吸引众多好学者拜入门下。赵元任因所长在于语言研究，对学生外语要求较高，尤其要求能够运用西方现代语言学方法进行方言研究等，故那些致力于传统国学研究的学生对他兴趣不大。但他毕竟是哈佛博士且有海外教学经历，还是有一定的吸引力。而陈寅恪虽然和赵元任年龄相仿，但多年留学海外却没有获得任何学位，而且他到清华时尚未发表真正的学术论文，更遑论有什么专著，名气不仅不如梁、王二人，甚至也不如赵元任。更关键的是，他初到清华为指导学生所开列题目过于专门，“摩尼教经典与回纥文译本研究”等都是非常冷僻的研究领域，如此让不少学生

望而却步。这种情况不久即得到改变，因为陈寅恪到校后很快发表一些论文并在授课时显示出渊博学识，甚至吸引不少教授去旁听，声望自然提高。此外，王国维和梁启超的先后去世，令陈寅恪成为唯一的“国学”教授，拜入其门下的人当然增多。

对于陈寅恪和弟子的关系，已有研究大都集中在陈寅恪如何指导和关心学生，以及学生是否因各种因素背叛老师方面，具体人物则以对蒋天枢、刘节、汪篯、金应熙、周一良等研究较多。对此，周一良在1996年所写之《纪念陈寅恪先生》一文中以补记方式写道：“陈先生及门众多，影响深远，我以为脑力学力俱臻上乘，堪传衣钵，推想先生亦必目为得意弟子者，厥有三人：徐高阮、汪篯、金应熙也。所可惜者，三人皆未能充分发挥作用。”

不过本文所谈并非上面所说三位，而是被关注较少的朱延丰、姚薇元和吴其昌。前两人入清华后即拜在陈寅恪门下，吴其昌虽系梁启超门下弟子，但他和陈寅恪关系一直较为密切。此外，陈寅恪为国学院学生著作写序者只有他们三位，这不仅说明他们学术成就突出，亦可见他们和陈寅恪关系非同一般。

三人中朱延丰和陈寅恪因一件事而关系比较特殊，即朱延丰1933年末到1934年初因出国留学事所引起的一场风波。当时清华历史系讨论选派优秀毕业生留学人选，彼时符合条件且成绩优秀者为朱延丰和邵循正，两人都是陈寅恪的学生，但历史系却只批准邵循正，在出国名额并未用完情况下自然激起朱延丰不满。他认为历史系主任蒋廷黻处理此事不公，遂向校方申诉。但校方认为他误解了章程规定，双方矛盾随之不断激化。1933年12月16日清华大学评议会讨论后得出结论："毕业生成绩均在上等以上者推荐于评议会一条，其在手续上应经系主任之审核，非成绩在上等以上者均必推荐。"这意味着蒋廷黻不推荐朱延丰而只推荐邵循正完全符合规定。对此朱延丰并不认同，同时他的情况得到学生同情，全体联名上书梅贻琦梅校长希望学校重新考虑，但评议会坚持原先看法。于是朱延丰给教育部递交诉愿书称自己在清华遭受不公平待遇，认为蒋廷黻是因为"个人感情的原因"打压自己，而校长和评议会又"互相勾结维护"。朱延丰要求蒋廷黻从评议会中回避（因他兼任文学院院长，是评议会成员），并进而指责他"把持校务，破坏行政"。教育部对此事并没有直接干涉，只是把朱延丰的诉愿书发还学校并请校方说明情况。此外，朱延丰还求助于北平的著名律师张伯烈，准备将这件事诉诸公堂。由此朱延丰留学事就从校内风波变成社会事件，引起广泛关注，甚至著名的《申报》也给予详尽报道。

显然，对此清华校方必须给出有说服力的解释，既要说明本校规定并无漏洞或不严谨之处，也要解释为什么选择邵循正而未推荐朱延丰。实事求是地说，校方之前的规定确实有表述不严谨之处，何况并不缺少名额。就在这关键时刻，朱延丰的导师也就是陈寅恪终于表态，显然对于是否推荐朱延丰，导师最有发言权。1934年1月8日陈寅恪给梅贻琦写信说：

> 月涵吾兄执事：朱君不派出洋事，当日教授会议时弟首先发表宜只派邵君一人。廷黻先生时为主席，询问大家意见，盖无主张，迨弟发表意见后，全体赞同，无一异议。弟之主张绝不顾及其他关系。苟朱君可以使弟发出洋必要之信念者，必已坚持力争无疑也。至谓系主任与之有意见（无论其真有与否，即使有之，亦与弟之主张无关涉），“其他教授亦随同系主任之主张”者，则不独轻视他教授之人格，尤其轻视弟个人人格矣。总之，此次史学系议决只派邵君而不派朱君一事，弟负最大最多之责任。此中情形经过如此，恐外间不明真相，特函陈述。如有来询者，即求代为转述，藉明真相而去误会，为荷。[1]

陈寅恪此信首先证实推荐邵循正而非朱延丰是历史系全体教授的意见，而非蒋廷黻个人专断，其次说明决定只选择邵而不选择朱的人不是蒋廷黻而是导师陈寅恪，原因是考虑其学术能力没有其他因素。陈寅恪表态后朱延丰表示尊重导师意见，风波得以平息。不过这其中当有待发之覆，朱延丰为清华升格为大学后第一级毕业生，比邵循正

---

[1] 卞僧慧：《陈寅恪先生年谱长编》（初稿），北京：中华书局，2010年，第159页。

高一级，曾担任历史系助教一年，后经陈寅恪严格考查才录取为研究生，因此对他的学术水平陈寅恪应该满意。据朱自清日记，朱延丰的毕业考试成绩很好，虽然陈寅恪出的题目不容易：

1933年3月23日：下午考朱延丰君，答甚佳，大抵能持论，剖析事理颇佳。陈先生谓其精深处尚少，然亦难能可贵。陈先生问题极佳，录数则：

一、新旧唐书记载籍贯以《新唐书》为可信，因《旧唐书》据碑志多记郡望也。

二、唐代人吃饭，分食，多用匙；广东用手，中土僧人游印度者，恒以此相比。又从高丽情形及诗中见之。

三、玄奘在印，印人称为摩诃衍提婆或摩荼提婆，译之大乘天、解脱天也。天为印人称中土僧人通名。

四、官职趋势，京官由小而大（如侍中）外官由大而小。[1]

按说陈寅恪一向对学生极为关心爱护，怎么会在留学这种大事上主动提出不推荐自己的学生，何况并不缺少留学名额？对此当代学者梁晨指出，围绕是否选拔朱延丰出国一事其实透露出清华历史系两位“大咖”即陈寅恪和蒋廷黻在办学理念和治学方向上的不同，蒋廷

[1] 朱乔森编，《朱自清全集》第9卷，南京：江苏教育出版社，1998年，第208—209页。

獭认为清华历史系要引进年轻学者，同时运用新的研究方法进入新的研究领域例如中国近代史和东南亚历史等，邵循正以后走的就是这条治学路径。但这可能就意味着对陈寅恪、杨树达等一批老学者治学方向和方法的否定，尽管没有公开。需要说明的是，陈寅恪对邵循正也极为器重，在两位弟子中并未有特殊偏爱。邵循正的学习成绩不但同样出色，而且后来直接介入了陈寅恪的研究工作——1943年陈寅恪的《唐代政治史述略稿》之所以能够出版，就是因为此书是邵循正在陈寅恪草稿基础上完成的，故该书出版时陈寅恪才会对另一位弟子蒋天枢说："此书之出版系经邵循正用不完整之草稿拼凑成书，交商务出版。原在香港手写清稿则寄沪遗失矣。"

还有一点值得注意，就是最初朱延丰未被推荐时，其他学生愤而与学校当局抗争以致演变为学潮。对于当时此起彼伏的学潮，彼时很多教授始终保持警惕，他们尽管从情感上同情学生但也担心学生年轻冲动、容易被人利用，故无论北大还是清华或其他高校的教授，对一些学生动辄罢课或游行的行为都比较敏感甚至有些反感。朱延丰留学事其实只是校内风波，最后却在朱延丰坚持下演变为社会事件，估计这一点使得朱延丰个人操行受到影响。

无论之前朱延丰如何坚持要求自己留学的合法权益，在陈寅恪出面发声后他还是默认了暂时不能出国的结果，这既说明陈寅恪的学术威望也说明朱延丰对导师极度尊重。当然这也和陈寅恪平日对朱延丰的关心照顾有直接关系。之前朱延丰曾因失恋一度精神不振甚至连课也不去上，有人说他回江苏老家了，有人说他可能要自杀。陈寅恪听后非常焦急，动员弟子到处寻找。等到朱延丰回来后，陈寅恪为转移朱延丰的焦虑和失意又马上写信给胡适，请他给朱延丰安排一些翻译工作。

好在朱延丰并未因未被推荐事气馁，很快就实现了出国愿望——半年后他顺利考取庚款赴英留学生，入牛津大学研究近代史，后又入法国巴黎大学研究欧洲史，回国后在四川大学和中山大学等学校担任教授和历史系主任等职，而他和陈寅恪的师生关系经历此次风波的考验后也依然保持完好。1942年，朱延丰把耗费十年心血写作的专著《突厥通考》寄给陈寅恪请他作序。同年三月陈寅恪在所写序中特意回顾了有关该书的一段往事："朱君延丰前肄业清华大学研究院时，成一论文，题曰《突厥通考》。寅恪语朱君曰，此文资料疑问尚未备，论断或犹可商，请俟十年增改之后，以与世相见，则如率精锐之卒，摧陷敌阵，可无敌于中原矣。盖当日欲痛矫时俗轻易刊书之弊，虽或过慎，亦有所不顾也。"[1]显然，陈寅恪有感于当时学术界的浮躁风气才吩咐朱延丰把文章修改十年后再发表。朱延丰遵照老师的话对文稿一直进行修改增补，果然到十年后才寄给陈寅恪请他作序。估计陈寅恪也没有想到朱延丰真把当年的论文修改整整十年才决定出版，仅就

[1] 陈寅恪：《寒柳堂集》，上海：上海古籍出版社，1980年，第144页。

这一点而言朱延丰没有辜负陈寅恪的厚望。

这大概就是陈寅恪欣然为其写序的原因——在动荡年代，朱延丰这样严谨认真做学问的态度确实值得赞许。也因此陈寅恪对此书的评价很高：“西北史地以较为朴学之故，似不及今文经学流被之深广，惟默察当今大势，吾国将来必循汉唐之轨辙，倾其全力经营西北，则可以无疑。考自古世局之转移，往往起于前人一时学术趋向之细微。迨至后来，遂若惊雷破柱，怒涛震海之不可御遏。然则朱君是书乃此日世局潮流中应有之作。从事补正，既历十年之久，宜其不可更迟刊行，以与世相见。”陈寅恪并未对该书内容做具体评价，原因如他自己所说是彼时学术研究重心已经转移，故对不太熟悉的领域他就不进行评论，这当然是陈寅恪的谦辞，却展示出一位大师的严谨治学态度。不过陈寅恪还是用了一个典故表示对朱延丰此书的赞许，其中还带有一些对弟子成就的羡慕：“转思处身局外，如楚得臣所谓冯轼而观士戏者。”这里的典故出自《左传》，成得臣字子玉，为楚国令尹。“冯轼而观士戏”是城濮之战时成得臣向晋文公邀战所言：“请与君之士戏，君冯轼而观之，得臣与寓目焉。”大意是说：“我请求与国君您的将士进行一次角力游戏，国君您可以在车上倚靠着车前横木观看，得臣我也和您一起观看。”陈寅恪引用这一典故的意思是说自己现在专注于研究中原历史，对边疆民族历史已经不敢涉足，朱延丰这部是研究突厥历史的著作，自己不便妄言得失。这就如同晋文公只是置身于战场之外观看，并不亲自上战场搏杀一样。

此外，这篇序言还显示出陈寅恪对彼时学术流变和社会发展趋势的敏锐感觉和“预流”能力，特别是对中国西北地区的发展与整个中华民族振兴之关系，简直是一个“神级”预言，因为今天我们正在从事的就是要振兴发展大西北，而陈寅恪早在八十年前就已做出这样的判断。在陈寅恪看来，西北边疆在整个中华民族的发展进程中占有重要地位，西北少数民族文化也是中国文化的重要部分，中华民族如果要振兴，就一定要注意研究“塞外殊族”和西北地区的历史、地理和文化。最后陈寅恪在此序中再次显示出对龚自珍的偏爱，特意在结尾引用龚氏的“但开风气不为师”之句，在表达谦虚的同时也在赞扬弟子朱延丰的研究有引领潮流之功，足见他对朱延丰此书的褒赞以及他们的师生情谊并未因时间流逝而淡化。

师生遥唱和，其情亦默默——陈寅恪与姚薇元

傅斯年曾经对陈寅恪的一篇论文大为赞赏，并在讲课时全文引证，说明如何利用史料考证解决历史疑难问题。他说：“我的朋友陈寅恪先生，在汉学上的素养不下钱晓徵，更能通习西方古今语言若干种，尤精梵藏经典。近著《吐蕃彝泰赞普名号年代考》一文，以长庆唐蕃会盟碑为依据，‘千年旧史之误书，异国译音之讹读，皆赖以订’。

此种异国古文之史料至不多，而能使用此项史料者更属至少，苟其有之，诚学术中之快事也。”[1]这里所提及的长庆唐蕃会盟碑是汉藏两民族团结友好的历史见证，是极为珍贵的现存实物史料。公元821年（唐穆宗长庆元年；吐蕃彝泰七年）唐朝和吐蕃双方派使节商谈结盟事宜，先在长安盟誓，次年又在吐蕃逻些（拉萨）重盟。公元823年将盟文用汉藏两种文字刻石立碑，树于拉萨大昭寺门前，即历史上有名的唐蕃会盟碑或长庆会盟碑，因碑文以甥舅关系相称，故又称甥舅和盟碑。陈寅恪这篇论文发表于1930年5月，综合藏文、蒙文、满文、拉丁文等资料，并利用《长庆唐蕃会盟碑》这一珍贵文物，考证《蒙古源流》中“达尔玛持松垒”即朗达尔玛与可黎可足（即敦煌写本中的乞里提足，亦即《新唐书·吐蕃传》之彝泰赞普）的合称，堪称发千载之覆。后来法国汉学家戴密微在《吐蕃僧诤记》中考证《唐蕃会盟碑》与吐蕃赞普名号时即大量征引陈寅恪的研究成果，认同陈寅恪将乞里提足比定为彝泰赞普的观点。

四年后也即1934年，陈寅恪的弟子姚薇元在《燕京学报》第15期发表《唐蕃会盟碑跋》，对碑文内容进行了缜密的考证，其中特意提及考证阙文时所用资料有一部分来自导师陈寅恪：“据陈寅恪师藏《缪艺风堂》拓本影片，及内藤《研几小录》中所附宝作左盦藏拓本摄影。”

[1] 欧阳哲生主编，《傅斯年全集》（第2卷），长沙：湖南教育出版社，2003年，第321页。

在姚氏此文另一处阐述吐蕃赞普名号时再次引用陈寅恪《吐蕃彝泰赞普名号年代考》中的考证："khri-gtsug-Lde-btsan赞普名号见碑阴，即敦煌中文《八波罗夷经写本》之“乞里提足赞，《蒙古源流》卷二之持松壘，《新唐书》卷二百十六《吐蕃传》之可黎可足也（据陈寅恪先生所著《吐蕃彝泰赞普名号年代考》，载‘中央研究院’历史语言研究所集刊第二本第二分）。”纵观姚氏此文，可以视为他对陈寅恪此前有关研究的回应，并以详实的考证再次验证了陈寅恪观点的正确，师生二人的此次学术互动可谓精彩。

姚薇元和其师的学术互动或者说在学术观点上的呼应当然不是仅仅这一次。1931年，陈寅恪在《国立清华大学二十周年纪念刊》上发表《吾国学术之现状及清华之职责》一文，虽然不长内容却极为重要。按说纪念自己任职学校成立二十周年，应该写一点喜庆之语或给予鼓励赞美之类，但陈寅恪却反其道而行之，对彼时中国学术发展状况给予几乎全面否定的“苛评”。他为何在纪念清华成立二十周年这样重要的时刻，对中国学术整体发展状况做出严厉的否定性评价呢？对此笔者曾撰写有《陈寅恪“苛评”中国学术》一文给予阐释，此处不赘。但姚薇元数年后所写的一篇文章依然对彼时中国学术的发展状况不满，也是给予几乎全面否定的评价，与其师如出一辙，这就是他1935年发表在《独立评论》上的《大学研究院与学术独立》一文。且看其所言："我们中国兴办高等教育已有三十余年的历史，较之日本的教育维新，相距并不很远；但我们试看现在日本的学术方面在国际上已达到平等的地位，医学农学方面，日本尤有很大的贡献。而我们的学术界和日本相比便不免相形见绌了，在国际上，更无地位可言。”至于原因，姚薇元和陈寅恪一样归因于缺少“学术独立”：“试问何以相差到这步田地？关键究竟在哪里？简单地说，便是教育政策的不同：日本的高等教育，起始即以谋本国学术独立为目的。任先生所提议的办法，日本在明治时代就已实行了，而我们的高等教育，虽也标榜着‘学术独立’，但那只是一个幌子而已，实际上全国所有大学直到现在还全是“留洋预备学校”，甚至最近创设的大学研究院也包括在内，进研究院也不过利用环境作投考留学的准备而已，颇有住研究院数年，每年投考留学而始终没动手写论文的。照这样情形下去，再办十年二十年大学研究院，也是徒劳无功的。在留学政策之下，大学研究院是办不好的，学术独立是永无希望的！”姚薇元此言不仅和陈寅恪数年前所言几乎相同，更让我们想到陈寅恪另一句抨击当年中国留学政策的话，那就是他认为彼时最误国政策有两条，一个是袁世凯的小站练兵，一个是派留学生出国学习。袁世凯借小站练兵掌握了军权，遂有其窃国篡位之举，这好理解。至于留学生出国学习国外先进文化和科学技术，为何被陈寅恪斥为误国？也许姚薇元此文的话可以佐证。

看来陈寅恪所说的“吾国大学之职责，在求本国学术之独立”这一点也是姚薇元所要强调的，师生二人文章虽相隔数年，却不约而同对彼时中国学术发展状况表示不满，所给出的结论也完全一致，足见姚薇元对老师的学术思想和学术立场不仅熟悉而且赞同。

姚薇元1926年高中未毕业即考入清华大学，一开始学的是物理，后转攻历史。他1931年考入清华国学研究院，在陈寅恪指导下开始研究魏晋南北朝隋唐史。1933年他在《清华学报》上发表《〈宋书索虏传〉〈南齐书魏虏传〉北人姓名考证》，1936年毕业，《北朝胡姓考》就是其毕业论文，后经过修订，成为中国第一部研究胡姓的专著。在该书序言中，姚薇元明确说明该书的撰写是受到陈寅恪的影响："不学如余，本不敢以蚊负山，率尔操觚。曩年负笈京都，从义宁陈寅恪先生治南北朝史，尝试作《〈宋书·索虏传〉〈南齐书·魏虏传〉北人姓名考证》一文；虽所获甚微，而对此问题，渐生爱好；乃不自揆度，欲进而探求一切胡人之姓氏。"在中国古代史研究中，汉族和周边少数民族的交往史一直是学术界极为关注的领域，从汉族和少数民族在翻译对方人名、地名等术语过程中呈现之复杂情况的分析中，可以发现其各自社会、政治地位之升降演变以及在彼时民族文化交流的实际状况，对于研究汉族和少数民族的文化交流关系具有重要价值。为此早在1929年陈寅恪就撰写了《元代汉人译名考》等文章，试图从蒙古人对汉人称谓的视角阐释汉族和少数民族的文化交流以及在受到政治影响特别是统治阶级政策制约后汉族之社会地位的演变过程，此文充分体现了陈寅恪治学中敏锐的问题意识和善于从常见材料中发现论述突破口的能力。他注意到元末明初陶宗仪（字九成）所撰《南村辍耕录》在提及元代社会各阶级时收录了蒙古72种，色目31种以及汉人8种。元代社会从整体言分为蒙古、色目和汉人三个层次，每个层次其实又包括不同的群体和民族，其中汉人地位最低。值得注意的是，陶氏所收录的汉人分为8种：契丹、高丽、女直（即女真）、竹因歹、术里阔歹、竹温、竹赤歹和渤海，其实都是当时北方的一些少数民族而非真正的汉族。事实上当时的汉人原先在金统治下的被称为汉人，在宋统治下的被称为南人，据此所谓汉人8种实际上可以称为10种。陈寅恪的疑问是，陶宗仪在撰写其书时为何会漏掉真正的汉人，何况他自己是浙江台州人也就是南人，按理在分类时不会忘记包括自己在内的汉人吧？其中“必有待发之覆”。陈寅恪根据史料指出，在元初所谓汉人被蒙古人称为札忽歹（Djavkout），金人被称为囊家歹（Nangias）。此外，蒙古人还称金人为“阿勒谭（即蒙文“金”字的意译）”“主儿扯惕（即“女真”的音译）”或“乞塔惕（即彼时汉人的统称）”。至于囊家歹（Nangias）的“囊家”，陈寅恪同意伯希和的看法，认为就是汉语“南家”的音译，彼时金人称宋人为南家，蒙古人也因袭此说法，后成为中国的通称。总之，经过考证，陈寅恪的结论是不管上述各名称的原义如何蒙古都是用来指称金人，却没有其他称呼来指称金统治下的汉族。所以在列举氏族分类时虽然总目有汉人，但因为找不到合适的称呼，则在子目下不列汉人，说明当时蒙古人的语言水平较低或对此不够重视。至于陶宗仪在撰写《南村辍耕录》时漏列汉人一事，陈寅恪推测可能是陶宗仪是抄袭了蒙古古籍的原文而没有进行修改之故。由此，陈寅恪得出的结论对于后世从事语言学和民族关系研究者很有指导意义：“盖一时代之名词，有一时代之界说。其涵义之广狭，随政治社会之变迁而不同，往往巨大之纠纷伪谬，即因兹细故而起，此尤为治史学者所宜审慎也。”

此后陈寅恪接连撰写了“蒙古源流研究”的系列论文，综合运用语言学和其他学科理论，对这一国际汉学研究的热点问题进行了深入探讨，取得令人瞩目的成就。作为陈寅恪的弟子，姚薇元理应熟悉这些论文，这对于他从事考证胡姓显然具有示范作用和鼓励作用。

对于姚薇元能够在少数民族姓氏方面进行研究，陈寅恪当然要给予鼓励，故他在《姚薇元北朝胡姓考序》的第一段即高度评价姚薇元的学术成果：“寅恪以为姚君之学，固已与时俱进，然其当日所言，迄今犹有他人未能言者。”然后，陈寅恪借题发挥指出不仅胡姓要考证，胡名也要考证；不仅要考证胡人和汉人的交往，也要考证其他少数民族如满族和汉族的交往过程中，其人名、地名等的演变过程。陈寅恪指出，少数民族在本族的姓名称谓通常较为粗俗，或者说比较生活化和本土化，而其汉语姓名则较为雅致。例如北朝的宇文泰，其“泰”即为胡语“獭”的对音，也即“黑獭”的雅译汉名，“黑獭”则是其胡名。此外，陈寅恪还提出一个在清史研究中的疑难问题，即雍正即位后在处理与兄弟关系时为其更改带有侮辱性姓名的事情。

雍正的八弟胤禩是其兄弟中最有才能的一位，因此雍正继位后必然视胤禩为眼中钉、肉中刺，终于硬找一个理由削其王爵，并改其名为“阿其那”，把另一兄弟胤禟改名为“塞思黑”。“阿其那”“塞思黑”两个词过去多认为是“猪”“狗”之意，但陈寅恪认为不确，因为倘若如此雍正等于骂自己也为猪狗。对此其实早在清光绪年间就有翰林院侍讲、祭酒文廷式提出异议，认为塞思黑之意为“猪”不确，应为“提桶柄”。

陈寅恪则认为：“允禩、允禟之改名阿其那、塞思黑，世俗以为满洲语‘猪’、‘狗’之义，其说至为不根。无论阿其那、塞思黑，非满文‘猪’、‘狗’之音译，且世宗亦决无以猪、狗名其同父之人之理。”陈寅恪指出清末大臣文廷式以塞思黑之义为“提桶柄”之说当改为“腰子筐”，虽然他认为“提桶柄”之意也难解释，而“寅恪偶检《清文鉴·器具门》见有满洲语‘腰子筐’一词，若缀以系属语尾‘衣’字（原注：如包衣之衣，满洲语包为家，衣为的）则适与塞思黑之音符合。证以《东华录》所载世宗斥‘塞思黑痴肥臃肿，弟兄辈亦将伊戏笑轻贱’之语，岂其改名本取象于形状之陋劣，而‘提桶柄之说，乃传祭酒之语者，记忆有所未确耶？’”这里陈寅恪认为“塞思黑”应释为“腰子筐”，音既相似，又与允禟“痴肥臃肿”的形象相类。因在满语中“腰子筐”一词写作saisaha，音塞沙哈，倘若在语尾加“i”，就成了saisahai，音塞沙海，与塞思黑音非常相似，故陈寅恪有塞思黑释为“腰子筐”之说。对此学术界虽有不同意见，但都认为阿其那与塞思黑之名不管是否确指“狗”和“猪”，都有被蔑视和轻贱的涵义，因此雍正才会把这些称呼“赐给”要侮辱的兄弟。名字与称谓就这样与宫廷秘闻和统治者之间复杂关系联系起来，成为理解彼时统治者内部矛盾的绝妙视角。

总之，陈寅恪在为姚薇元著作所写序文中提及这些内容的意义不仅在于以此表示对姚薇元研究的肯定，也是为姚薇元等人的继续深入研究指明一条可行的途径。故虽然只是一篇短小的序言，内容却极为丰富，正可谓“以小见大”“窥一斑而见全豹”的典范之作。

陶潜咏荆轲，托体同山阿——陈寅恪与吴其昌

如果说朱延丰和姚薇元是受陈寅恪学术影响较大且学术成就突出者，则吴其昌是在政治思想或参与社会现实问题上与陈寅恪互动较为频繁且态度一致者，甚至可以说在这方面吴其昌更加主动，以致他的一些言行影响了陈寅恪。1931年底曾有一篇陈寅恪牵头署名的文章引起较大社会反响，这就是《二十年武力厉行对日经济封锁政策》，而实际执笔者为吴其昌。该文首先发表于1931年10月6日《晨报》，然后被《斗报》《日本研究》《三民半月刊》《新社会》《精武画报》《决心》

等六家报刊转载，有些还加上按语，可见影响之大。此文署名者除他们二人外，还有傅斯年、顾颉刚、冯友兰、蒋廷黻、黄子通，均为彼时著名学者教授。其中黄子通可能读者不太熟悉，他系浙江绍兴人，著名哲学家和翻译家，彼时在燕京大学任教。

吴其昌1925年考入清华国学院，虽然拜在梁启超门下，但和王国维、陈寅恪等也多有交往。特别是在梁氏去世后，陈寅恪不仅为吴其昌撰写的《梁启超传》写序，还向陈垣写信推荐吴其昌，全力为吴其昌担保："吴君学问必能胜任教职，如其不能胜任，则寅恪甘坐滥保之罪。"可见二人关系非同一般。而陈寅恪如此看重之人，必然是在学术上极为出色。而吴其昌对于自己的学术造诣也是极为自负，据周一良在《毕竟是书生》中透露，周一良小时候其父曾聘请唐兰来家为他讲《说文解字》："当时唐先生在我一位叔祖家里教家馆，每周来我家一次。他在家馆任教之余，还给天津《商报》办过学术性副刊。稿件全部由他一人包办，用不同笔名发表，内容涉及经学、小学、诸子、金石、校勘以及诗词，等等。唐先生后来曾告诉我，吴其昌先生曾对他放言：'当今学人中，博极群书者有四个人：梁任公，陈寅恪，一个你，一个我！'我对唐先生的才华横溢和博洽多识深深钦服。"

吴其昌虽为一纯粹学者，却并非两耳不闻窗外事而是积极参与社会变革。1926年他参加"三一八"大游行，扛着大旗走在队伍最前面。"九一八"事变后他与妻子诸湘、弟吴世昌乘车到南京，在中山陵痛哭绝食，以此呼吁民众抗日，一时传为爱国壮举。所以在国难当头之时吴其昌撰写此文，并力邀陈寅恪、傅斯年等著名学者签名发表也就毫不足奇。

七位署名者中，陈寅恪虽平日绝少介入社会事件，但爱国主义情怀与其父辈一脉相承，其彼时的诗作即是鲜明体现。顾颉刚现存日记书信中虽然没有记录和此文撰写发表有关的内容，但对“九一八”事变后国内局势他还是发表不少议论，爱国之心可鉴。此外，顾颉刚还在1931年11月21日日记中特意记录了吴其昌一家绝食事：“吴其昌全家以绝食请愿，闻不知所往。”由此可知顾氏对该文署名事当然不会拒绝。至于傅斯年，虽未有彼时他的具体思想情感资料，但在1931年9月22日他写给陈寅恪、罗常培等人的信中，代表他们史语所同人吁请蔡元培向政府建议“对日绝交宣战”，坚决反对不抵抗主义并要求“政府惩戒东北当局坐失疆域之罪”。当时因蔡元培已经赴粤，傅斯年即写信征求大家的意见看下一步如何进行。在傅氏此信下有陈寅恪的签注：“时局已与会议时稍不同，而蔡先生又赴粤，故当时所拟稿似不甚适用。姑俟时局之推移如有我辈能尽一分之责处，再酌请蔡先生建议可也。前信似可不发，仍请诸公详审而行之。寅恪，九月二十二早写于卧榻之上。”在陈寅恪此签注后，其他各位如罗常培、李方桂、刘复等均同意陈氏意见，建议缓发。由此可见，吴其昌撰写此文确实得到诸位师友的赞同，绝非仅仅签名了事。

吴其昌这一时期和陈寅恪、顾颉刚等一起参与的社会活动还有不少，例如对故宫文物是否南迁，他们也公开发表了意见。对此1932年9月2日《申报》以“北大教授请中央勿迁故宫古物”为题有这样的报道：“（北平）北大教授陈寅恪、顾颉刚、吴其昌等，联名致函中央各要人林、蒋、汪、胡、蔡、于等，请勿迁移故宫古物，为祖宗留成绩，为子孙争光荣，保障古物完整，以息国人惊欵。（一日专电）。”当日的《申报》并为此附加一则相关消息：“（北平）政委会委员因故宫博物院无人负责、今未赴该院调查、（一日专电）。”此外，《申报》在9月4日再次在“要闻”栏目报道此事，以表示对此事的关切。其中陈寅恪等所发表电文中的原文予以披露，以下为节选：

为子孙争光荣，以保障此故宫古物之完整，诸公诚能受尽言乎？则请实行下列各项：（一）明令故宫故物，不得迁移，以息国人惊疑，以绝国贼阴谋。（二）努力从速筹划在“迁移政策”以外之种种妥善保全方法。（三）允许全国合法团体，随时有调查实存古物之权。且故宫文物，最足为我中华民族数千年文明之代表，近数十年来，国外人士渐加注意，且颇有人从事研究，则此文化品之完整保存，亦我民族对于全世界文化应尽之义务。敌虽狂妄，未必甘冒全世界之大不韪而加以毁坏。若今日国家失地，尚未收复，而民族文化，先已自毁。恐孝子慈孙，百世不能为诸公恕矣。惟诸公重思之，且有以明示也。

专此敬颂勋祺

顾颉刚、陈寅恪、洪业、吴其昌顿首九月一日

对此，顾颉刚在其该年8月29日日记中有“吴子馨来，商改保存故宫古物电稿”一句，可与之互证。故宫文物是否搬迁及如何搬迁，为当时舆论极其关注之大事，在陈寅恪等发表阻止搬迁电文后，故宫博物院也在9月7日《申报》发表声明，对搬迁文物一事进行解释及辩护：“总之，各界诸公，其爱护古物、勖勉同人之意，敢不拜嘉。而事实所在，国誉所关，浮议之不可尽信。虑危之必宜沈思，则处此疑难之顷，尤同人所愿与君子共勉者耳。敢布区区，即希公鉴，诸维亮察，为幸。北平故宫博物院启。”由此可见当时陈寅恪等著名学者的意见对故宫博物院还是有相当影响力，对此顾颉刚在其日记中也有记录，可为验证。

至于吴其昌和陈寅恪最直接的学术交往，就是陈寅恪为其所写《梁启超传》写了一篇极为有名的序言，后以《读吴其昌撰梁启超书后》的题目收入《寒柳堂集》。吴其昌之所以请陈寅恪为之作序，除却二人关系密切外，也因彼时清华“四大导师”中只有他和赵元任健在，但赵元任专业领域在语言学，何况陈寅恪祖辈、父辈与梁启超有共同在湖南从事维新变法的经历，自然是写序的最佳人选。

陈寅恪常在为他人所写序言中借题发挥，阐释有关的学术问题，此序也不例外。在开头对吴其昌未能完成传记即去世一事深表伤感后，陈寅恪即阐释自己对梁启超的看法，主要是解释梁氏为何终生不能与政治绝缘，对世人认为梁氏热衷于政治是其不幸这一点给予否定："然则先生不能与近世政治绝缘者，实有不获已之故。此则中国之不幸，非独先生之不幸也。又何病哉？"陈寅恪在写这一段时当想到祖父陈宝箴和父亲陈三立当年在湖南与梁启超、谭嗣同等一起从事维新变法的历史，他知道中国的变革需要有人站出来，也就需要有人牺牲，他的祖父辈和谭嗣同就是如此，而梁启超终生未能与政治绝缘甚至有时做出错误的抉择，也是一种牺牲。

陈寅恪知道吴其昌作为梁氏弟子，在为梁启超写传记时必然带有情感倾向，而梁氏自己所撰写的《戊戌政变记》也并未能客观陈述，据此他指出对戊戌变法的真相和一些细节后人有必要进行认真的考订辨析。作为直接参与戊戌变法者的后人，陈寅恪当有资格解释一些疑难问题，而在此序中他重点解释的就是关于变法的两条路径，一个是以康有为、梁启超为代表的激进路线，一个是以陈宝箴和郭嵩焘为代表的渐进路线。历史选择了前者，戊戌变法遂至夭折，至于后者为何没有被选择，则有太多的偶然和必然。对此学术界已有很多研究，此处不赘。但陈寅恪家族却因戊戌变法导致陈宝箴、陈三立父子被清廷废黜，永不录用，家族的命运由此被根本改变——这才是陈寅恪一生多有家国命运慨叹的原因所在。

至于民国以来的社会变动，陈寅恪也以为不能简单用所谓的进化论观点来理解，不能认为时间越近者就越进步：“自戊戌政变后十余年，而中国始开国会，其纷乱妄谬，为天下指笑，新会所尝目睹，亦助当政者发令而解散之矣。自新会殁，又十余年，中日战起，九县三精，飚回雾塞，而所谓民主政治之论，复甚嚣尘上。余少喜临川新法之新，而老同涑水迂叟之迂。盖验以人心之厚薄，民生之荣悴，则知五十年来，如车轮之逆转，似有合于所谓退化论之说者。”[1] 陈寅恪此言其实也是彼时不少文人志士的真实感受，至少我们从鲁迅在五四运动退潮后的彷徨和迷惘中可以发现和陈寅恪一样的情感抒发。

总之，此序不仅阐述知识分子如何在从政和治学之间做出抉择的问题，也对戊戌变法以来社会动荡不断的原因给出解释，是我们理解陈寅恪有关中国近代史发展观点的重要文章。

[1] 陈寅恪：《寒柳堂集》，上海：上海古籍出版社，1980 年，第 149—150 页。

后　记

这是一本几经波折方才问世的小书，也是我第四本集中写陈寅恪先生的书。

第一本《陈寅恪与中国文化》1999年由上海人民出版社出版，是在博士论文基础上修改而成。第二本《陈寅恪和他的同时代人》2006年由文化艺术出版社出版。第三本《陈寅恪与中国文化精神》2009年由福建教育出版社出版。

而这第四本，本来计划是在2019年陈寅恪逝世五十周年出版，阴差阳错地拖到2020年，那么就想可以改为纪念陈寅恪诞辰一百三十周年，也很有意义。不过，新冠疫情的暴发几乎打乱了一切，之前联系的一些出版社也不得不取消或无限期拖延此书的出版。在去年新冠疫情最严重的时候，我觉得此书出版也许没有了可能，甚至觉得出不来也不是什么要紧的事情……

也就在我基本放弃出这本小书的时候，经由朋友介绍，河北教育出版社看到此书的初稿后，很快决定和我签约，商定尽快出版——这当然让我十分感动。在此我要特别感谢河北教育出版社的领导和具体负责此书编辑工作的老师，还有一位为此书出版四处奔走并付出不少劳动的小友——他太年轻了，以后的路还长，就不说出名字了吧。

此外，本书由于考虑到普及因素，在使用陈寅恪先生论著文字时是用的简体，也因此要向陈寅恪先生的家人致以歉意，请他们理解我的苦衷。

再说说这本小书的写作起因——这其实是一次新的尝试。从纯学术角度看难度并不大，倒是在写法上要费一些周折。从事陈寅恪研究多年的经历，让我深感陈先生学术思想的深邃和阔大，也渐渐意识到有必要向更多普通读者介绍陈先生的一生及其学术成就，而不能满足于仅仅在纯学术领域传播。有鉴于此，才想到是否可以用比较通俗的语言和相对轻松的方式解读陈先生的一些论著或者是论著节选，意在起到一个介绍或导读作用，让读者由此对陈寅恪和他的世界产生兴趣。此外，也想把近年来所写陈寅恪与其师友交往的一些文章编进去，让读者在阅读时有一些期待的变化，不至于过于沉闷。至于是否真的可以引起一些读者对陈寅恪学术的兴趣，也只能看此书问世后的反应了。

这本小书的最后出版，估计可以赶上陈寅恪诞辰一百三十一周年纪念日，虽然不是一个逢十整数，却是一个对称数字，也就很有几分特别的意味在。

最后感谢此时拿起此书的读者，但愿你由此可以走近和走进陈寅恪的世界。

2021年4月写于半黑半白斋